U0107921

宗教社会学

SOCIOLOGY
OF
RELIGION

第七辑

（VOL.7）

李华伟 / 主编

社会科学文献出版社
SOCIAL SCIENCES ACADEMIC PRESS (CHINA)

目　录

中心论题：宗教与现代性

专题：宗教与变迁

书评与综述

Contents

Central Topic

Special Topic

Book Review and Annual Review

中心论题：

宗教与现代性

权力与秩序：西方宗教社会学中的两个主题[*]

邵铁峰[**]

摘要： 二战以后的西方宗教社会学主流颠倒了霍布斯式的"秩序的权力化"思路，表现明显的"权力的秩序化"倾向。在秩序的权力化问题上，霍布斯以支配模式来界定权力，将权力欲视为人的基本倾向，并以权力来建立并保证秩序。帕森斯以降的诸多宗教社会学家则更注重在社会的一般性规范框架中来界定权力，将秩序化倾向作为人的基本倾向，并以规范性秩序作为权力正常运行的基础。

关键词： 宗教社会学　权力　秩序　霍布斯　帕森斯

引　论

在古典社会学中，权力是一个重要问题，甚至直至今日我们仍无法奢谈对那时权力理论的超越。虽然当代学者已经在诸多"宗教与"（Religion Ands）的题目之下（如宗教与政治、宗教与经济发展、宗教与性别角色）触及了权力维度，但是，在宗教社会学领域，直接而明确地以权力为中心的研究尚少之又少（Mcguire，1983：1）。在二战以后的社会理论中，姑且不论鲍曼在《现代性与大屠杀》中从现代官僚体系这样的宏观层面揭示了

---

* 本文的"引论"和"秩序的权力化"出自拙著《圣俗之间——从韦伯到福柯》（商务印书馆，2022）的第六章第一节，此次发表稍有修改。

** 邵铁峰，深圳大学人文学院教授。

权力所制造的道德催眠药，不论福柯在《规训与惩罚》等一系列著作中揭示了毛细血管一般的微观权力从监狱到医院，从工厂到学校编织的秩序网络，也不论贝克（Ulrich Beck）对于全球化时代的全球经济的"元－权力"（meta-power）之于国家权力的异质性的讨论（Beck，2005：151－152），单看美国学界，亦不难看到布劳对权力分化（布劳，2008：176－209）、阿伦特对权力与强力（force）及权威（authority）之区分（阿伦特，2009：156ff；Arendt，1961：120－126），伯尔曼对于天主教教会法中的权力与权威之区分（Berman，1983：207），奥尔森（Mancur Olson）对权力与共容利益（encompassing interest）之关系的分析（奥尔森，2014：2－10），卢克斯对于权力问题的全面而深入的综述与探讨（Lukes，2005）。

权力问题在二战以后的社会理论中如日中天，相比之下，二战以后的宗教社会学却遭遇了双重的冷清。第一种冷清是宗教问题在社会学中的缺失。二战之后，在埃利亚斯（Norbert Elias）、古尔德纳（Alvin Goulner）、波坦斯基（Luc Boltansiki）、吉登斯（Anthony Giddens）与布尔迪厄（Pierre Bourdieu）等诸多知名社会学家的著作中，宗教问题几乎消失了，即使布尔迪厄的惯习理论启发了希林（Chris Shilling）与梅勒（Philip Mellor）对于身体与宗教问题的兴趣，但宗教在布尔迪厄的作品中显然是微不足道的（Turner，2010：19）。希林在批评后经典时代的大多数社会学的碎裂化和宗派主义特征时也指出，考察各集合体是如何将终极关怀和共同命运这些议题，如死亡和生命的意义，转译成所有个体都要面对社会规范和受社会安排的伦理两难，始终属于社会学的雄心抱负中的关键内容，然而，后经典时代的社会学长久以来一直回避了这种一般层面上的兴趣，它们对宗教的相对忽视堪为社会学格局趋于狭隘的明证。在后经典时代的社会学中，宗教往往只具有边缘性的意涵（希林、梅勒，2009：262－263）。

第二种冷清则是权力问题在宗教社会学中的冷清。"秩序"一词在宗教社会学，乃至在社会理论中已经如此普遍，以至于我们在大多数场合下将它作为一个不言自明的概念来使用，且"秩序"前又往往被冠以各式各样的修饰词，组成了各式各样的新的秩序，如心的秩序、社会秩序、道德秩序、市场秩序、世界秩序等，不一而足。在这一点上，"权力"一词的大规模扩散亦不遑多让，然而，具体到宗教社会学，我们却可以观察到一种奇特的失衡，即"秩序"犹在，"权力"却"犹抱琵琶半遮面"了。自古典社会理论以来，"秩序"概念一直是诸多宗教社会学家的宠儿。二战以后，那些研究宗教的最具影响力的美国社会学家，如帕森斯、格尔茨、贝拉、贝格尔等，均将秩序视为最重要的议题之一。相比之下，"权力"概念的命运则略有不同。甚至有学者认为，在 20 世纪 50～60 年代的宗教社会学中，往好里说，对权力问题的处理是草率的，往坏里说，则根本没有权力问题的位置。在 60～70 年代，宗教社会学中的主导趋势是关注宗教解决意义与认同的功能，权力问题的衰落很大程度上亦属这一趋势的结果（Beckford，1983：12）。本文认为，这一趋势包含了可称为"权力的秩序化"的思路，其中，权力的正常运行是以规范性秩序来保证的。

权力问题在二战以后的西方宗教社会学中遭遇的这种整体的冷清，是对如下学术事实的反映："秩序的权力化"，即认为秩序是以权力来建立与维系的，这一思路被"权力的秩序化"给淹没了。当然，这当中显得甚为有趣但似乎又很自然的一个例外是福柯在美国宗教社会学中的命运：当一些美国学者借用福柯思想来分析宗教现象时总是表现对权力问题的特殊兴趣（Ghatak and Abel，2013：217－235）；另一个例外则是布尔迪厄，有学者试图运用其符号权力思想来解释宗教现象，揭示语言－符号这些所谓沟通媒介背后的权力关系（Swartz，1996：71－85）。个中缘由自是与福柯、布尔迪厄赋予权力关系的重要地位有关。不过，从学术史的发展来看，霍布斯可谓"秩序的权力化"思路的最重要的奠基人与代表之一。施特劳斯（Leo Strauss）曾强调，在霍布斯的政治学说中，权力第一次成为主旋律，其学说可被称作第一部权力哲学（施特劳斯，2003：198）。20 世纪美国社会学巨擘帕森斯虽认为，社会学的最高目标是要解决秩序问题，也就是整合问题（吉登斯，2011：12），而"秩序如何可能"即为霍布斯问题，但他毫不讳言，"权力"在霍布斯的秩序问题中占有核心地位（帕森斯，2008：90－95）。

本文是对"秩序的权力化"与"权力的秩序化"这两种思路在西方宗教社会学中的呈现的一个大致梳理。首先，出于主题上的考虑，笔者主要集中在西方宗教社会学对权力与秩序问题的讨论上，而暂时忽略汉语学界的相关进展；其次，笔者基本上仍将"权力"理解为宏观层面的政治权力，而暂时将关于微观权力的研究排除在外。

一 秩序的权力化

在秩序的权力化问题上，霍布斯的相关论述可被总结为三个观点：第一，以支配模式来界定权力；第二，将权力欲视为人的基本倾向；第三，以权力来建立并保证秩序。

首先，来看第一个观点。在权力的界定问题上，霍布斯认为，一般而言，一个人的权力就是他获取某种未来的明显之善（apparent good）的当下手段，它要么是原初性的（original），要么是工具性的（instrumental）。原初性权力指的是身体或心智的机能（faculties of body or mind），工具性权力则是由身心机能或财富而获得的权力（霍布斯，2003：66）。由于自然状态下的人竞相为食，权力就是据以获得对他人的优势，压制他人的反抗而实现自身目的的能力。霍布斯的这种支配模式的权力概念在社会学中影响深远（渠敬东，2017：209）。在古典社会学中，韦伯与涂尔干的权力概念均有着明显的霍布斯色彩。韦伯指出，权力（Macht）就是社会关系中行动者具有一种面对抵抗却仍可实现自身意志的可能性（probability），而这种可能性的基础是什么则无关紧要。他认为，权力概念在社会学上是无定形的（amorphous），一个人身上所有可理解的素质以及诸境况所有可理解的组合均可将此人置于一种在某种情境中强加其意志（于他人）的位置（Weber，1978：33）。甚至涂尔干也是以霍布斯式的支配模式来看待权力的，在他看来，力的观念即蕴含着权力观念，而后者则是从占主导地位的统治与支配及由其推导出来的依附与服从关系中被表达出来的。社会将确保发号施令之人的命令在社会关系中的有效性，这就形成了权力（涂尔干，2011：504）。

直至 20 世纪 60 年代早期的美国学界，人们仍普遍将权力理解为获取目标或战胜抵抗以达成某个目的的能力（ability），它通常是根据控制（control）或支配（dominance）来界定的，中心问题则集中于定位有权力的行动者或组织，分析群体或共同体的"权力结构"（powerful structure），达尔（Robert Alan Dahl）的《谁在统治?》（Who Governs?）与米尔斯（Charles Wright Mills）的《权力精英》（Power Elites）均为这一社会科学研究路向的代表。如埃莫森（Richard Emerson）所言，这种"权力"观使得权力隐匿地处于对他人的依赖之中，因为若说"Y 有权力"，却不指出凌驾于"谁"的权力，那么，这一说法就是空洞的。所以，它是一种关系型的权力概念（relational conception of power）。这一思路能提供一种关于社会结构与社会变迁的新的考察路径：由于权力来自他者的依赖，则这些依赖关系的改变就可能从根本上改变权力结构的性质，因此，价值变动、网络拓展，乃至劳动分工与分层均可根据权力过程的结构理论来做出解释（Cook，1989：116-117）。

其次，霍布斯将无止境的权力欲理解为人的自然倾向。根据他的看法，人的意愿的运动（voluntary motions）在没有表现为可见动作之前而还在身体之内的微小开端即企图（endeavour），当企图朝向引起它的某种事物时，就是欲求（appetite）或欲望（desire）。欲望指的是接近的运动，嫌恶指的则是退避的运动。任何人的欲望的对象被欲望者本人称为善，憎恶的对象则被称为恶。善恶这两个词语的用法从来都是和使用者相关的。不可能从对象本身的本质之中得出任何善恶的共同准则，这种准则在没有国家的地方，只能从个人自己身上得出，有国家的地方则是从代表国家的人身上得出的（霍布斯，2003：39-41）。对于霍布斯来说，所有人的普遍倾向就是对于权力的不死不休的欲求（霍布斯，2003：75）。这种权力是他所谓自由的基础，权力越大，就越能自由与完全地在其他物体中运动。善就是我们权力的增加，恶就是我们权力的减少（吉莱斯皮，2011：308-309）。

霍布斯的这种人性论的影响力如此之大，以至于后来罗素也延续了这一说法，他不但将权力欲看作人最为强烈的动机之一，还将权力看作社会科学中的基本概念（罗素，1998：1-6）。甚至涂尔干在反复批判霍布斯式的人性论的同时也接受了它的前提。涂尔干批评把幸福神化的做法在使欲望变得神圣不可侵犯的同时，也使欲望高于人类的任何法律，似乎制止欲望就是一种亵渎神圣的行为（涂尔干，2010：273）。在他这里，失范的社会就是权力欲肆意横流而无节制的社会，但是，他像霍布斯一样承认，我们既不能在人的肉体结构上，也不能在人的心理结构上找到欲望的极限：感觉是一个没有任何东西能填满的无底洞，所以欲望总是无限地超出自己拥有的手段，没有什么东西能让它止息，因此，将权威强加于个人是必要的（涂尔干，2010：262-269）。在这一点上，他不同于霍布斯的地方主要在于，到底是以强制性的支配为基础的权力，还是以社会的道德权威来建立及维系秩序。

最后，霍布斯认为，不存在法律之前的正义，只有人通过自己的意志创造出了利维坦之后，才可能有正义。由此，他彻底斩断了善与理性的自然秩序或事物的本质之间的关联，而将善建立在人的欲望，并进而建立在人的激情之上。从思想史的角度来看，他改变了"自然"与"自然的"这两个词的含义，将它们转化为理性与秩序的对立面（罗门，2007：78 - 79）。自然正当的客观实在秩序被取消了，自然状态变成了一种纯粹的战争状态，若无共同权力，即无法摆脱战争状态而进入秩序。因此，从自然状态到秩序的转变端赖于一种共同权力。注重发掘秩序深层的权力基础，以权力关系来解读社会秩序，这是霍布斯的"秩序的权力化"思路最重要的特点。在他这里，没有任何秩序不是人为创造出来的，没有任何秩序不是通过、借着并为了权力而建立起来的。

从学术史的发展来看，布尔迪厄的符号权力思想受涂尔干的分类图式思想的影响可谓大矣，但同时，他的这一思想又可谓是对霍布斯的"秩序的权力化"思路的另一表达。基思·罗伯特（Keith A. Roberts）曾特意指出，在通常的功能性定义与实质性定义之外，宗教社会学中还存在着一种对宗教的符号性定义，并强调，宗教符号与非宗教符号之间的区别在于，前者是宏观符号（macro - symbolic），能够帮助人们解释生命的意义，且涉及一种世界观的宇宙论；后者则是微观符号（Roberts，2004：9 - 10）。格尔茨、贝拉对宗教的界定均可被归于符号性定义的范畴中。不过，与格尔茨将知识社会学称为意义社会学（sociology of meaning）（Geertz，1973：212）的做法不同，有学者更着意于揭露符号世界中内在于"事物本性"（nature of things）的结构性权力及其效应（Wolf and Silverman，2001：375）。布尔迪厄尤为明快，他直截了当地将知识社会学或文化形式的社会学称为一种政治社会学，即符号权力的社会学。他反对索绪尔式的"纯粹"语言学秩序的自主性主张，也反对奥斯汀、哈贝马斯式的纯粹沟通模式，在他看来，语言-符号绝不只是一种沟通媒介，还是一种符号权力的关系。言语效力并不像奥斯汀主张的那样，存在于"以言行事的表达式"（illocutionary expressions）或者话语本身，因为这些无非制度的授权（delegated power）而已（布尔迪厄、华康德，1998：186 - 196）。布尔迪厄相信，对于社会秩序本身生产出的社会正义论（seciodicy），社会科学能够以历史化（historicization）来使自然化（naturalization）失效（Bourdieu，2000：181 - 182）。由此，作为符号体系的宗教的秩序化功能所试图粉饰与遮盖的权力要素就暴露了出来。布尔迪厄的这一路向已经在宗教社会学领域中产生了影响。

二　权力的秩序化

如果说霍布斯坚持的是秩序的权力化，那么，在二战以后的西方宗教社会学领域中，帕森斯、贝拉、贝格尔等人就是从秩序的角度来解读权力的。以帕森斯为例，他在《社会行动的结构》中提出了彼此相关的三个观点：第一，社会学是关于秩序问题的科学；第二，对秩序问题的任何解释都包括对行动的分析，而要想避免霍布斯式的利维坦，就必须保持行动的基本自由；第三，如果行动者受意义的驱动，就会趋向于提供价值标准的规范（亚历山大，2003：117）。秩序、行动与规范由此构成了三位一体的结构。帕森斯将"社会秩序"区分为自然秩序与规范性秩序：前者指的是用逻辑理论，尤其是科学进行理解的可能性；后者则必然与一定的规范性体系有关，它意味着以理想的行为和关系规范（如契约制度）对人类行动进行控制。帕森斯指出，从规范性秩序来看，生存竞争或一切人对一切人的战争状态实际上是混乱，但这种状态仍服从于科学意义上的规律，因此可被归为自然秩序。但如果没有规范要素的充分作用，"自然秩序"最终就无异于霍布斯所说的战争状态，这与其说是秩序，毋宁说是混乱（帕森斯，2008：92－93，340－341）。帕森斯对权力问题的探讨基本上也是在规范性秩序的框架内进行的，这尤其表现在他后期的著作中。他反对将权力理解为一个零和概念，也反对将权力理解为某个人或某个团体对他人施加的强制。在他这里，权力乃是一种从价值共识中延伸出来的循环媒介。如果所有的社会关系都涉及规范要素，那么，所有的社会也就都包含了权力分化（吉登斯，2021：159－162）。他的这一理解也非常明显地表现在他对贝拉提出的"公民宗教"理论的赞同上（Parsons，1966：134－135）。

不论帕森斯的社会理论及其对经典社会理论的解读后来引起了多么大的争议，他的学术影响力是毋庸置疑的。在宗教研究领域中，格尔茨对文化的解释，贝拉对符号实在论与民主的社会整合关系的观点，均可追溯到帕森斯思想中的相关主题（亚历山大，2003：74－75）。帕森斯曾经强调，我们可将西方思想中的自然秩序与超自然秩序之间的区分视为一种方法论原型（a methodological prototype），一种分析模式（Parsons，1964：369）。贝拉、贝格尔等人对政治权力与宗教之间关系的论述，实际上亦延续了这一方法论原型。对他们而言，宗教提供的超验秩序不仅可能成为制度化的规范系统，也可能为政治权力提供可能的指导与发展方向。也就是说，权力被宗教"秩序化"了。在这些人当中，贝格尔尤为突出了人的秩序化倾向，甚至赋予秩序以本体论的地位。

当然，有学者曾经指出，在贝格尔的宗教社会学中，权力问题基本上已经消失了。对于人类关系中的权力现象，贝格尔极少，甚至干脆没有关注；他对权力概念的使用也是极其抽象与空洞的，且从未视之为人类直接经历的一种现象。他没有将人类关系中关于权力的经验与感知视为超验表征之一，而是将权力归于秩序概念之下，又进一步将秩序归于意义概念之下（Beckford，1983：13）。在极少数的情况下，贝格尔会提及权力，但也只是以明显的支配模式的色彩，将其用作一个不言自明的概念（Berger and Luckmann，1991：139）。权力问题之所以在贝格尔的宗教社会学中处于相对边缘的位置，从根本上还是因为他始终坚持将这一问题置于人的建构与维系秩序的活动中来理解。

在贝格尔看来，人生来就不得不把有意义的秩序加于实在之上，然而，这种秩序又以使世界结构秩序化的活动为前提，脱离社会的根本危险即在于无意义。社会就其制度结构及其对个人意识的塑造而言，均为秩序和意义的卫士（贝格尔，1991：25－29）。在所有的秩序化活动中，宗教的特殊性在于，它"是通过人类活动而导致的一种包罗万象的神圣秩序之确立，即一种能够在不断面临混乱时维系自身的神圣宇宙之确立"（贝格尔，1991：62）。贝格尔指出，宗教是以神圣的方式来进行秩序化的，它们能够赋予社会制度终极有效的本体论地位，以此来证明这些制度的合法化。在宗教的合法化论证中，制度秩序被视为反映或表现了宇宙的神圣结构。例如，政治权力被看作神的代理者，或者被理想化为神的具体体现。如此一来，人造的法则也就被赋予了一种客观性与神圣性（贝格尔，1991：42－44）。可以看出，贝格尔的论证总体上遵循了这一运思路向，即规范性秩序最终是建立在本体论的基础之上的。也就是说，"应该"奠基于"是"，"善"奠基于"存在"，因此，当制度的程序被赋予本体的地位时，这也意味着，否认制度就是否认存在本身（贝格尔，1991：32）。这也进一步表明，即使我们承认，贝格尔理解的"权力"仍带有霍布斯色彩，也就是从支配或强制模式的角度来看待权力，却同样不能忽视他与帕森斯的一致之处，即他们都坚持，权力不同于暴力，其合法性绝非来自强制性，而来自人们共享的规范性秩序。宗教则能够通过神圣化活动为这种规范性秩序提供本体论基础，使之成为事物本身的客观秩序。他与帕森斯的这一思路显然都深受涂尔干的规范功能主义的影响。

在"秩序的权力化"路向中，对于"秩序是如何可能的"这一问题，人们倾向于提供一种极具现实主义色彩的回答，即权力。也就是说，秩序是通过权力建立起来的。与此相反，在"权力的秩序化"路向中，对于"权力是如何可能的"这一问题，人们则倾向于以秩序来保证权力的合法性，且这种秩序往往被看作对实在本身的反映。我们在前文已经提及，布尔迪厄的符号权力理论可置于"秩序的权力化"思路中来把握。在他这里，所谓"符号权力"，就是通过将工具强加于世界的认知建构活动来建造世界的权力。以此来反观帕森斯、贝格尔的宗教社会学，则不难发现，为规范性秩序赋予本体论基础的正是布尔迪厄所说的符号权力，就此而言，符号权力也是一个宗教学的问题。

按照布尔迪厄的说法，资本只有在被误识（misrecognized），进而被认可（recognized）的时候，才被赋予特殊的符号效度。在这种情况下，符号权力亦可等同于符号暴力（symbolic violence），二者均是一种知识与认可行动的对象（Bourdieu，1990：111－112）。符号暴力在布尔迪厄的社会理论中是解构一切秩序之神圣性的核心概念。不同于涂尔干以圣俗之分的绝对异质性来解读社会之神圣性的思路，布尔迪厄倾向于将神圣及其道德权威归结为符号暴力的效用，他对莫斯的礼物理论的批判也是循此方向进行的。在他看来，有两种能够长久地支配他人的方式：债务或礼物，前者是放贷者强加的昭然的经济义务，后者则是慷慨的礼物所产生与维系的道德义务及情感依附。质言之，前者是昭然的暴力（overt violence），后者则是符号暴力，也就是被审查过的委婉的暴力，也就是可被误识，进而被认可的暴力。为了被社会认可，符号暴力必须被误识（Bourdieu，1992：125－126）。符号暴力之所以能够通过被统治者的同意而建立起来，是因为它将支配关系嫁接到了事物的秩序中，从而最大限度地隐藏了这种统治关系。布尔迪厄似乎着意于撕下任何温情脉脉的面纱与神圣的帷幕，对他来说，不论符号资本具有何种形式，如何作用于世界，其最终效应仍是被隐藏起来的统治关系。正如意识形态之于马克思，神义论之于韦伯，对于布尔迪厄而言，符号系统不仅仅是知识的工具，还是统治的工具，这也是为什么每时每刻总是由权力关系生产出来的社会分类图式构成了争夺的焦点（布尔迪厄、华康德，1998：13 – 15）。

布尔迪厄的唯物主义人类学试图揭示符号暴力的各种形式如何发挥特有的作用，从而影响支配结构的再生产及其转换。在此，所有的秩序最终都来自权力。与贝格尔的《神圣的帷幕》一样，他也结合了现象学与涂尔干的相关理论，指出了人作为在世界中的存在者又如何为世界编织出来了神圣的帷幕；但与贝格尔不同的是，他几乎接近冷酷地指出，一切秩序化、规范化的符号活动终归也只是权力关系的粉饰而已。

三　福柯：权力与真理

如果从"秩序的权力化"与"权力的秩序化"这种区分来看福柯的权力理论的话，后者似乎当属前一种思路，毕竟他如同尼采一样将求真理的意志还原为权力意志。但可能非常让人意外的是，他的权力理论也未尝不能被纳入帕森斯与贝格尔式的"权力的秩序化"这一路向中。之所以如此，最重要的理由就是，福柯明确指出了，权力的运行是需要真理的——尽管这里所说的"真理"有其特殊性。也就是说，如果我们暂时不考虑福柯本人对于权力与真理这两个概念的特殊理解而只从论证结构上来看，则可以说，他与帕森斯、贝格尔一样，都试图赋予权力一种认知性维度，即权力关系的建立是以真理为基础的。这一推论并没有背离福柯的如下观点，即权力与真理是共谋的关系。

当然，如前所述，本文主要将"权力"理解为宏观层面的政治权力，而暂时不关注关于微观权力的研究。因此，在具体论述福柯对权力与真理之间关系的思考之前，我们有必要稍做澄清的是，福柯关注的权力并不只是一种微观权力。实际上，在他后来的关于治理术的研究中，"治理"恰恰可被理解为"总体的"权力关系（Foucault，2009：116）。福柯本人也特意强调，他所研究的医院、监狱、家庭可被看作局部性的制度，国家则是总体的制度（Foucault，2009：120）。在这一问题上，西蒙斯（Jon Simons）也注意到，诸如规训、生命权力等问题亦可根据治理术来进行分析，而福柯将治理视为现代世界开端的一个普遍问题，这使得他能够以"宏观物理学"（macro – physical）的治理理性来补充对于规训权力的微观物理学分析（Simons，1995：27 – 30）。职是之故，福柯的治理术理论当然也涉及了宏观意义上的权力。

在福柯关于治理术的论述中，基督教的牧领权力（pastoral power）不论在治理他者，还是在治理自我方面，都扮演着重要角色。他认为，这种牧领权力由基督教会植入了罗马帝国内部，并将其扩散到整个西方世界（Foucault，2009：130）。在耶稣之后的公元2、3世纪至18世纪，牧领权力曾经以各种方式经历过变迁、转化与整合，却从未被真正废除。在西方，人们经历过反封建的革命，却从来没有经历过反牧领的革命（anti - pastoral revolution）。甚至连宗教改革也更多的是关乎牧领而不是关乎教义的斗争，在这场斗争中，天主教与新教实际上都强化了牧领权力（Foucault，2009：148 - 150）。在16世纪时，牧领权力前所未有地介入了个体的生活，监管着与健康、财富、儿童教育等相关的一系列问题，这是它在灵性维度及其世俗延伸上的强化（Foucault，2009：229 - 230）。就此而言，我们甚至可以视之为牧领权力的世俗化进程。这方面的一个证据就是，到了17世纪末18世纪初，诸多牧领功能在治理术中继续运行，现代西方国家也将其整合为一种新的政治形态。由于政府也开始想要掌管人们的行为，自此之后，对牧领权力的反抗就更多地发生在政治制度这里，而不是宗教制度中（Foucault，2009：198）。按照福柯的说法，这种牧领权力通过生产内在的、秘密的、隐匿的真理而孕生了独特的个体化模式，而西方的个体化的历史就是主体的历史，在此，主体被强迫说出关于自我的真相。通过对主体的建构，牧领制度也勾勒出了从16世纪展开的治理术（Foucault，2009：183 - 184）。从治理他者的治理者的角度来说，牧领权力要强迫作为他者的个体说出关于自身的真相；从治理自我的主体的角度来说，他也是在牧领权力执行的真言或说出真相的机制中进行主体化的。由此，真理与治理术之间的联系也成为福柯整理西方历史，尤其是伦理思想史的重要框架。

同样需要注意的是，就权力与真理之间的关系而言，福柯并不是到了学术生涯后期才开始有意识地介入"真理"问题的，而是很早就已经思考它与权力之间的关系了。他在1977年的一次访谈中明确说道，他关心的问题从来都是一贯的，即权力的效应与真理的生产（福柯，2021：36）。甚至按照他在20世纪70年代的总结，他想要写的就是关于真理之生产的政治历史：对疯狂、犯罪、惩罚、性等问题的研究都是建立在"真理"概念之上的，目的也是要分析疯狂、犯罪、惩罚、性等问题是如何变成某种真理游戏，主体自身又如何通过真理游戏而得到了改变

（福柯，2021：14）。在福柯看来，作为对人的治理，权力关系不仅要求顺从的行动，也要求真理的行动（truth acts），即主体自身的真相或真理。也就是说，权力要求于个体的不仅是去说，"我在此，我服从"，还要求他们说，"这就是我之所是，我之所见，我之所为"（Foucault，2014：82）。面对"真理问题是否与他之前的研究存在一种断裂（break）"这一提问，福柯很直接地给予了否定的回答。他强调，这一问题意识始终贯穿于其作品中，只不过他之前是根据精神病医学与监狱系统之类的"强制实践"（coercive practices），或者根据对财富、语言与活人之分析这样的科学游戏，来把握主体与真理游戏之间的关系的，后来则是根据自我实践来理解二者之间的关系的（Foucault，1997：281 – 282）。因此，"真理"就不仅仅是把握治理自我这一问题的核心，还是把握治理他者——权力技术——这一问题的核心。

结　语

从二战以后的西方宗教社会学的发展来看，帕森斯式的将权力秩序化的思路明显占了上风，霍布斯式的将秩序权力化的思路却并未取得同样的影响力。本文之所以也花了不少篇幅来讨论福柯、布尔迪厄这两位似乎不属于传统的宗教社会学领域中的学者，不仅是因为他们对于权力问题有着深入的思考，也是因为他们对于权力的思考意义攸关地涉及了宗教问题。如罗伯逊（Roland Robertson）所指出的，近些年来，大量关于宗教的社会学研究实际上来自宗教社会学的制度语境之外。如卢曼、施路赫特、贝尔、哈贝马斯这样的社会学家对宗教的社会学研究有着巨大贡献，却并没有着意在宗教社会学内部发声。他们置身于制度化的宗教社会学之外，其相关研究也不是以宗教为中心。罗伯逊提倡的是一种去制度化的宗教社会学（deinstitutionalize the sociology of religion），对他来说，不是宗教社会学家，而是将宗教看作更大问题的一部分的社会学家才与作为整体的宗教社会学最为相关（Robertson，1985：358 – 359）。这实际上也提醒我们，对于宗教社会学的研究也需要"超越"宗教社会学，这尤其适用于如权力或者秩序这样有着普遍意义的问题。

参考文献

〔美〕阿伦特：《人的境况》，王寅丽译，上海人民出版社，2009。

〔美〕奥尔森：《权力与繁荣》，苏长和、稽飞译，上海人民出版社，2014。

〔美〕贝格尔：《天使的传言》，高师宁译，中国人民大学出版社，2003。

〔美〕贝格尔：《神圣的帷幕》，高师宁译，上海人民出版社，1991。

〔美〕贝拉：《宗教与美利坚共和国的正当性》，孙尚扬译，载刘小枫、苏国勋编《社会理论的知识学建构》，三联书店，2005。

〔法〕布尔迪厄、华康德：《实践与反思》，李猛、李康译，中央编译出版社，1998。

〔美〕布劳：《社会生活中的交换与权力》，李国武译，商务印书馆，2008。

〔法〕福柯：《权力的眼睛》，严锋译，上海人民出版社，2021。

〔英〕霍布斯：《利维坦》，中国政法大学出版社，2003。

〔英〕吉登斯：《现代性的后果》，田禾译，译林出版社，2011。

〔英〕吉登斯：《政治学、社会学和社会理论》，何雪松、赵方杜译，上海人民出版社，2021。

〔英〕吉莱斯皮：《现代性的神学起源》，张卜天译，湖南科学技术出版社，2011。

〔美〕罗门：《自然法非观念史和哲学》，姚中秋译，三联书店，2007。

〔英〕罗素：《权力论：论社会分析》，吴友三译，商务印书馆，1998。

〔美〕帕森斯：《社会行动的结构》，张明德等译，译林出版社，2008。

渠敬东：《缺席与断裂：有关失范的社会学研究》，商务印书馆，2017。

〔德〕施密特：《霍布斯国家学说中的利维坦》，应星、朱雁冰译，华东师范大学出版社，2008。

〔美〕施特劳斯：《自然权利与历史》，彭刚译，三联书店，2003。

〔法〕涂尔干：《宗教生活的基本形式》，渠东、汲喆译，商务印书馆，2011。

〔法〕涂尔干：《自杀论》，冯韵文译，商务印书馆，2010。

〔英〕希林、梅勒：《社会学何为？》，李康译，北京大学出版社，2009。

〔美〕亚历山大：《新功能主义及其后》，彭牧等译，译林出版社，2003。

Arendt，Hannah

1961. *Between the Past and Future*，New York：Viking Press.

Beck，Ulrich

2005. "The Cosmopolitan State：Redefining Power in the Global Age," *International Journal of Politics，Culture，and Society* 18：143 – 159.

Bellah，Robert

1968. "The Sociology of Religion," in *American Sociology：Perspectives，Problems，Methods*，ed. Talcott Parsons，New York，London：Basic Books，Inc.，Publishers，pp. 214 228.

Berger，Peter and Thomas Luckmann

1991. *The Social Construction of Reality*，London：Penguin Books.

Berman，Hraold J.

1983. *Law and Revolution I：The Foundation of the Western Legal Tradition*，Cambridge，MA：Cambridge University.

Beckford，James A.

1983. "The Restoration of 'Power' to the Sociology of Religion," *Sociological Analysis* 44：11 – 31.

Bourdieu，Pierre

1990. *In Other Words：Essays Towards a Reflexive Sociology*，trans. Matthew Adamson，Stanford：Stanford University Press.

1992. *The Logic of Practice*，trans. Richard Nice，Stanford：Stanford University Press.

2000. *Pascalian Meditations*，trans. Richard Nice，Stanford，California：Stanford University Press.

Cook，Karen S.

1989. "The Power of Sociological Ideas," *Sociological Perspectives* 34：115 – 126.

Foley，Duncan K.

2006. *Fallacy：A Guide to Economic Theology*，Cambridge：Belknap Press of Harvard University Press.

Foucault，Michel

1997. *Ethics：Subjectivity and Truth*，ed. Paul Rainbow，trans. Robert Hurley and others，New York：The New Press.

2009. *Security，Territory，Population*，trans. Graham Burchell，New York：Palgrave Macmillan.

2014. *On the Government of the Living*，trans. Graham Burchell，New York：Palgrave Macmillan.

Geertz，Clifford

1973. *The Interpretation of Cultures*，New York：Basic Books，Inc.，Publishers.

Ghatak，Saran and Andrew Stuart Abel

2013. "Power/Faith：Governmentality，Religion，and Post – Secular Societies," *International Journal of Politics，Culture，and Society* 26：217 – 235.

Lukes，Steven

2005. *Power：A Radical View*，New York：Palgrave Macmillan.

Mcguire，Meredith

1983. "Discovering Religious Power," *Sociological Analysis* 44：1 – 9.

Paap, Warren R.

1981. "The Concept of Power: Treatment in Fifty Introductory Sociology Textbooks," *Teaching Sociology* 9: 57 – 68.

Parsons, Talcott

1964. *The Social System*, London: Routledge & Kegan Paul Ltd.

1966. "1965 Harlan Paul Douglass Lectures: Religion in a Modern Pluralistic Society," *Review of Religious Research* 7: 125 – 146.

Pally, Maria

2007. "Was unterscheidet einen amerikanischen von einem europaischen Muslim?"? Die Welt, 10 – 12.

Roberts, Keith A.

2004. *Religion in Sociological Perspective*, Belmont, CA: Wadsworth.

Robertson, Roland.

1985. "Beyond The Sociology of Religion?" *Sociological Analysis* 46: 355 – 360.

Simons, Jon

1995. *Foucault and the Political*, London and New York: Routledge.

Swartz, David

1996. "Bridge the Study of Culture and Religion: Pierre Bourdieu's Political Economy of Symbolic Power," *Sociology of Religion* 57: 71 – 85.

Turner, Bryan S.

1990. *Religion and Social Theory*, London: SAGE Publication Ltd.

2010. "Introduction: Mapping the Sociology of Religion," in *the New Blackwell Companion to the Sociology of Religion*, ed. Bryan S. Turner, Malden, MA: Wiley – Blackwell, pp. 1 – 30.

Weber, Max

1978. *Economy and Society*, Volume 1, eds. Guenther Roth and Claus Wittich, Berkeley, Los Angeles, and London: University of California Press.

Wolf, Eric R. and Sydel Silverman

2001. *Pathways of Power*, Berkeley, Los Angeles, London: University of California Press.

个体化、公共宗教与现代性问题[*]

——贝克的宗教社会学思想研究

杨 君^{**}

摘要： 自启蒙运动以来，人性从上帝的神圣帷幕中解放出来，启蒙赋予人类在各个方面以自主性。受到思想启蒙的欧洲人摆脱了前现代的宗教迷信，这成为现代性的重要组成部分。但是，宗教并没有消失，且一直存在，宗教的"回归"有着更为深层的意义。个人从宗教制度中获得解放，获得一种"内心的信仰自由"。一方面，制度上的宗教与信仰上的宗教开始分离，信仰开始成为个人的事情；另一方面，在全球化浪潮中，面对宗教的多元化，个体获得了一种新的信仰自由，在世界社会中承担公共角色，并塑造世界主义精神。在此意义上，宗教个体化与世界社会的联结凸显了公民宗教的身影。宗教所呈现的宽容原则被视为一种重建世界秩序的可能，这种可能性是历史上不同的政治制度所具有的信仰趋势，而这种趋势正是反对、迎合和相结合的可能性。

关键词： 现代性　人性宗教　世界秩序　道德　个体化

在日趋全球化和世界秩序重建的过程中，跨国的政治秩序并非一帆风顺的，除了带有康德笔下世界和平的美好秩序愿景，社会冲突、矛盾和对抗也无处不在。但是，所有的这些矛盾、冲突和差别在全球化范围内还会

---

* 本文系国家社会科学青年基金项目"城市社区治理的公共性重构研究"（16CSH068）的阶段性成果。

** 杨君，社会学博士，华东理工大学社会学系副教授、硕士生导师，主要研究方向为社会理论、城乡社会学、文化社会学。

继续存在，甚至有些还会非常突出，因为站在世界主义体制对立面、能危及这种体制的人是不可想象的和不可预见的。世界主义的这个反面将随世界主义的现实凸显。如此说来，世界社会可否被设想为有取代世界没落的另一方案，而实现这种方案的条件恐怕就是永久和平（杨君、曹锦清，2020）。在此基础上，当代著名的德国社会学家贝克试图寻找一种支撑世界和平的道德资源，勾勒世界社会和平秩序的美好蓝图。关于此种理论构想，在社会学中拥有悠久的历史。在涂尔干（2006b：42）笔下，人们应该到社会的集体性力量中寻找道德的本质，而不是到社会成员的个体心理欲求和形而上学观念中寻找。所有的道德来源于社会，社会之外没有道德生活。面对现代社会的"大屠杀"以及集权主义的危害，鲍曼选择了与涂尔干不一样的道路。鲍曼认为，人们应该到社交的（social）范围内，而不是社会的（societal）范围内去寻求导致道德能力出现的因素。他坚持一种个体主义的视角，并认为，道德行为只有在与他人相处的背景下才可以被想象，而不能把它的出现归因于训诫与强制的超个体机构（鲍曼，2002：233－234）。在此，其确立了一种人与人交往的义务性原则。用鲍曼（2002：260）的话来说，在社会交往活动中道德意味着"为他人负责"，"为他人负责"是主体性的应有之义，而且它是无条件的。从而，以"为他人负责"为标志的道德的朴素形式是主体间关系的基本结构。贝克借鉴了鲍曼这一个体主义的视角，试图为人与人的交往关系建立主体间性。但是，在高度分化的现代社会，多元化的社会生活导致多元化的伦理角色，并不存在本质上适用于各种关系的道德律令（du Gay，1999）。从而，鲍曼笔下刻画的"为他人负责"的"元道德"遭遇到了哲学上的困境。贝克充分认识到了当代社会结构变迁所引起的生活世界多元化这一客观事实，与鲍曼相比，他更加关注当代人的生活世界，不再关注道德的原则问题，而是把更多的精力用于研究道德行为的生成问题上。基于这一认识，贝克从西方传统社会中（只有公民的或宗教形式的个人主义）汲取营养，获取道德资源，为重建当代社会的公共精神呕心沥血。如果这种解释能够成立的话，那么所谓价值衰落就别具新的含义，即对于自由的恐惧，其中也就包含着对自由之子的恐惧，后者必须与因内化的自由而引起的种种新的、不同类型的问题做斗争。如何才能把对自主的渴望与对共享共同体的渴望协调起来？在令人困惑的世界中，如何才能把在每个人内心中相互竞争的种种声音聚合成某种指向未来的政治表述和政治行动呢？

一　"宗教回归"与现代性危机

自启蒙运动以来，人性从上帝的神圣帷幕中解放出来，启蒙赋予人类在各个方面以自主性。在这一思想影响下，宗教信仰就被当作一种原始的、良心败坏的产物。欧洲人对那些依然具有宗教信仰，或者是又开始信仰宗教的人产生了蔑视态度。受到思想启蒙的欧洲人摆脱了前现代的宗教迷信，这成为现代性的重要组成部分。但是，宗教并没有消失，并一直存在，宗教的"回归"有着更为深层的意义。在日常生活以及社会政治中，宗教的多元化已经开始取代世俗化的线性发展模式。

（一）宗教与世俗化理论

在宗教社会学领域，世俗化是关于宗教与现代性关系的概括。自启蒙运动以来，人性从上帝的神圣帷幕中获得解放，启蒙赋予人类在各种活动中以自主性。现代化的进程进行得更为深刻和迅速，上帝丧失其力量的现实也显得越来越明显。换句话说，科学和技术理性的胜利破坏了宗教信仰存在的基础。在过去200多年的时间里，宗教变成了次等的、不重要的现象，它渐渐消失或者失去了根基。一旦人们的贫困被消除、教育获得普及、社会不平等被消除、政治镇压成为过去，宗教将会成为一种个人爱好。从目前来看，即使宗教仍旧存在，它只是一种私人信仰。宗教信仰作为一种选择而存在，它在信仰者个人意识中拥有强大的力量，但是它在个体和集体身份形成的过程中逐渐失去了作用。

世俗化理论继承了启蒙思想家对宗教进行批判的衣钵，欧洲的费尔巴哈、马克思、尼采、弗洛伊德都清晰有力地继承了这种传统（Beck，2010：20）。这在古典社会学的三大理论家那里体现得更为明显，如韦伯关于宗教与现代伦理关系的思考，涂尔干关于宗教与社会团结的命题，马克思关于宗教与社会阶层问题的分析（Hughes et al.，2003）等。由此，世俗谱系学就从宗教的盲从和强化中胜利解放出来。

总的来说，世俗理论（Beck，2010：21）建立在两个假设基础之上。首先，它出现在带有欧洲语境（韦伯称为"西方理性"）的现代化进程中，这表明全世界都有着相同的现代化发展历程；其次，世俗化和现代化是紧密相连的。具体来讲，世俗化理论的核心是现代化与意识变迁之间的关系。贝格尔指出："我们所谓世俗化意指这样一种过程，通过这种过程，社会和文化的一些部分摆脱了宗教制度和宗教象征的控制"（贝格尔，1991：63－82）。具体到西方现代的社会和制度，世俗化表现为基督教教会从控制和影响的领域中撤出，这主要包括教会和国家的分离，或者对教会领地的剥夺，或者教育开始摆脱教会权威。世俗化不只是一个社会结构的过程，它影响着全部文化生活和整个概念化过程，并且人们可以从艺术、哲学、文学关于宗教描述的衰落，特别是从作为自主的、彻底世俗的科学观兴起中看到它。另外，世俗化过程还有主观的方面，即所谓"意识的世俗化"（贝格尔，1991：128）。其含义在于，人们在看待世界和自己的生活时不再需要宗教的帮助。但是，当一切都变为可疑的、不确定之时，现代人也就处于一种"漂泊的心灵"状态。

基于以上认识，宗教衰落一直伴随着现代性的胜利，但是，世俗化理论是否就意味着宗教的消失，宗教复兴就成为人们的一种乌托邦呢？其实，宗教被世俗化赋予权力又因世俗化而失去权力。虽受王权的驱使，宗教从社会的中心位置被驱逐出去，但它有两次值得称赞的成功。首先，它成功地跳过了关于科学和国家理性知识的责任。现在它开始攻击科学以表明它现世的发现是无法超越的事实。其次，它使政治性联邦共和国在"国家"和"州"的形成过程中使用政治来认可其早期超越主权的存在。

与此同时，宗教仅仅是宗教，除此之外，就什么都不是（Beck，2010：27）。换句话说，宗教的任务是塑造、培养、实践、庆祝和反映人类生存、人类需要和超越意识的不可毁灭的精神性，是为了帮助其在公共舞台中获得胜利。在通过了世俗化的磨难之后，宗教充分认识到它自身的局限，也就是说，需要在它自己身上强加一些局限。很明显，通过在宗教中应用可行的方法来确定和断言法律法规能统治天上人间是不可能的。相反，"人间天堂"的想法——一个社会自身能够用这样相对平和的方法组织自身的这种想法是世俗主义者狂妄的表述，而且注定是要失败的。教会不再被认为是所有事情的通晓者，而只是精神以及宗教虔诚方面的专家。与此相对，科学和国家不得不在宗教是全能专家这样的断言形成的陷阱中挣扎。

世俗化理论所要表达的无非在现代化进程中，基督教作为一种过时的宗教，代表了一种普遍化的形式。这一理论坚持认为世俗化是欧洲现代性的独特路径（Beck，2010：20）。经验表明，基督教正在欧洲以外的地区日益兴旺，欧洲基督教却日渐式微。如果宗教运动和宗教变化成为超越国家范畴的事件，那么，我们就需要一种跨越国界的、世界性的眼光来看待国家间的发展，这只不过是全球宗教运动中的一个个拼图而已。

不难看出，世俗化并不表示宗教和信仰的终止，反而是一种越来越建立在个体化之上的宗教性的发展和大规模的传播。这一过程是多种宗教影响相互重叠和渗透的社会复兴信仰大趋势的一部分。这种现象甚至在那些人们认为最不可能出现的地方显现。如此一来，宗教的被迫世俗化为 21 世纪宗教虔诚和精神复兴铺平了道路。它为教会所带来的风险就是基于人们"自己的上帝"的宗教运动和竞争将会让教会空无一人，也会因此而使一个亵渎神灵的机构寿终正寝。

（二）宗教的回归与多元化

贝克探讨宗教的"回归"有着更为深层的意义。在日常生活以及社会政治中，宗教的多元化已经开始取代世俗化的线性发展模式。这是第二次世界大战以来巨大移民化浪潮的产物之一，因为那个以"欧洲的穆斯林化"的出现为标志的移民潮世俗化了基督教概念本身。这个过程甚至是以基督教徒为主的诸多欧洲国家的一个最具典型性的特征。来自经验的数据显示，已经有好几百万的穆斯林人口加入宗教总人口之中；穆斯林在不断增长的宗教信仰人数比例中快速上升。

为了更好地说明以上趋势，贝克认为，德国最近就有 160 座清真寺正在建立或处在计划阶段——这是当地或国家层面的普通大众都津津乐道的。德国其实是被基督教堂装点的国度，这些变化有着巨大的象征性意义，因为这些变化同时伴随着以教堂为中心的城市结构的巨大解体（Beck，2010：31）。德国传教士伦森在《教堂的未来以及近几十年的教堂建立》这份严谨的报告中详细描述了主教辖区的悲惨境遇：

> 一方面，我们目睹了世俗化的发展进程，其结果是带来了年轻和中年群体去教堂做礼拜次数的下降，这其中几乎不见小孩了。这种教会规模将近十个百分点的下降绝不仅限于少数的局部地区；每一例死

亡都会造成无法弥补的鸿沟，因为有越来越多的老年人也开始远离教堂。另一方面，我们看到——虽然主要在城镇——不同于基督教的其他各种宗教信仰的传播和发展。牧师的数量已经超过了所有成员的60%，这是史无前例的。现在将近400名活跃的传教士（包括已经退休的）将会在未来的5年内减少到250名左右，我们估计2010年以后，所有的加起来不过150名。2008年只有一名助理牧师被提拔为教士就是当今这一趋势的最好证据。将近600个教区将会被合并为180个教区联合体，在将来很长的时期内会没有愿意以及能够传教的教士来服务这些教区。这就意味着每周一次的礼拜也不再有保证……（转引自Levitt，2007：266－267）

在贝克看来，"宗教多元化"暗示了这一情况的严重性。在公众的心里，第二代或第三代移民将要成为"德国的穆斯林"或"穆斯林的欧洲人"这一说法完全可能，且可选择的生活搭建了这一平台。这个平台就相当于挑战了欧洲国家的基督教徒和无神论者的基本设想并且很自然地引发了人们的焦虑。这是因为，在欧洲人看来，世俗化和现代化之间有着因果关联。在现代叙事语境中，世俗化是一种线性理论。基督教是西欧唯一的国家宗教，面对穆斯林这种异域宗教，他们自然就会产生一种恐惧和忧虑。

关键的问题是，宗教的多元化是一种伟大的联结还是新的冲突呢？针对这种状况，仇视外国人的阵营在欧洲不断地发展，他们反对一切意义上的移民。文明的保守主义者、世俗基本教义派的领导者以及耶利米提醒自己的信徒要提防伊斯兰恐怖主义网络——所有这些混合而成了一个统一的遍布于欧洲大陆的反伊斯兰话语。贝克批判了这一保守性观点，他认为，这种话语没有认识到欧洲宗教的"回归"并不意味着传统伊斯兰教的"回归"，也没有意识到这些宗教复兴以新的形式已经在欧洲大地落地生根了。比如，这可以用年轻妇女的穿戴来表达，同样，西方的穆斯林化中的原教主义也不是来自原始的传到西方的穆斯林文化。相反，欧洲伊斯兰教预定了一个"去伊斯兰文化"。

　　第二代和第三代移民与他们父母相比，更倾向于喜欢他们移民国家的语言，他们能够更流畅地说法语而不是阿拉伯语……甚至，土耳其语比德语说得更慢……快餐比传统的烹饪更受欢迎，更有甚者，宗教极端主义本身就是一个去文化的工具……因此，当代的宗教极端主义能够让宗教标志和文化内容分离开来。比如，"halal"（伊斯兰教律法的合法食物）不仅是一种传统的烹饪食物，还代表着任何可食之物，因此，经营这种快餐的餐馆在西方信仰再生的穆斯林人群中再度兴盛起来，而摩洛哥和土耳其的传统餐馆只有很少几个。这种分离意味着问题不在于东西方文化的冲突，而是意味着将信仰再铸到被视为有着独立宗教标志的"纯粹"宗教中去。（Roy，2006：127－132）

伊斯兰宗教具有的特色不是源自伊斯兰世界家庭的社会化过程。相反，它是个体从家庭、经济和社会背景中解放出来的产物……由此，我们不能断言"穆斯林的存在"处于稳定的状态。玛利亚·鲍利（Maria Pally）研究了美国和欧洲穆斯林不同的处境。他认为，"值得注意的是，欧洲穆斯林比大众都要穷，他们对自己的经济前景感到绝望，并且常常处于社会隔离状态"，而美国大多数穆斯林则表明由于大家都是人类，且穆斯林不需要藏着掖着，也不需要被同化，所以他们在美国生活得非常自在（Pally，2007）。

这是美国和欧洲非常不同的地方。在欧洲，特别是在德国，穆斯林不得不"被整合"，他们发现就算他们满足了所有的相关标准，经济和政治的大门未必能对他们敞开。与此相反，美国很早就实行了宗教多元化的准则，宗教忏悔方式的多样化已经不再是怪事，而且被当作日常生活的一部分。比如，来自不同宗教共同体的成员可以胜任同一份工作。在美国，人们可以在保持其特色装扮的情况下出现在公共场合展示自己的宗教虔诚，人们也可以把握住经济机会而不需要被同化。

换句话说，美国并没有接受本国人与外国人之间的不同。这是因为美国是一个向移民开放的国家。相反，在德国和欧洲，即使外国人能够说一口地道的他国语言且有他国的护照，还是会被自动归分为非本国人。当你将那些当地人和移民分成相反的队伍时，就遇到了整合的问题，然后这一问题无法解决，因为本地人和外国人的区分会不断地被诸如姓名和外貌特征等因素强化，并加以"区隔"。

（三）现代性危机与多样的世俗化

随着世界宗教与新兴宗教运动相互渗透，我们看到了两种伟大的欧洲文化的普遍性：基督教信仰和世俗理性。基督教信仰忽视了潜在的宗教冲突之间的差异，更多的是倡导一种普遍主义的态度，从而，所有人都生活在全球社会之中。这一意识形态导致的后果是，在关于个人自由和自主性、对动物或对自然环境的权利，以及对恐怖主义威胁的紧迫性等方面，很难达成一致性的意见。从而，在新兴的全球范围产生了社会矛盾。即使是由人为造成的气候灾难或人类生命的价值问题所造成的威胁，也成为宗教争议的核心问题。由此可以看出，任何人害怕世俗单一文化的出现。但与此相反的威胁更令人震惊，如果世俗普遍主义消亡了，合理性的基础遭到了破坏，那么他们就会认为，这将酝酿宗教战争。

总之，我们必须回答这个问题：我们是否必须下结论说世俗化理论已经彻底地解释了现代化过程中宗教的命运。目前，许多学者想去摧毁世俗化而非宗教。然而，在宗教的消亡和它的对立面（世俗的消亡）之间，有一个在宗教社会学中越来越有影响力的第三种选择。这是一个关于现代化和世俗化的非直线发展的理论问题，它关注的是在历史背景下它们依赖的多元发展路径、阶段和形式。

正如有"多元现代性"一样，同样有"多样的世俗化"一说。世俗化理论并不是完全错误的；它认为不同的背景具有不同的形式——这意味着在西欧是一回事，在东欧是另外一回事；在拉美是一回事，在亚洲、非洲是另外一回事。在美国和非洲有着精英思维，而非大众的思维；和西欧一样，甚至在美国也有着多样的世俗化理论，而远不止一种。

但是世俗化与个体化之间是什么关系？世俗化理论认为越是现代化，宗教越是减少，而宗教个体化的命题则从相反的推断出发：随着现代化的深入，宗教并未消失而是改变了它的面貌。事实上，原本联合在一起有组织的宗教团体正在变得松散，一如教堂的神父权威的衰落。但是，这不应该被认为是宗教对于个人的重要性在下滑。相反，已设立的宗教制度的衰落与个人信仰的上升是齐头并进的（Pollack and Pickel，2008）。换句话说，个体化理论在（有组织的）宗教和（个人的）信仰上的不同是为了把它自己与世俗化理论区分开来。由此，宗教个体化是一种新的世俗化理论。在世俗化的时代，宗教崇拜并没有消失，而是从一种制度化的宗教转变为个体化的宗教信仰。

二 宗教的个体化与公共精神

在以往和现在的宗教中，基督教是至今最具包容性的宗教之一。[①] 耶稣作为基督教的创立者，在新约中向我们展示了一个向他的追随者宣扬互爱和非暴力的先知和救世主形象。在这一形象的指导下，在人们获得平等与博爱的过程中，基督教的真理和信仰的合法化也就自然存在于人们的心里。但我们会在欧洲更加注意到这一事实，在欧洲，因为其不包容性和因宗教产生的暴力、恐怖活动和仇外的态度通常会严厉批评不同的宗教（如伊斯兰教）。基于这一认识，欧洲社会现在正面临来自全球宗教的挑战。基督教必须经历一次从不包容性到有限形式包容的转变。这样的转变不仅仅是宗教的跨国界的世界流动，还是一次内部的、实质性的转变。在后一种情况下，道德与宗教开始分道扬镳，个人从宗教制度中解放出来，获得一种"主观上的信仰自由"。可以说，这次转变是人们对基督教信仰新的理解——贝克所说的"宗教的个体化"（Beck，2010：79）。可以说，这次未完成的基督教革命是由基督教原本的矛盾演变而来的。换句话说，它在以下两个方面开始新的探索：一方面，制度上的宗教与信仰上的宗教开始分离，信仰开始成为自己个人的事情；另一方面，面对全球性的多元宗教，应该如何看待其他宗教。也就是说，在全球化浪潮中，当个体获得了一种新的信仰自由时，如何在世界社会中承担公共角色，塑造世界主义精神。

（一）宗教与道德的分离

宗教的个体化以否定道德与宗教的等同性而结束。几乎所有的政治立场都通过阐发其权威的合法性和目的性来向前推进，宗教的体制化是道德行为的起点。当今时代，甚至是在世俗化的欧洲，经常遇到这样一个观

[①] 基督教会在历史上大多是极具包容性的教会。从创立开始，它就对其他非基督教展示了极大的包容性，首先是希腊罗马的多神论，然后是犹太教，基督教后来不得不从它单独分离出来，还有之后的伊斯兰教。在历史早些时候，从基督教早期传教开始，它对于异教和异教徒变得越来越包容。这些异教徒，虽然是基督教的崇拜者，但不遵从邪教教义，保持和传播基督教，三位一体，教士、教会和其他一些相关事情的信仰，而这些曾被宗教权威认为是错误的，他们认为其会产生罪过而受到惩罚（Zagorin，2004：1）。

点：没有对上帝体制化的信仰，就不能保证人们的行为是符合道德的（Beck，2010：144）。政治家宣称基督耶稣的价值在这里是可以被理解的，尽管道德看似包含不同的甚至是截然相反的意思。但是，这些价值依然被说成塑造了"欧洲"，抑或是"西方"。同时也常常出现这样的描述：没有这些价值观，人们就不可能建立人类行为和各项事情的法令。

当然，批判宗教信条通常也是一种禁忌。在个体化信仰的时代，只有从宗教及信仰的这个"力场"（force field）里，通过判断一个宗教要求它的追随者们做什么来判断其利益点才是可能的。其结果是这些要求通常是极端地不合理的，通常与人们道德的基本期望严重背离。宗教定义的支持者倾向于对宗教产生一种教条式的道德依赖，从而将其与人类苦难生活的现实分离开来。

如同众多非宗教组织举办的一些活动，这些人根植于个体化宗教思想而不是通过召唤宗教权威来传播教义，这种思想是他们对其他人承诺的基础。作为一个信教者，那些把信仰和宗教等同起来的人，其执行着宗教的教条而不对个人负责。在极端情况下，这种缺乏自己信仰的行为会使得一个人的价值观逐渐麻木。相反，一个好人如果遵循他的良心的指引而不是教堂中神的内在命令，那他的行为与过去已经做的事相比就可能会表现得更好。

就道德而言，宗教的个体化应该得到更好的重视而不仅仅是对教堂里教条的遵循。因为，信仰者自身是唯一能决定道德上的正确与否，甚至说是有关宗教道德方面禁忌的道德性的正确与否的人。通常，道德准则以及宗教的教化是符合我们自身的本性和经历的。人们的宗教体验和道德判断的能力是植根于对自己神的主观叙事。另外，可能要指出的是：恐怖主义者放弃了有关暴力的禁令。简而言之，把牧师的权威与宗教的个体化分割开来，在很大程度上，可能会在那种宗教里造成毁灭性的后果。

（二）宗教的个体化

在讨论宗教的个体化时，在贝克看来，区分第一次个体化和第二次个体化是十分重要的。第一次个体化指宗教内的个体化（如新教），第二次个体化指宗教的个体化，或者说是"自己的上帝"①。

---

① 在这点上参照"个体化一：上帝一直的发明物：马丁－路德"（Beck，2010：104－110）和"个体化二：福利社会"（Beck，2010：17－120）。

宗教的第一次个体化意指，中世纪后基督教义内个人自主选择的争斗，并嵌入个人和集体之争中。关于这一观点的论述，贝克以路德为代表详细讨论了宗教内部的个体化现象。"宗教内的个体化"的特殊本质是个人从教堂和权威中解放出来。从而，个人抛弃教堂"母亲"的保护，这就意味着在个人和他的神中间，作为代理者的教会的终结，信仰的确定性就转变为个人与上帝的直接对话。这种改变导致了对所有价值观的重新评定。作为神的外在世界的拯救，内部世界就有着优先次序：

> 通过把注意力集中在与神的直接相遇上，时间顺序的周期和仪式就被当成决定和检验事情的标准，同时，代代的成功就在神前被溶解成个体。通过假设的直接性，社会的最小单元——个人——就变成了具有象征性的灵魂和最高权威。（Soeffner，1997：8-9）

基于以上论述，"宗教内的个体化"的宗教性和精神性都将意味着在神面前或者在神眼中成为能说话的、如此不同的人类的自我意识，这也就与教堂和宗教团体关系相去甚远。换句话说，拯救自己的不是宗教，也不是个人参加教会，而是个人与上帝的"个人关系"。即便没有教会，只要你诚心相求，基督自会降临到个人的心中（贝拉等，1991：310）。

在个人与上帝之间的对话中，个人获得了一种宗教自由。贝克进一步引用路德的话表明：对信仰权威的自我性和个体的自由做了限制，为了和这些限制相一致，神的直接出现和"神谕"的直接出现绑在了一起。因此，路德描绘的个体化不是21世纪亲力亲为的神，而是《圣经》里自由的神，是在《圣经》里揭示自己的、个人的、唯一的神。尽管这看起来像是悖论，但路德的"自己的上帝"跟《圣经》里有且只有一个神是完全一样的。从而，路德把自主化和个体化的神和垄断的一神化的神联合起来，这本身就存在矛盾。这种个人的、唯一的神保存了宗教普遍主义。他也声称绝对的有效性，以便能用一种可控的方式去更新主要的、基本的、个体化的"精神"经验。在路德以《圣经》名义摆脱教会的控制，使基督徒获得自由的同时，他又在信仰者和不信仰者之间描绘了一条清晰的界限（Beck，2010：105-107）。可见，路德笔下的个体化仅仅是《圣经》中显示的"自己的神"，而宗教依然遵循一种非此即彼的逻辑。换句话说，个人信仰就成为私人领域不被干扰的领地，而公共领域依然由基督教来管理，这依然体现了基督教的宽容性。

通过以上论述，不难看出，路德"转变"了个人信仰和集体信仰之间的矛盾，《圣经》中自有信仰，使基督徒可能脱离天主教堂的教条，同时也把信仰者拴进了改革者的宗教中。两种行为都在神的示谕中成立：尽管这种在"神"和"魔"之间的、在"真实"和"邪恶"的个人神之间的自相矛盾的方法既不可信又不可持续，但还是使他们从教堂里解放又重新融入改革后的教堂之中。

"个体化"取代了宗教。① 这对新教政治来说意味着路德只是重划了一个信仰者和非信仰者之间的边界，而并没有使两者分离。其结果就是在把欧洲推进无尽的宗教战争中的同时，改革又产生了自己的异教徒，也服从自相矛盾的、敌对价值体系的评定。由此，路德所阐述的个体化的这种矛盾可能被称为神的"一神论"个体化。它依然坚持一种基督教的普遍主义。在对待异教徒的异端的事情上，爆发了相当残酷的问题，甚至在圣经文本中出现了关于上帝模糊性的问题。

这就提出了一个问题：宗教信仰可以不依赖于社会而存在吗？比如，虚拟的宗教形式。如果我们把自由选择上帝的宗教信仰考虑为逻辑结论，那是否意指社会与宗教的原子化呢？贝克认为这样的时刻已经到来。在路德笔下，个人在对抗教会的过程中完成了不可思议的任务——合并了一个唯一的耶稣真神和建构了"自己的神"，刻画出了个人最接近的神。但如果"自己的神"在21世纪初从教堂里离开，那么，这第二次全球的改革，就"新宗教运动"而言，可以被看作路德的一个真神和一个"自己的神"的对比。在贝克看来，在二战后欧洲的福利国家宗教个体化的环境中，产生了一种"后宗教性个体"。第二次宗教个体化不是从基督教内部，而是从外部重建了"自己的神"。这似乎是对路德心中"自己的神"的最近的回声。

---

① 宗教个体化形式凸显一种矛盾。一方面，宗教是个体化的对立物，它是附属物，是记忆，是集体认同，是一种仪式，它来自那些以时速的、自然化形式塑造的社会性事物中；另一方面，宗教是个体化的源泉：按照你自己的选择自由地信奉上帝，自由祷告。宗教立根于个人信奉与否的选择之上，最终论证了个人选择的自由。这意味着，宗教即个体化的对立物，也是它产生的源泉。这一对立面让整个基督教的历史粘上污点。第一份反对个人生命消亡论的保单是教会对生命永恒的承诺。在中世纪，人们的死亡不仅仅是现实生活的超脱，人们的生命与上帝共存；死亡，作为一种被上帝选中的荣耀，这一观念贯穿几个世纪，一直引起人们的高度关注，并将人们相互分离。死亡意味着给上帝一个交代，这是个人主义的发端——引发了对教会的大量需求。

宗教的第二次个体化不是一种后现代的个体，而是个体从集体的崇拜转向个体的重塑。这种想法遵从了一种自传模式，提供了一种自我重建的社会化形式。正如上面已经提到的，宗教第二次个体化抑或"自己的上帝"的讨论假定了一种激进的宗教自由。"自己的上帝"在这里是指上帝，不是在我们一出生时就被安排好的，他也不是说一个主要教派的所有成员都被迫要去尊敬一个共同的神。他是一个可以选择的神，一个在个人生活的内心深处有清晰声音和牢固位置的个人的神。这样一种神的个体化破除了一种假设：人类可以依照每个人在包含一切的宗教信仰系统中的选择而被一致地进行分类。其划分是根据人们属于而且仅仅属于一个由宗教和文化偏好而被区分定义的有差别的群体，可以满足一元垄断文化的理性境地。这种对文化或宗教纯洁性的强调无疑会催生两个巨大的危险。一是让人们不能看清现实，特别是导致了人们对心中信仰的主观性现实的认识不足；二是人们无法意识到对多样性的根除和毁灭。

换句话说，虽然宗教的第二次个体化也深嵌在基督教传统之中，但是它已经从路德笔下刻画的单一神的宗教普遍性中解放出来，承认宗教的多样性，从外部重建了自己的信仰。这表明宗教的基础有两点：自己的上帝和自己的生活。它们都是深不可测的谜。人们只有老老实实地活在永久的现实中。这就使得它具有了一种世界主义元素，衍生的问题是如何处理与其他宗教的关系，何以建构新的公共精神。由此，自己的神就开始从个体化走向世界化。基于这一认识，我们可以说，自己的上帝是一种自我反省，自我满足，自发地"释放"的主体。他依靠内在自由程度的释放或者"解放"，属于栖息在启蒙的精神结构中的新的"神"或者"英雄"——新的奥林匹斯山。

（三）宗教作为公共精神的建构者

宗教的世界化与个体化之间的关系是怎样的，它们又是如何影响宗教的？在贝克看来，世界化与个体化是反身现代性的两个方面，也是去传统化的两种不同形式（Beck，2010：82）。一方面，个体化展示了宗教转型的内在方面；另一方面，世界化让宗教脱去了传统国别道德疆界，使宗教变得更加个体化，宗教信仰就成为个人选择的事情。这就意味着，作为一种意外性后果，个体化与宗教是共存的。在这种共存中，勾连个体化与世界化的是宗教的混合形式，而宗教的混合形式是以个体化为前提的。

在贝克笔下，宗教的个体化既不是后现代主义背景下的相对主义宗教，也不是将宗教的个体化等同于宗教的私人化和隐蔽化。用他的话说，自己的上帝展示出了一幅第二现代性下的世界主义宗教图景。基督教具有一种世界主义的基本结构。基督教信仰与种族的和民族的矛盾无关，也同男人和女人的对立无关。基督教表达出了一种博爱的思想，这是一种跨国的人类图景和人文精神。但是，基督教关于人类观念的固有缺点是带有一种普遍主义的假设，不承认他人是有所不同的。在这种情况下，在同全球性的、多种族的世界社会，以及与此相关的、跨越界限的、跨越国家性组织的接触中，个人与世界社会始终处于对抗中，都承担了太多的压力。因而，在贝克看来，一种具有世界主义特点的基督教信仰及其向世界公民开放的教会，恰恰可以化解以上矛盾（贝克、威尔姆斯，2004：231）。

基于以上认识，世界主义宗教最为核心的问题就是：我如何对待他人的不同特点。这就是说，我如何对待其他宗教的信徒。在这种意义上，宗教及其思想方向是有可能进行彻底转变的。贝克认为，这是由于个体化的意外性后果，导致了多种多样的宗教形式，只有当这些宗教形式使每个人都能得到充实时，宗教形式的多样化才是可以接受的。但在经验社会中出现了宗教的冲突和边界问题。他将这种现象称为"描述性的宗教世界"。这种宗教旨在获得一种新的（社会与知识）视野去看待边界消融的矛盾现象、多元化和宗教领域新的边界建构现象。与此相反的是"规范性宗教世界"。它将精力集中于宽容原则的思想和实践上（宽容体现于宗教神学、等级分化和特殊主义中）。

这两者并不总是一致的。宗教世界在经验领域和民族国家的行动空间的发展，并不意味着宗教机构接受了世界性的观点——我们可以看到，事实上，相反的情况已经达到了惊人的程度。然而，在宗教跨国主义和重新国有化之间、宗教极端主义和普世主义之间的张力与矛盾是不能被放在国家范围内来分析的。社会学的、人道主义的观点和一套相应的概念框架才是真正被需要的，它们有利于超越国家与宗教的界限，使宗教的边界消融，使宗教之间架设的新路障清除。具有讽刺意味的是，宗教世界的发展最终变成一种在规范性世界中本无意于构建大同社会的非预期后果。

鉴于以上问题的出现，贝克提出了一种含有规范性基础的文化，这种文化同本质主义的整齐划一的阶级文化观念、种族文化观念和宗教文化观念格格不入。对它而言，派别性的或集团性的文化恰好是一种威胁。这种个人主义文化所固有的规范性的前提就是承认他人的不同之处和特性。应用到宗教中来，在贝克笔下，这种个人主义文化就是指宗教世界主义的两个宽容原则。种族和民族的宗教宽容原则。这种原则认为，"爱罪人，不是因为他是罪人，而是因为他是一个人"。这是奥古斯丁所陈述的观点。这意味着对一个人的识别必须同他的职业、信仰和他在社会中的地位相分离。派系间的宗教宽容原则。这一原则坚持认为宗教的宽容不仅体现在他对于种族相异者的处理方式，甚至更强烈地体现在他对待信仰二元论和信仰缺失的问题上。换句话说，从个人主义文化的理想图景来看，"他人"也在推动个人的个体化。这一含义暗示，宗教的个体化表明自我是不完善的。只有通过与他人的交往，承认他人的特性，才能使每一个人都能够通过自己的创造性活动或感受力得到发展，这是一种使社会共同体也得以立足的理想规范。用哈贝马斯（2004：259）的话来说，这是一种规范性的交往关系形式，它体现了相互关系的一些规范——宽容与承认他者的存在。

三　公民宗教与世界秩序的构想

贝克认为作为一种意识形态的宗教，也是社会结构变迁的产物。在人们获得自己信仰的同时，在与全球性的、多种族的世界社会，以及与此相关的、跨越界限的、跨越国家的组织的交流中，个人与世界社会始终处于相互联系之中。这时，一种具有世界主义特点的基督教信仰将人的行动与意义联系起来，使人们不再完全表现为"鲁滨逊"与自营型企业家的混合体，① 从而也无须在一切人反对一切人的斗争中经历世界社会，并存活下来。"自己的上帝"确实展示了一幅公共精神的图景。但宗教个体化的意外性后果带来了社会冲突和暴力，使得世界秩序的构想几乎陷入绝境之中。然而，个体化与世界社会的联结凸显了公民宗教的身影。如果道德只能来自社会，而人类又尚未形成一个有其意识和个性并包括所有人在内的"人类社会"时，道德共识的重建又将如何可能？

---

① "鲁滨逊"意指孤立的个人，"自营型企业家"意指"新自由主义"所刻画的自足的个人。

（一）个体的道德性与"普遍的人"形象

自社会学诞生以来，个人与社会关系就成为社会学的经典命题。[①] 贝克延续了这一主题，以个体化[②]为切入点，在系统阐释的基础上，试图构建一种新的社会一个人关系。在他看来，社会正在经历一场基础性的转变，一个个体化的过程发生了。这种个体化意味着工业社会的确定性的瓦解以及为缺乏确定性的自我和他人找到和创造新的确定性压力（贝克等，2001：19）。这表明个体化概念描述的是社会制度以及个体与社会关系的一种结构性的、社会学的转变（贝克等，1991：202）。作为一种结构性的概念，个体化与福利国家有关，发生在福利国家的总体条件和模式中，是作为福利国家的后果而呈现的。与涂尔干的个体化不同之处在于，贝克认为，"现代化的深度发展减弱了家庭和职业对个人生活的影响"（Beck，1992：137）。不仅是同业组合，就连家庭也不再是稳定的靠山，每个人都成为社会的再生产单位。换句话说，在社会结构变迁背景下，一切固定和稳定的东西已经烟消云散了，个体获得了一种自由。基于以上认识，一个基本的问题正变得越来越清楚：高度个体化的社会是否有可能实现社会整合。类似的问题被应用到宗教个体化中，就变成个体化的宗教是否能够实现新的整合。

基于对宗教的相关论述，贝克也认为作为一种意识形态的宗教，是社会结构变迁的产物。在人们获得自己信仰的同时，在全球性的、多种族的世界社会，以及与此相关的、跨越界限的、跨越国家的组织中，个人与世界社会始终处于相互联系之中。这时，一种具有世界主义特点的基督教信仰将人的行动与意义联系起来，使人们不再完全表现为鲁滨孙与自营型企业家的混合体，[③] 从而也无须在一切人反对一切人的斗争中来经历世界社会，并存活下来。在贝克的讨论中，这一信仰，即"自己的上帝"是一种"人既作为上帝又作为信徒的宗教"（Beck，2010：114）。在此，涂尔

---

① 在传统的社会学领域内，形成了强调个人而忽视社会的唯名论和强调社会而忽视个人的唯实论，基于此，就形成一种二元论。进而，在这场争论中，形成了方法论上的个人主义与方法论上的整体主义（亚历山大，2001：8—11）。

② 在对贝克研究的文献中，个体化更多的是与家庭研究结合起来而忽略了贝克对个人与社会命题超越的理论抱负。

③ "鲁滨逊"意指孤立的个人，"自营型企业家"意指"新自由主义"所刻画的自足的个人。

干"普遍的人"形象与贝克的"自己的上帝"遥相呼应。

涂尔干在《个人主义与知识分子》一文中详细探讨了个人主义的深刻内涵。在他看来，这一概念不同于安逸的、私人的利益神圣化观念，也不同于对自我的自利主义的膜拜（Beck，2010：154）。换句话说，它不是对自我的赞美，而是对普遍个人的赞美。它的动机不是利己主义，而是对具有人性的一切事物的同情，对一切苦难的同情，对一切人类痛苦的怜悯、抗拒和减轻痛苦的强烈欲望，对正义的迫切渴望（Beck，2010：157）。事实上，个人从更高的、他与所有人共享的源泉中获得一种尊严。涂尔干认为，这就是一种人性的因素（Beck，2010：156）。人性是神圣的，不是个人特有的，而是分布于所有人之中。因此，如果个人没有被迫超越自己，转向他人，他就不可能把人性作为自己的行为目标（Beck，2010：156）。所以，个人既是膜拜的对象，又是膜拜的追随者。这种膜拜并不特别关注构成人自身和带有他的名字的特殊存在，而是关注人格。从而，个人就获得了一种普遍意义上的神性，涂尔干称之为"人性宗教"（Beck，2010：159）。正如涂尔干所认为的，宗教处在变化之中，昨天的宗教不可能成为明天的宗教；与此同时，宗教并非必然意味着完全意义上的符号和仪式，或者教堂和牧师。所有这些宗教外在机制都只是宗教的表现形式。今天的宗教出现了一种新的形式"人性宗教"。其理性的表现形式即个人主义道德。

同一种社会群体的成员们，除了他们的人性，即构成普遍人格的那些特征之外，已经不再有任何的共同之处了。人格的观念因而是超越所有特定意见的潮流变幻而存续下来的唯一的观念，永远不变而且不属于个人；它所唤起的情感是我们从几乎所有人心中能发现的唯一一情感。它不是对自我的赞美，而是对普遍个人的赞美（Beck，2010：159）。

基于涂尔干的论述，个人主义的道德与其说是来源于个人的，还不如说是来自对普遍个人的赞美。不可否认，个人主义是必然产生于个人的，但那只是利己主义的情感（Beck，2010：161）。人格的观念是超越所有特定意见的潮流变幻而存续下来的唯一的观念，永远不变而且不属于个人。正是在个人与"普遍的人"的连接中，我们看到了涂尔干做出的个体化与世界主义的联想。

如此说来，人性宗教不是具体的宗教。在贝克笔下，个体宗教产生了两次变化。第一次是指宗教内部的个体化，路德成功地在与教会的抗争中，为主体的良知自由提供了基础，使得个人从教会及权威的传统束缚中释放出来，信仰确定的根源转向个人与上帝的直接相遇（李荣荣，2011）。宗教的第二次个体化也深嵌在基督教传统之中，但是它已经从路德笔下刻画的单一神的宗教普遍性中解放出来，并超越所有的排外性的宇宙神教，承认宗教的多样性，从外部重建了自己的信仰。这一信仰即"自己的上帝"。而这种信仰存在于人类自己与人类自己生活中上帝的存在之间，也存在于对他人的爱——他人包括"宗教他人"、"国家他人"、"邻居"、"敌人"及上帝的爱之间，这种联系还存在于无助的自己和个人选择的无助上帝之间（Beck，2010：117）。在此，人们就打破一种非此即彼的思维方式，通过"他者的眼光"审视和反思自己。换句话说，人们就生活在个人与普遍的人之中，自我与他人的隔阂开始消除。从根本上讲，贝克知道个人是不完善的，正是通过与他人的交往，寻求一种普遍且稳定的道德基础，即人性。而这一道德内涵的展现，用贝克的话说，就是"自己的上帝"。人既作为上帝又作为宗教的信徒。基于这一认识，自己的上帝就具有了一种世界主义元素，处理与其他宗教的关系，建构新的公共精神。

其实，贝克的"自己的上帝"一词正好回应了关于个体化的道德内涵。对贝克而言，个体化既不是撒切尔主义、市场个人主义或原子化，也不是指如何成为一个独一无二的人。在贝克看来，在旧有价值体系下，自我往往不得不服从由个体设计的集体模式，如今我们新的取向类似于某种合作个体主义或利他主义。既为自己打算又为他人而活，这两种曾被认为是相互矛盾的东西，如今有着内在的、本质的联系。独立生活也就意味着在社会中生活。应该说，贝克个体化理论中的"利他个体主义"正是作为"自己的上帝"这一概念的派生和演绎。

（二）宗教个体化的意义及其局限

宗教的个体化是一个矛盾体。一方面，世界各种宗教潜在性冲突要求各世界宗教教化其自身；另一方面，不同信仰的彼此普遍的亲近迫使信徒们去重新界定新的边界，明确他们自身与他人的平等，并对其不同的宗教做出明确的定义和认知。由此，他们可以明确个体宗教与其他宗教的差别并确定自己的核心概念。在贝克看来，很难发现这种矛盾可以通过有意识的行动来超越和化解，它可能是无法逾越的。要是这样的话，去探索意外后果的概念是否可能帮助我们去教化世界宗教对我们来说是有重要意义的。

意外后果模式可以通过阐释韦伯关于资本主义精神的论述来加以理解。众所周知，韦伯认为带有宗教动机的"世俗禁欲主义"是产生带有资本主义"精神"的驱动力，这个资本主义的"精神"包含着其关于持续的利益最大化的理性要求。这种对资本主义的驱动力是没有被预料到的或者说就是意外后果。这种精神引发了一个无尽的"创造性毁灭"的过程。韦伯思考的问题就是新教伦理在这其中是何以可能的，例如最绝对让人难以忍受的教会对个人的控制的各种形式的可能性。他的回答是对两个正好相反的宗教信仰形式做出区分后而得出的，那就是对至善（乌托邦，理想化）的追求和对庄严（禁忌）的追求。

韦伯的研究表明，从根本上讲，个体化对至善的追求这种乌托邦式的驱动力能够促使个人追随利益最大化和世俗禁欲的最大化这两点来改变世界。如果加尔文教徒个人想要获得上帝的恩惠，那他就必须在遵循庄严而神圣的禁忌的基础上打破传统的社会秩序。

至善和庄严的矛盾——至善的主观性对庄严秩序下各种禁忌的质疑——是在依据制度化或是组织化的宗教（加尔文教）并在其框架之下而起作用的。如今，在迈向第二现代性的过程中，宗教的个体化的意外后果是开始转向反对制度化宗教的种种教条。个体化从宗教真理系统大厦的坍塌中摆脱出来——或者至少说是宗教真理系统的衰退——从已经存在的"宗教联盟"（或宗教文明化）中解放出来到达他们原来被安排的位置。正是这种解放使得他们发现或者发明了"自己的上帝"①。宗教在与制度的对抗之中意外地获得了个体化进程，并迈向了世界化。

基于这一认识，贝克认为，宗教个体化并不等同于宗教的私人化。坚持将宗教从公共领域中驱逐出去，这是第一现代性的启蒙理念，在今天已

① 正如上面已经提到的，"自己的上帝"的讨论假定一种激进的宗教自由。"自己的上帝"在这里是指上帝不是在我们一生时就被安排好的，他也不是说一个主要教派的所有成员都被迫要去尊敬一个共同的神。他是一个可以选择的神，一个在个人生活的内心深处有清晰声音和牢固位置的个人的神。这样一种神的个体化破除了这样一种假设，即人类可以依照每个人在包含一切的宗教信仰系统中的选择而被一致地进行分类。然而它却使人们不能看清现实，特别是导致了人们对心中信仰的主观性现实的认识不足。除此之外，其没有意识到对多样性的根除和毁灭——换句话说，就是一个同质性身份的强加——内含一种潜在的冲突的因素，在这里，偏狭所导致的冲突会不可避免地达到高潮。

经显得落后了。但不可否认的是，个体化可能导致宗教的私人化，但并不是必然的。它也有助于为新的公共信仰铺平道路。在贝克看来，化解私人宗教信仰的去私人化有三种不同的方式：自由选择上帝的宗教信仰，国家（包括恐怖暴力）、政治言论（公共领域内）和（全球的）市民社会。贝克认为，宗教第二现代性的成功，预示着一种自由选择上帝的宗教信仰方式。这些关于自我上帝的政治神学问题需要在多样的世界宗教中找到自己的支持者。宗教个体化和世界大同主义意味着把宗教信仰立基于纪传体事物，也意味着宗教对领土垄断权的正统权威的破坏。综合地看，它们引起了全球集体设置的悖论。个体在从各种竞争的宗教选项中和纪传体经验中选择自己的信仰体，他们可以自主决定放弃哪些事物。

但值得注意的是，和平之路十分漫长，直至今日仍未完成。宗教教义并未落后，这仍是他们要面临的任务。威斯特法利亚体系建立的世界和平观念展示了宝贵的经验。当时，基督教派被迫调查其和平能力的根源。今天真理依然未变，追求和平的人自己必须能够保持和平。宗教暴力倾向解决的法律规则是对西方花言巧语的还击，而它只在国内框架中才能发挥作用。它无法掌握矛盾动态的普遍宗教和社会本质的特定现实。对良心解放的检验在于是否包括持不同信仰的人的解放，尤其是放弃一切信仰甚至是信奉受轻视信仰的权力。只有在允许多个一神信仰的同时发展自己，只有它们宣示放弃使用暴力，只有它们准备好支持宗教间互相包容的原则，才能使这个世界有机会延续下去（Beck，2010：18）。

那些把真理作为宽容的最高目标的人，往往向往共识与和谐。但他们同时也谴责那些不屈服于这个"真理"的人。与此相反，那些看到这种共识与和谐是不现实的，也不能作为目标的人，发现自己面临一个问题："世界性宽容"是如何超越普遍性来实现的。

（三）公民宗教与道德共识

贝拉在《美国的公民宗教》一文中指出，公民宗教是政治制度建构以至整个公共精神中的宗教维度，它体现为使民族国家的具体经验富有神圣的普遍意义的一系列信仰、符号和仪式（贝拉，2007）。可以说，公民宗教存在于民族国家范畴之内（美国）。就像贝拉所一再声称的那样，公民宗教主要是指存在于社会风尚、习俗和舆论中的简单而抽象的基本价值（Bellah，1967）。基于贝拉的思考，我们发现，在贝克笔下，随着个体化进程迈向世界化，个体化对公民身份与基于公民身份的政治提出了严峻挑战（李荣荣，2011）。但是，让人欣慰的是，贝克正是从个人的内心出发，将独特的个人与普遍人的道德性相联系，从中可以发现自己的上帝与公民宗教的某些相似之处。就此问题，李荣荣从个体意识对普遍价值的认同和普遍价值对个体自由的承认两方面，论证了"公民宗教"和"自己的上帝"之间的内在关联（李荣荣，2011）。

基于以上论述，如何处理好不同社会之间以及个别社会与人类之间的关系就成为公民宗教的一个核心问题。在卢梭的论述中，社会仅限于作为政治共同体的城邦式共和国。① 从宗教与社会的关系而论，它将宗教分为一般关系的"人类宗教"②，与特殊关系的公民宗教③。前一种宗教没有庙宇、没有祭坛、没有仪式，只限于对至高无上的上帝发自内心的崇拜，以及对道德的永恒义务。后一种宗教是被写在某个国家的典册之内的，它规定了这个国家自己的神，这个国家特有的守护者（卢梭，2005：173）。它有自己的教条、自己的教义、自己的法庭。④ 对此，卢梭做出了批判，对于前者，他认为这种宗教与政体没有任何特殊关系，就只好让法律去依靠自身所有的力量，而不能再给它任何别的力量（卢梭，2005：175）；对于后者，他认为只有通过暴力和屠杀的手段才能赢取统治的合法性，使社会处于战争状态，从而失去社会的道德性。卢梭试图用公民宗教这一概念弥合这一道德与政治之间的张力。在他看来，公民宗教由主权者制定，并由法律加以维护，不过其前提是主权在民、法为公意；如果说公民宗教是为了将世俗义务与宗教义务合二为一，使遵守法律成为天职，那么这一切也只有在自由和服从统一起来的"共和国"里才有意义（汲喆，2011）。根据卢梭的设想，公民宗教的"条款并非严格地作为宗教的教条，而只是作为社会性的感情，没有这种感情则一个人既不可能是良好的公民，也不可能是忠实的臣民"（卢梭，2005：181）。与此同时，公民宗教的内容也只

---

① 除了国家与人类的关系以外，国家与市民社会可能的分裂与对峙也不在卢梭《社会契约论》的视野之内。这个问题无疑也关系到公民宗教的角色定位（汲喆，2011）。

② 指一般的或普遍的宗教，系与各国家、民族的特殊的或具体的宗教相对而言。

③ 这里主要是指特殊社会，亦即政治社会或市民社会。

④ 《爱弥儿》第4卷：千万别混淆了宗教的仪式与宗教，上帝所要求的崇拜乃是内心的崇拜，这种内心的崇拜，只要它诚恳，就永远都是一致的……至于崇拜的仪式，虽说它也应该和良好的周一致，但纯粹是一种政治的事情；崇拜仪式完全不需要什么启示。

应是少量简单、精确、无须解说和注释的条款，也就是那些最能唤起普遍共鸣的价值。卢梭选定的条款包括要求相信"全能的、睿智的、仁慈的、先知而又圣明的神明之存在、未来的生命、正直者的幸福、对坏人的惩罚、社会契约与法律的神圣性"，并拒绝某些具体宗教所带有的那种"不宽容"（卢梭，2005：182）。

当然，不可否认，任何民族都必然而且应该拥有其各具特点的"集体良知"，从而也就拥有其各具特点的公民宗教，但是，公民宗教毕竟不是"民族宗教"，更不是"种族宗教"。必须明确的是，公民宗教要培养的是文明社会的公民，而不是民族—种族的成员，尽管二者并不一定矛盾（汲喆，2011）。在今天，我们确实看到了大量跨国宗教的流动，人们在尊重传统宗教的同时，越来越多的宗教经验和表达方式不再限于传统的宗教制度范围。例如，当代的伊斯兰教、犹太教、天主教和基督教中共有的资源和相互影响，已经成为人类历史财富的重要组成部分。世界性宗教已经开始出现。基于贝克的讨论，正是人们不再从上帝而是从人们内在的心灵出发，寻觅并追求人类体验，向外行动并探求生命的价值，从而在现实世界中拥抱更加宽阔的地平线。这就成为"自己的上帝"新的信仰，也是公民宗教公共精神的体现。

由此看来，"自己的上帝"确实展示了一幅公共精神的图景，但问题是，这种普遍的道德个人主义能否获得长久的稳定性。涂尔干研究了这一问题。他认为，个人主义必然产生于个人的，因而也是利己主义的情感。其实，个人宗教同所有的宗教都一样，是一种社会制度，是社会把这种理想作为今天能够成为人们的意志提供一个聚焦点的唯一的共通目的指派给我们。因此，如果去除这一理想，就没有代替它的东西，就会使得社会陷入道德无政府主义状态。换句话说，在他看来，要成为一个个人主义者只有肯定个人是社会的产物，而不是相反。基于此，同所有的道德和宗教一样，个人主义本身也是一种社会的产物。个人从社会那里获得能够将他神圣化的道德信仰。①

其实，不难看出，将民族道德与更高、更普遍的人类道德结合起来的

---

① 康德和卢梭没有理解到这一点。他们不想从社会出发推出他们的个人主义道德，只想从孤立的个人概念出发推出他们的个人主义道德。这项事业根本不可能取得成功，反而从中产生了他们理论体系的逻辑矛盾。

方法就是回到人本身，这也就是涂尔干所说的"人性宗教"（涂尔干，2006：159）。在民族精神及一般价值的关系方面，涂尔干的道德社会学要比卢梭的政治哲学更有启发性。涂尔干注意到了不同层次的社会所导致的不同层次的道德之间的关系的问题，并尝试把民族道德和人类道德统一起来。人类道德应该高于民族道德，这是毫无疑问的。但是，如果道德只能来自社会，而人类又尚未形成一个有其意识和个性并包括所有人在内的"人类社会"时，对人类道德的尊崇就可能流于空谈（汲喆，2011）。对于贝克而言，当人类尚未形成一个有其意识和个性并包括所有人在内的"人类社会"时，我们的道德共识又将来自哪里？

四　作为现代性共建者的宗教问题

不难发现，贝克对宗教社会学开拓出的理论性方法表明，宗教是全球化的，宗教是矛盾的，宗教能够从启蒙运动中的牺牲者变成风险社会中具有自反性的代理人。这个方法与所有在这个话题上现存的理论和研究方法相矛盾。其中，有些人跟随着古典学的脚步，赞同古典世俗化理论中所坚持的观点：把上帝移交给发霉的博物馆。这样一来，他们坚持忽视已经引起和导致的那些由上帝回馈的明显的现代性危机。而其他一些人则忙于清理那些被打破的世俗化希望的碎片，并进行筛选和诠释，试图将它们再一次黏合起来。但是，这当然又引起了更进一步的问题：如果宗教并没有消失而是在世界政治中承担了一个关键的角色，那么留给现代性的是什么呢？如果宗教在它的起源方面具有全球化的影响，那么它又在融合世界社会中扮演了什么角色呢？

很明显，宗教是一个"谜"。这是一个用现代化的方式发现的判断，这一方式使得社会学与政治科学把宗教置于边缘化的位置。马克斯·韦伯比任何一个人都更清楚地认识到宗教的多元化，但是，在他那"去魅"的准则中，更多的现代性意味着更少的宗教，他把在现代社会中的宗教放逐到一个越来越不相关的停滞不前的地方。与此相似的是，马克思认为"宗教是人类的鸦片"。这是马克思主义者对现代性在"支配"的合理存在形式的迷信宣战。即使在宗教方面投入更多精力的涂尔干也没有研究宗教作为现代性构建和代理人的角色，而是仅仅研究宗教的次要影响：宗教组成了将社会或者群体成员团结在一起的"黏合剂"。

将宗教视为现代世界的代理人和缔造者的不断抽象的进程可以追溯到启蒙运动的哲学家们；从伊曼努尔·康德到让－雅克·卢梭，还有从密尔到霍耐特的政治理论家，他们都认为由世界宗教所铸造的联盟只能导致专制主义和不宽容。事实上，天主教堂很长一段时间在世界上的每一个国家与反民主的中坚分子紧密相连。它反对资本主义、自由主义、现代的世俗状况、民主革命、社会主义、人权运动、女权革命和性革命，并且从来不站在获胜的一方。所以，如果数个世纪后，天主教堂已经发展出一个战胜的哲学理论，这很难让人感到吃惊。

如果把宗教视为现代性构建中的一个积极因素，那么，这一新的视角转变应该从两个阶段进行探索。一方面，在19世纪中欧的环境下，宗教的现代性意味着宗教的"民族化"，这与基督教的普遍主义是相对的；另一方面，在何种程度上我们能够用宁静代替真相，即宗教作为现代风险社会中现代化的一个代理人。

国家间宽容和宗教间宽容这二者的关系是怎样的呢？我们可以通过将宗教个人化与宗教世界主义相结合来给出一个答案：一个个独立的个人从世俗层级和牧师的层级中分离出来了，并被安置在他们自己所选择的上帝的面前。一旦人们被迫勇敢地面对自己心中上帝所体现的良心的声音，不管是世界各洲，还是民族、人种、年龄，都变得不重要了，因为人们在上帝面前相似性建立起了人类的价值和权力。与解放的个人要证明他们自己在上帝眼中的需要相比，其他的一切都变得苍白而不重要了。

这种个人的信仰自由只在遇上文化和宗教的他者时才成为可能。只有当我们授予他人那种我们也希望他人给予我们的同样的自由时——为了支持一种特殊的信仰或者确实是反对一切信仰的完全的自由——我们才会相信自由有替代物。这是基于不同宗教间的相互宽容。宽容的原则应该被视为一种可能性，这种可能性是历史上不同的政治制度所具有的信仰趋势，而这种趋势正是反对、迎合和相结合的可能性。

参考文献

〔英〕鲍曼：《现代性与大屠杀》，杨渝东、史建华译，译林出版社，2002。

〔美〕贝格尔：《神圣的帷幕：宗教社会学理论之要素》，高师宁译，上海人民出版社，1991。

〔德〕贝克等：《自反性现代化：现代社会秩序中的政治、传统与美学》，赵文书译，商务印书馆，2001。

〔德〕贝克、威尔姆斯：《自由与资本主义——与著名社会学家乌尔里希·贝克的对话》，路国林译，浙江人民出版社，2004。

〔美〕贝拉等：《心灵的习性：美国人生活中的个人主义和公共责任》，翟宏彪、周穗明、翁寒松译，三联书店，1991。

〔美〕贝拉：《美国的公民宗教》，陈勇译，《原道》2007年第13辑。

〔德〕哈贝马斯：《后形而上学思想》，曹卫东等译，译林出版社，2004。

汲喆：《论公民宗教》，《社会学研究》2011年第1期。

汲喆：《论公民宗教》，《社会学研究》2011年第1期。

李荣荣：《从内在幽深处展望世界社会——读贝克〈自己的上帝〉》，《社会学研究》2011年第4期。

〔法〕卢梭：《社会契约论》，何兆武译，商务印书馆，2005。

〔法〕涂尔干：《乱论禁忌及其起源》，渠敬东译，三联书店，2006b。

〔法〕涂尔干：《宗教生活的基本形式》，渠东、汲喆译，上海人民出版社，2006a。

〔美〕亚历山大：《社会学二十讲：二战以来的理论发展》，贾春增译，华夏出版社，2001。

杨君、曹锦清：《全球社会的想象：从世界社会到世界主义》，《社会建设》2020年第4期。

Beck, Ulrich

1992. *Risk Society, Towards a New Modernity*, trans. Mark Ritter, London：Sage Publications.

Beck, Ulrich

2010. *A God of One's Own：Religion's Capacity for Peace and Potential for Violence*, trans. Rodney Livingstone, Cambridge：Polity.

Bellah, Robert N.

1967. "Civil Religion in America," *Daedalus* 96.

Bellah, Robert N. and Phillip E. Hammond

1980. *Varieties of Civil Religion*, San Francisco：Harper and Row.

Hughes, John A. Wes W. Sharrock, and Peter J. Martin

2003. *Understanding Classical Sociology：Marx, Weber, Durkheim*, London and Thousand Oaks, Calif.：Sage Publications.

Levitt, Peggy

2007, *God Needs no Passport*, New York：The New Press.

Pally, Maria

2007, Leben and leben lassen. Was unterscheidet einen amerikanischen von einem europaischen Muslim?' In: Die Welt, 10. 12.

Paul du Gay

1999, Is Bauman. s Bureau Weber. s Bureau: A Comment0, British Journal of Sociology. Vol. 50, No. 4, 575 – 587.

Peter Berger Brigitte Berger and Hansfried Kellner 1973, The Homeless Mind: Modernization and Consciousness, New York: Random House.

Pollack, Detlef and Pickel, Gert

2008, Religious Individualization or Secularization? Testing Hypotheses of Religious Change – The Case of Eastern and Western Germany. ' In: British Journal of Sociology 58 (4): 603 – 32.

Roy, Oliver

2006, Islam in the West of Western Islam? The Disconnect of Religion and Culture. ' In: The Hedgehog Review 8 (1/2). After Secularization: 127 – 132.

Soeffner, Hans – Georg

1997, The Order of Rituals, trans. Maria Luckmann. New Brunswick, NJ: Transaction Publishers.

Zagorin, Perez

2004, How the Idea of Religious Toleration Came to the West. Princeton University Press.

从"公民宗教"到"公共教会"

——探索贝拉对世俗化的立场

高　兴*

摘要："世俗化"是宗教社会学十分重要的课题，且关乎人类现代社会和现代性的自我理解。几乎所有的社会学先辈都与"世俗化"理论相关，而系统化的"世俗化"理论却在 20 世纪 60 年代首次出现，并从启蒙意识形态对宗教的批评中分离出来，成为独立的理论范式。与之相应的是"去世俗化"理论的兴起，许多学者都表达了对于世俗化理论的立场。然而无论是在"世俗化"理论成熟之时还是"去世俗化"理论兴起之时，美国宗教社会学家贝拉（Robert N. Bellah）都未直接参与这两种范式的讨论，而是通过对日本等亚洲国家现代化进程以及美国现代个人主义崛起的讨论，辨析宗教在公共领域的位置问题以回应"世俗化"命题。贝拉对于宗教在公共领域的位置问题经历了从"公民宗教"到"公共教会"的思想转变，本文通过梳理贝拉这一思想的转变历程，探究贝拉对于世俗化的立场。

关键词：贝拉　世俗化　私人化　公民宗教　公共教会

一　世俗化命题与贝拉对世俗化问题的初探

在卡萨诺瓦（José Casanova）看来，"世俗化理论的核心和中心命题是社会现代化进程的概念化，即世俗领域（主要是国家，经济和科学）与宗教领域功能的分化并从宗教领域解放的过程，以及宗教在其新发现的宗教

---

* 　高兴，云南大学民族学与社会学学院讲师。

领域所伴随的分化和专业化"（Casanova，1994：91）。分化是世俗化理论的核心命题，另外还有两个子命题：宗教衰落和私人化。宗教衰落的命题假定世俗化的过程会带来宗教的逐渐衰落直到最终消失，而私人化则假定世俗化的过程会带来宗教的私人化，甚至会加剧宗教在现代世界中的边缘化。虽然世俗化理论的类型很多，但是基本可以由这样三个命题推导而出（孙尚扬，2015：169－175）。针对世俗化理论这三个命题，贝拉的回应是什么？

贝拉提及"世俗化"，最早可追溯到1958年《土耳其和日本现代化的宗教方面》这篇文章，从价值系统的视角探究了现代化过程中的宗教问题。现代化过程不仅涉及政治和经济的变迁，还涉及价值系统的变迁，其中的一个方面就是从"规范性"（prescriptive）价值系统向"原则性"（principial）价值系统类型的变迁，[①] 通常也涉及宗教与意识形态的分化。在传统社会，价值系统往往是规范性的，社会制度规范常常与宗教完全结合；而在现代社会中，原则性价值系统则是指必须在经济、政治和社会生活中获得灵活性领域，其中具体的规范可能在很大程度上取决于行动情况中的短期紧急情况，或相关社会子系统的功能性要求；宗教制度并不像在规范性社会中那样，对经济、政治和社会生活进行详细的规定（Bellah，1958）。土耳其和日本便经历了这种从规范性社会到原则性社会的转变。

17世纪以来，伴随现代化过程，土耳其从以伊斯兰教律法为统治的社会转变为世俗国家，伊斯兰教在土耳其宪法中被废除，宗教与意识形态之间出现分化。无论在私人还是公共政治领域，伊斯兰教都失去了重要性，既没能重新定义其自我形象以及回应神学问题，也无法为宪法所依据的原则提供合法性和辩护。日本虽与土耳其的现代化过程不同，却同样经历了世俗化过程：日本神道教在宪法中被废除，确立了主权在民而非神圣不可侵犯的君主。然而虽然出现了宗教与意识形态的分化，宗教在私人与公共政治领域失去重要性，但在贝拉看来，无论在土耳其还是在日本，分化从未完全实现，传统的价值系统一直不断挑战这个分化的社会组织，试图重回一个未分化的世界。在这一世俗化过程中，"只有一个自称是宗教终极性的新运动，才能成功地挑战旧的价值体系及其宗教基础……新运动必须呈现出一种宗教色彩，以满足旧制度本身的条件"（Bellah，1958）。贝拉

---

① 贝拉在此借鉴了霍华德·贝克尔（Howard Becker）的"规范性"和"原则性"概念。

认为世俗化过程部分是从"规范性"到"原则性"社会转换，但并不意味着宗教的消失，宗教的功能在规范性社会与在原则性社会是不同的，但依旧重要；而且在转换过程中，宗教可能会以许多新的伪装再现，甚至在高度分化的社会，例如美国，情况也是如此。

在1965年的一篇演讲中，贝拉便分别就私人和公共领域探讨了宗教在现代社会中的地位问题。对大多数普通人而言，在美国这样一个快速运转的社会中，宗教比生活的大多数方面看起来更稳定，宗教与有价值的过去联系在一起，能够不基于新的或瞬时的而是基于永恒的真理，为个人提供方向；且礼拜和仪式也通过定期再现正面价值，为个人和群体提供身份认同的表达（Bellah，2010）。此外，尽管宗教与科学之间的分裂在神学或科学学科中，存在知识上的不确定性，但是对于大多数宗教人士而言，宗教并未在他们的生活中成为一个问题。

在公共领域，尽管在美国有政教分离的原则，"个人宗教信仰，崇拜和结社的问题被认为是严格的私人事务，但与此同时，绝大多数美国人都有一些共享的宗教取向因素，这些因素在美国制度的发展中起到了至关重要的作用，这些共同的宗教因素仍然为整个美国生活结构，包括政治领域提供宗教向度"（Bellah，2010）。在这里，贝拉首次提到他的"公民宗教"思想。在正式场合，美国总统提及"上帝"并不只是"仪式的"或只有表面意涵，因为仪式经常是对日常生活中未能得到明确表述的那些根深蒂固价值观与信念的陈述；另外，它将总统的义务延伸到更高的标准，为政治提供超验的目标和最终判断标准，这在政治领域与权威的最终合法化有关（Bellah，2010）。在贝拉看来，"如何应对社会发生的变化，以及我们所希望的未来变化的方向，都与我们自己最深刻的方向和价值委身有关，后者的不确定性可以反映在前者的不确定性上"（Bellah，2010）。而无论是私人还是公共宗教的遗产，或许可以提供解决问题的资源而非障碍。

在此可以看出，就价值系统而言，从规范性社会到原则性社会的变迁，现代化过程中伴随着宗教世俗化以及与意识形态的分化过程，因此贝拉承认这一世俗化趋势。然而无论在公共还是私人领域，贝拉认为宗教将继续发挥着重要作用，特别是在公共领域，1967年在《美国的公民宗教》中贝拉便详细论述了"公民宗教"的思想。贝拉注意到在美国这样一个高度分化的国家，虽然和日本、土耳其一样有着政教分离的原则，然而在其政治领域却存在着宗教向度，为政治提供超验的目标。在此，宗教在公共领域的位置是贝拉长期关注的核心问题，其经历了从"公民宗教"到"公共教会"的思想转变，而在这一转变中，可以看出宗教在美国处于一个更为深刻的政治、文化复杂的张力背景之中。

二　美国政治、文化传统渊源与个人主义崛起

从 17~18 世纪开始，美国经历了现代个人主义的崛起与公民传统和《圣经》传统的衰微。托克维尔曾在《论美国的民主》中探讨了美国现代个人主义崛起的趋势。这一个人主义与利己主义不同，现代个人主义是基于一种冷静的思考："个人主义（Individualisme）是一种新的观念创造出来的一个新词。我们的祖先只知道利己主义（Égoisme）。"（托克维尔，1991：625）利己主义是对自己过分的爱，只关心自己和爱自己甚于一切；而个人主义是一种只顾自己而又心安理得的情感，使公民与其他朋友、亲属疏远隔离，形成自己的小社会。个人主义惯于独立思考，认为个人掌握自己的命运，因此不但使人们忘记了自己的祖先，也忘记了后代，并与同代人疏远。因此，在托克维尔看来，多数美国人的内心生活无法设想任何比个人的成就、财产或经历更大的目标，曾经提供更广泛、更客观的忠诚的道德传统正在失去影响力，没有任何东西替代它们。然而，无论人们对自身利益的专属追求多么开明，都无法维持一个相互依存的复杂社会，"它使得每个人遇事只想到自己，而最后完全陷入内心的孤寂"（托克维尔，1991：627）。

但是美国传统的个人主义并不是自私自利的利己主义，其包含着社会的责任。虽然美国基本的宗教和道德观念朝着自由功利主义模式的方向发展，然而"美国原初的宗教和道德观念建立在对生活充满想象力的宗教和道德观念的基础上，它考虑到了比功利主义模式涵盖范围更广的社会、道德、审美和宗教需求，并且直到现在仍在发挥作用"（贝拉，2016，序言：14）。

影响美国政治思想和文化的有三条主要的线索。就政治思想的传统而言，首先是《圣经》宗教影响下的圣约模式；其次是罗马古典的共和模式，特别是孟德斯鸠的共和模式；最后便是源自霍布斯的个人主义模式。与之对应的是美国文化传统的三条线索，即《圣经》宗教传统、共和主义

传统以及现代个人主义；① 这几条线索共同形成了四种现代个人主义：宗教个人主义、公民的个人主义、功利个人主义和表现型个人主义。"个人主义作为美国文化的核心"（贝拉，2011：190），但无论形式如何，它们都强调个人的尊严和自主权利。

《圣经》宗教传统以温斯罗普（John Winthrop）和加尔文主义（Calvinism）的传统为代表。温斯罗普将仁爱与崇尚享受、谋划对比，效仿了奥古斯丁将纯爱（caritas）当作上帝之城，将贪爱（cupiditas）当作世俗之城的原则，强调仁爱的原则；加尔文主义则强调一种皈信和与神立约的辩证法，"皈信不仅仅是一种个人信仰行为，随之而来的自由并不意味着可以摆脱社会责任。圣约自由（covenant liberty）被视为具有深刻的社会性"（贝拉，2016：34 – 35）。在 18 世纪的加尔文主义者和福音派的思想中这种社会责任得到延续，这种圣约模式的思想坚持一种在集体主义背景下的个体主义，即对个体和社会的双重强调。

第二种思想源头便是共和制对"德性"的强调。詹姆斯·赛勒斯（James Sellers）写道："由于人们生来平等，所以没有源自等级的骄傲可利用。如果人们想要看到遵守法律和伸张正义的任何意愿或者动机，那么它必须出自公民的内心，出自为更伟大共同体而行动的意愿和能力。不是恐惧或者野心，而是这种品质能让一个民主社会运转起来。这种品质就是德性（de vertue）。"（贝拉，2016，序言：39）正是这种公共德性奠定了共和的基础。从亚里士多德到马基雅维利，再到孟德斯鸠，他们都对美国的开国先父们产生了影响，他们相信政治体制体现了民族政治生活方式，包括它的经济、习俗和宗教。生活方式的形成与社会塑造出的个人类型及这种个人固有的政治能力有关。共和国的习俗——公众参与和行使权力，公民的政治地位平等，则必然带来一种公共精神，一种公民为了公共利益牺牲自己的个人利益的意愿。而公民的公共美德需要共和政府承担一种伦理、教育的乃至精神的角色，并且只有在它能再生产出共和国习俗和公民时，才能长治久安（贝拉，2016：190 – 192）。

18 世纪还有一种思想传统深入美国，即霍布斯的传统。霍布斯关于人类根本动机的概念——自私和贪婪，与古典基督教传统及其现代追溯者的区别在于，其理论中没有任何神或良善的概念，取而代之的是极端理论性

---

① 现代个人主义有两个方面：功利型和表现型。

的个人主义。"社会可以仅仅建基于个人利益的聚合之上，认为对个人私利的追求可以建立公共德性"（贝拉，2016：42），成为 17～18 世纪激进的新概念。此外，更为新近的政治组织形式部分地为了应对新近出现的经济秩序而发展出一种迥然相异的政治生活理念——自由宪政主义，这种传统认为，"当仅受公民个人利益驱动的行为通过适当的机制加以组织时，一个好的社会就得以诞生了"（贝拉，2016：191）。政府被法律限制，不会干涉公民自由，而自由国家对个人生活特别是个人经济生活的强调——个人利益，破坏了共和国重要的公众参与，这种政治理论正是对霍布斯传统的现实阐释。

"美国政体从一开始就是一个共和政体和自由政体的混合物，从来就不是纯共和政体或纯自由政体。"（贝拉，2016：191）共和主义和自由主义不仅政治理念不同，还截然对立。共和政体从革命斗争中产生，并体现在《独立宣言》中；而自由时期则在新国家诸多利益中形成，并体现在宪法中，但是宗教元素在宪法中缺席。同样，就文化传统而言，现代个人主义与古典共和主义和《圣经》宗教是长期共存的，然而随着现代个人主义在美国逐步取得统治地位，古典共和主义和《圣经》相形见绌，现代个人主义的困难也日渐明显（贝拉，2011：192）。

从 18 世纪开始就存在一种隐含的冲突，即关注共同事业与关注个人私利之间的张力，体现了传统宗教哲学观点和功利主义者在理论上的张力（贝拉，2016：45）。"在讨论新美国政体的现实基础是德性还是利益的问题时，使公民的（古典的加尔文主义）和功利主义之间的有意识冲突达到高峰"（贝拉，2016：46）。18 世纪 70 年代，大多数能清楚表达思想的美国人选择的是德性；然而 18 世纪 90 年代，一些不同的观点则占据了上风，即专注于个人幸福而非公共利益，而两种观点的争论一直存在。18 世纪末兴起，并在 19～20 世纪站稳脚跟的功利主义批判的影响下，自由逐渐演变成追求个人利益的自由，后来被定义为"做自己事情的自由"。随着古老道德模式说服力的下降，利益成为对人们行为动机进行分析和评估的仅存范畴。发展到现在，利益已经完全取代了道德词汇里的德性和良心。

在美国，"18 世纪存在一套宗教与道德共识，这些共识来源于基督教的上帝，或者只是自然神论者所信奉的上帝之下的神圣秩序观念"（贝拉，2016：10）。这些由神圣秩序推演出的道德规范，包括自由、正义、仁爱等，形成了将个人的德性视为一个好社会的必要基础。但是，现在这种共同的意义却受到侵蚀，"宗教、道德共识受到的侵蚀体现在责任感的弱化，包括对职业、家庭和国家的责任感等"（贝拉，2016：34），出现了将自己的满足凌驾于对他人责任之上的倾向。

现代个人主义的崛起与公民传统和《圣经》传统的式微有关，在宗教方面则表现为自新英格兰时期到美国革命后宗教私人化、宗教领域与其他领域的分化，以及多元化的演变过程，宗教个人主义便是在这一背景产生的（贝拉，2011：292 - 295）。极端个人主义的问题在于个人与社会之间连接的消失，个人退到自己的"孤岛"中，在托克维尔看来极有可能孕育着极权主义的危险。

托克维尔曾指出，"参与公共事务，则是消除个人主义孤立状况有害后果的最好方法"（贝拉，2011：46）。美国也是一个参与者的民族，"在'主动参与'这一倾向中，包含着美国人所特有的关于自我与社会的关系的观念。社会期望个人主动参与，期望他们自己选择加入社会团体。个人并不自动涉足那种不属于自己选择的义务的社会关系"（贝拉，2011：223 - 224）。在贝拉看来，"对美国的个人主义不能采取摈弃的方法，而应该通过把个人主义同公共领域重新联系起来，来达到改造它的目的"（贝拉，2011：328）。宗教是美国人参与社区活动的最重要方式之一，面对个人主义的崛起和宗教私人化的趋势，贝拉试图通过宗教将个人重新与公共领域联系起来，重探宗教在公共领域的位置来探索这一可能性。

三　分化、私人化和宗教个人主义

宗教个人主义与世俗化的分化、私人化命题直接相关。卡萨诺瓦认为，世俗化理论由三个命题，即宗教的衰落、宗教与世俗领域的分化、宗教的私人化组成，且"分化"被卡萨诺瓦认为是世俗化理论的核心命题（Casanova，1994：7，212）。

在贝拉宗教进化论的框架中，分化的过程可追溯到更早。从原始宗教向历史宗教的变化中，世界观从单一宇宙向超验和经验宇宙分化，自此世界观从一元论转向二元论；相应的也出现了宗教群体与世俗群体的分化，即首次出现了宗教与政治群体之间的分化。就这一点而言，宗教分化不仅体现在宗教与其他领域分化的二元结构中，还体现在宗教自身从原始宗教的一元世界观向历史宗教的二元世界观的分化，即宗教拒世倾向的出现（高师宁，1994）。

在《心灵的习性》中，贝拉指出从新英格兰时期到美国革命之后，宗教经历了私人化和宗教与其他领域分化的演变。在殖民地时期，教徒与公民角色的关系紧密，牧师同时也是神职人员。新英格兰"地方自治主义"，尊崇的是秩序和谐和对权威的服从，"终身牧师"既是公众文化，即形成社会共同体的基本戒律和价值集合体的维护者和规定者，又是维系公众文化的个人价值和品行的强制者。新英格兰时期的宗教与公共生活紧密一体，是新英格兰早期生活的"常规秩序"（贝拉，2011：294），但是这一常规秩序在美国革命发生之前就受到主要是启蒙运动影响下的挑战。尽管正统宗教在18世纪一直顽强地存在，但是各种宗教团体、持不同宗教见解者的出现，都对既定秩序的延续性构成障碍，最终导致了美国宗教正统秩序的崩溃。宗教会众变得分离散乱，宗教自身也出现分化，领域之间的分解也变得明显，殖民地时期宗教领域和世俗领域模糊的关系，在此时变得泾渭分明（贝拉，2011：295）。

贝拉在1958年关于土耳其和日本现代化过程的讨论中就曾指出，现代化过程伴随着宗教与意识形态之间的分化；在贝拉的宗教进化论框架中，分化这一过程出现得更早；受到启蒙运动和宗教内部的分化趋势影响，在美国宗教内部以及宗教与世俗领域的分化趋势明显。可以看出，就分化这一命题而言，贝拉承认这一世俗化过程。

就私人化而言，卡萨诺瓦指出："私人（private）/公共（public）区别对现代社会秩序的所有概念至关重要，而宗教自身与私人和公共领域的现代历史分化有着内在的联系。"（Casanova，1994：40）说宗教是一个私人的事情，即是说宗教的私人化。在此，卡萨诺瓦指出私人化共有两种含义：一方面指的是宗教自由，即在意识自由的意义上，不仅是所有现代自由的前提也是第一自由，意识自由与"隐私权"有着内在的联系，即对私人领域的现代制度化，在不受政府的侵犯的同时也不受教会的控制，这一点在美国最明显表现为政教分离；政教分离的原则保证了宗教信仰与结社的自由，信仰完全是私人的事情。另一方面与现代社会秩序的出现有关，指的是"构成现代性的制度分化的过程，即现代历史过程，即世俗的领域从教会的控制和宗教规范中解放出来……宗教被迫从现代世俗国家和现代资本主义经济中隐退，并在新发现的私人领域寻求庇护"（Casanova，1994：40）。

　　在美国殖民地时期的"宗教自由"与现在的"宗教自由"思想完全不同，最初到达美洲大陆的殖民者，所追求的正是"宗教自由"的理想，然而他们追求的宗教自由并非放弃宗教正统，而是追求不受他们反对者控制的宗教正统。虽然从17世纪开始就有我们今天熟悉的宗教自由思想，但是，宗教秩序作为公共秩序的时间太长，因此宗教正统的观念很难迅速、轻易地被放弃。现在我们熟悉的"宗教自由"，则是美国宪法所保障的"宗教自由"思想。美国宪法第一修正案："不得制定关于确立宗教的法律"，第一修正案第二条款"不得制定禁止自由信仰宗教的法律"，即美国宪法禁止确立国教，但同时也保护宗教信仰的自由。这里的"宗教自由"常被认为是"政教分离"，在这个层面体现了卡萨诺瓦关于私人化的第一层含义。另外"宗教自由"中的"自由"也常被指涉为自由派传统解释的消极方式，宗教自由仅成为信奉自己喜爱的任何神或根本不信奉的权利，其意涵指的是"宗教对政治社会没有任何兴趣或关切纯粹个人的事"（贝拉，2016：186）。这一点体现了私人化的第二层含义。

　　宗教私人化涉及两个层面，分别是宗教与公共领域以及宗教与个人的关系问题。就第一个层面而言，贝拉指出宪法第一修正案并不意味着宗教与政治毫不相关，它并未否定政治的宗教向度，"美国的'隔离墙'从未像一些教条的理论家认为的那样密不透风，实际上第一修正案中不建立国教的条款并不意味着宗教在公共生活中不发挥作用"（贝拉，2016，序言：2）。同样卡萨诺瓦也指出，教会与国家之间的隔离墙不断出现裂缝，"宗教机构经常拒绝接受他们在私人领域的指定边缘地位，设法承担突出的公共角色；宗教和政治不断形成各种共生关系，很难确定一个人目睹的是披着宗教外衣的政治运动还是政治运动形式的宗教运动（Casanova，1994：41）。关于这个层面的讨论体现在贝拉"公民宗教"的思想中。就宗教与个人的关系而言，私人化表现为宗教退回到私人领域，不再是公共秩序的支柱，而成为"虔诚者退隐所居的孤岛"（贝拉，2011：296），即体现为宗教个人主义，也成为现代个人主义的一个方面。这种个人主义的趋势使得"一种真正能够在自我、社会、自然世界和终极实在之间充作媒介的语言被剥夺"（Bellah et al.，1985：237），而面对这一困境，贝拉引出了"公共教会"的思想。

四 "公民宗教"与宗教在公共政治领域的位置

1965 年贝拉在《美国宗教的遗产和选择》中就提出了"公民宗教"的思想。在公共领域,"公民宗教"为政治提供了宗教向度。1967 年贝拉则在《美国的公民宗教》详细论述了他的公民宗教思想。而在 1976 年的《背弃圣约》中,贝拉则通过对美国建国政治思想传统三条线索的回溯,从根本上解释了公民宗教的意涵,但贝拉认为"运行于美国国家生活之上的公民宗教的传统处于危险的边缘"(贝拉,2016,序言:3)。在 1985 年《心灵的习性》中贝拉便放弃了"公民宗教"这个概念。

在美国,政教分离的原则保证了宗教信仰与结社的自由,也保障了不同的教会或宗派,持有不同的宗教观和信仰的其他人也是政治过程中拥有同等资格的参与者。然而,贝拉认为宗教自由有更丰富积极的政治意涵。其模糊性在于传统与现代共和国的关系,也包括宗教在公共生活中的位置,政教分离并未禁止宗教的向度进入政治领域。尽管在美国,"个人的宗教信仰、崇拜与结社严格意义上被认为是私人性的事务,但与此同时,宗教取向中的某些共同的因素还是被大多数美国人共享的。这些共同因素在美国的制度的发展过程中,扮演着至关重要的角色,并且仍然为美国人的生活包括政治领域这一整全的体系提供了一种宗教向度。这些公共的宗教向度被表达在一套信仰、象征和仪式之中,我称其为公民宗教"(贝拉,2014)。一方面,"公民宗教"将总统的义务延伸到更高的标准,为政治提供超验的目标和最终判断标准,这在政治领域与权威的最终合法化有关;另一方面,当人的权力并非来自国家而是来自上帝之时,君主的意志、人民意志的表达都无关紧要,人的权力则比任何政治结构更根本,并且为革命提供杠杆的支点;从这一支点出发,任何国家结构都会遭到激进的改变。总统的职责延展到宪法、人民,到上帝,在美国的传统深处蕴藏着这样一个主题:"集体与个体都要履行在尘世上实现上帝的意志这职责,这正是激励那些美国之父的精神所在,自新中国成立以来,这种精神一直代代相传。"(贝拉,2014)在美国早期,公民宗教是一套与神圣事物有关并且在全体人民中建制化了的信仰、象征和仪式,这种宗教虽然并不与基督教相对立且具有很多共通之处,但它既不是教派意义上的基督教,也不是任何特定意义的基督教。

虽然贝拉的公民宗教引起了许多讨论，但往往都陷入对公民宗教定义的关注而没有对公民宗教问题的实质给予关注。在 1975 年的《背弃圣约》中，贝拉便对公民宗教的思想进行了详细的讨论和近乎绝望的辩护。贝拉认为这样的公民宗教是制度化的，形式上却是边缘性的——它缺乏教义，而且相当抽象，且没有法律、宪法程序等官方支持，也不是任何人在法律上需要履行公民宗教教义的信仰，也没有官方神学的解释。就这一点而言其与卢梭的公民宗教——"一套简单的教义，每个公民都要遵从它，否则就要被流放"（贝拉，2016：185 - 186），有着明显的区别。尽管宪法对公民宗教保持沉默，但自由政体从未否认公民宗教，且它还一直在政治生活中保持活力，但是从法律制度的观点看，"任何对那种超越于形式性和边缘性的公民宗教之外的宗教象征体系的深入阐述都是纯粹私人的事"（贝拉，2016：186）。然而即便缺乏合法地位，但是从自我意识主要是宗教性的民族共同体的观点看，它却是公共的。

在共和国早期，宗教有两个重要的定位，即新政治体制的上层建筑和基础结构（罗伯特·贝拉，2016：192）。《独立宣言》指的是宗教的上层建筑的位置，将上帝的主权置于政治社会集合体自身之上，在共和国的政治生活中存在更高层次的宗教象征证明了在美国存在公民宗教。宗教元素为政治社会的主权提供更高的超验维度，其意志成为评判国家的标准，并成为判定国家存在合法性的依据。另外便是宗教的基础结构角色。在共和政体中，"不仅有必要主张高标准的伦理和精神承诺，而且有必要形塑、社会化和培育公民的伦理和精神信仰，并将它们内化为共和国的美德"（贝拉，2016：200）。在自由立宪政体中，这个领域完全空白，而在托克维尔看来，在美国培育共和国德性的真正学校是教会，对公共的善（common good）和参与公共生活的强调也与宗教有关。对美国的开国元勋而言，他们也充分理解托克维尔的发现，第一、第二任总统都意识到了共和国必须拥有宗教和道德，并且必须以一个民族的宗教信仰和习俗为基础。然而这个宗教遗产是否被很好地理解，还剩下多少在美国成立 200 年后在公共生活中发挥作用？今天宗教实体能在多大程度上提供国家意义上的伦理目标呢？卡萨诺瓦指出："贝拉的美国公民宗教理论具有以经验为基础的优势，因为它始于这样一个前提，即历史上美国政体似乎有类似公民宗教的东西。然而，即使接受这样一承诺——确实有那么一个时期，美国政体是通过公民宗教整合在一起的，这个公民宗教由圣经/清教徒，共和主义/启蒙运动，以及自由主义/功利主义宗教/道德原则的特殊组合构成；但是很明显，在贝拉制定这一理论时，这种公民宗教遗留下来的东西变得越来越无关紧要了。"（Casanova，1994：60－61）

美国公民宗教的边缘性与美国遗产中的自由面向以及宪法密切相关。"美国政体从一开始就是一个共和政体和自由政体的混合物，从来就不是纯共和政体或纯自由政体。"（贝拉，2016：191）共和主义和自由主义不仅政治理念不同，还截然对立。共和政体从革命斗争中产生，并体现在《独立宣言》中；而自由时期则在新国家诸多利益中形成，并体现在《宪法》中，但是基督教信仰在宪法中缺席。自由主义政治思想认为不需要共同目标和价值的纯粹中立的法律国家，国家是没有任何目标或价值的纯粹中立的法律机器，唯一的功能是保护个体权利，也就是保护自由（贝拉，2016：194）。因此，他们认为在美国不存在一个公民宗教。共和主义则认为，公民宗教"作为一个公民积极参与的政治共同体，共和国必须有一个目标和一套价值体系，共和国传统中的自由是一种积极的价值观念，坚信政治平等和全民政府的价值和尊严。一个共和国必须努力在积极的意义上合乎道德，并引出公民的伦理承诺。由于这一原因，共和国必须不可避免地迈向一种终极存在的秩序象征，在那里共和的价值和美德具有意义"（贝拉，2016：194）。

然而，"一个真正的共和国的宗教需求却难透过被制度化、形式性和边缘性的公民宗教来得到满足。美利坚合众国的宗教上层建筑仅部分地由公民宗教来提供，这一上层建筑主要是由完全置身于任何官方政治结构之外的宗教共同体提供的"（贝拉，2016：195）。贝拉认为，宗教共同体（包括人道主义共同体），仍能为美国的革新提供宗教的上层建筑和基础结构，但是它们的道德能力是否能够应对当今的问题还是未解之谜（贝拉，2016：204）。

正是在对"公民宗教"的绝望辩护之后，贝拉放弃了这一术语，并在1985年《心灵的习性》中转向了"公共教会"的思想。

五　宗教个人主义与"公共教会"

1985年，贝拉已经放弃了"公民宗教"这一术语，转向美国文化的传统资源——"圣经的和共和的传统"（贝拉，2016，序言：5），并借鉴了马丁·马蒂（Martin Marty）的"公共教会"（The Public Church）（贝拉，2011：316）思想，以应对当前美国存在的极端个人主义的趋势。

在美国这样一个国家，"公共教会"可能会产生歧义。贝拉指出政教分离的原则下宗教是纯粹私人的事情，这种思维方式代表了对"公共"一词的持续混淆。当我们区分"公共部门"和"私人部门"时，如果区分的是政府和非政府的，那么宗教确实是"私人的"，但在两种意义上宗教不能是私人的。第一，圣经宗教各种形式构成美国主要的宗教传统，在这些宗教传统看来上帝的统治超越私人生活，甚至超越国家本身，因此对于这些主要宗教传统而言，宗教不是私人的。第二，在 18 世纪第二次民主转型中，公共开始意味着反思公共事务的公民，参与公共议题的讨论；"公共"意味着公民反思共同关心的问题，一起进行商议，选择代表组成政府，其权力受宪法限制。宗教团体在很大程度上是"公共"的意涵，并非因为它们是政府"建立"的具有法律特权的宗教团体，而是因为它们进入了关于公共利益的共同讨论。从这个意义上说，人们可以合法地谈论"公共教会"（Bellah et al.，1991：179 – 180）。在美国历史上，"宗教一直都会参与公共议题，相比于欧洲，宗教在美国扮演的角色比欧洲更大，例如在政党的选举中；另外，在历史上，许多政党无法触碰的议题是由宗教群体提出的"（Bellah et al.，1991：180）。

在贝拉看来，"公共"一词的含义，对于理解宗教在公共领域的位置非常重要。宗教是美国人参与社区的最重要方式之一，在此贝拉试图通过宗教重新将个人与公共领域联系起来。在《心灵的习性》中，贝拉通过"公共教会"的思想来探索这一可能性。在《良好社会》中，贝拉则从制度层面探索了宗教在社会中的位置，并通过"制度性宗教"（institutional religion）阐释了"公共教会"的思想（Bellah et al.，1991：271 – 218）。由于对任何形式的制度都有着根深蒂固的厌恶，许多美国人使用带有负面含义的"制度性宗教"一词，然而，"制度性宗教"在许多美国人的生活中仍然非常重要，没有制度（无论制度多么不完善），宗教往往是空虚的、私人的和无关紧要的。

实际上，宗教个人主义在 17 世纪的美国就出现了，个人得到拯救的体验，也是人们被接受为教会成员的先决条件。同样在 18 世纪，个人就可以找到符合自己口味的宗教形式。到了 19 世纪"宗教团体就不得不在消费者市场上展开竞争，并随着个人宗教趣味的变化方式而变化"（贝拉，

2011：308）。在美国，激进的个人主义宗教，特别是以信仰宇宙即自我形式的个人主义宗教，与保守主义或基要主义组成了美国大部分宗教生活的两极，虽然两种形式看似不同，却都在于将个人宗教体验视为信仰的基础，以自由和个性为中心价值，并且可能都孕育着极权主义的危险。"数百万美国人以这种或那种形式陷入这种二元性的局限性在于，他们被剥夺了一种真正能够在自我、社会、自然世界和终极实在之间充作媒介的语言。"（Bellah et al.，1985：237）宗教此时不再由全社会的人组成，而成了思想相同者的结合；不再是公共秩序的支柱，而成了"虔诚者退隐所居的孤岛"（贝拉，2011：294）。

面对这一困境，主流的新教教会试图以谋求一种"追忆共同体"的方式，保持与《圣经》历史传统的联系，"通过借鉴历史和神学的反思、做出明智的再评价，来实现这种联系。他们试图把《圣经》信仰和实践同整个当代生活的文化、政治和经济方面，而不只是同个人和家庭的道德联系起来"（贝拉，2011：314）。在 19～20 世纪的大部分时间里，主流教派一直十分接近美国文化的中心，然而，在一代人的时间里，他们却开始脱离整体文化。部分原因是他们像其他学者一样，成了只在专家领域展开对话的人；还有一些原因则是把我们通过科学获得的关于"是什么"的知识与通过宗教、道德和艺术获得的关于"应该怎样"的知识割裂开来；最后一个原因是，宗教知识分子自己失去了自信心，成了易受短暂时尚影响的人（贝拉，2011：315）。

当主流新教教会对美国文化影响力逐渐式微时，天主教却在梵二会议（Concilium Vaticanum secundum）之后开始向美国公共生活的中心迈进。然而在美国，从殖民地时期开始宗教团体便表现越来越多元化的特征（贝拉，2011：292）。特罗尔奇（Ernst Troeltsch）曾经划分了大教会、小派、神秘主义三种宗教团体类型，这三种分类其实是指基督教（经常也包括非基督教）宗教团体的几个方面（贝拉，2011：322）。

作为一种思想、组织类型的大教会具有极度的保守性和包容性，对世俗体制表现相当程度的妥协或接受，它往往会忽略对圣洁的主观需要；大教会在文化和社会上是入世的，以试图去影响世界。小派则立于世俗世界之外，因为它认为世俗世界罪孽深重，若不从外部入手，则无法去影响它；小派是自愿的组织，是由严格信仰基督的人组成的，他们一般声称自己是获得重生经验的人；这些信徒脱离俗世，不重恩典，而重律法，在自己的人中间组成以爱为根据的基督教秩序，以此预备上帝国的到来。神秘主义则意味着将既定的崇拜和教义的观念转化为个体性的和内在的经验，它导致完全以个人为基础的团体的出现，这种团体没有永久形式，而且有削弱礼拜形式、教义和历史因素重要性的趋势；他们关心的焦点是个人的精神陶冶，而不论个人如何看待他或她与世界的关系。这三种类型在基督教早期就已经出现，后来在宗派中一直存在至今（孙尚扬，2015：81）。

在现代社会发展的某一特定阶段上，个人宣称对教会、国家和家庭的独立是必要的。但是如主张绝对的独立，可能会陷入托克维尔所担心的原子论社会中去，进而可能会为比以前的专制主义更糟的专制主义奠定基础。小派①在其最开放的时候，也曾按照它们自己的理解尽可能地按照真正的基督教方式来表现，试图把自己的主张展示给更广大的社会，以期改造社会，使之向宗教皈依，它们的声音给处于原子时代的美国社会带来了新的紧迫感。小派由于不愿意向世界妥协，有时会使自己处于社会的边缘。而神秘主义或曰宗教个人主义在许多方面是适合于美国社会的，它像世俗个人主义那样不会消失。这些人从他们所自发的团体中获得的个人力量，往往比他们自己意识到的要多，没有这样的团体，他们就难以将自己的道德操守传授给自己的后代；而如果与趣味相投的人的短暂聚合是他们唯一的支持力量的话，他们也很难维持自己的道德意识。看来，宗教个人主义只有在恢复它与既成宗教团体的关系的情况下，才能维持其活力，才能持久，而要恢复关系，双方都需做出改变。教会和教派必须懂得它们可以承受的自主性比它们以为的要大；宗教个人主义则必须明了：脱离群体的孤独只能带来寂寞（贝拉，2011：321 - 327）。

在美国，具体的教区或会派可能会突出某一个方面而忽略另一个方面，总的来说是属于教会特性占优势的类型，但纯粹地属于教会、小派或神秘主义类型的例子也是罕见的。"自民权运动至今，通过一系列共同活动，一种史无前例的《圣经》教派大合作，把天主教徒同新教教徒、犹太教徒联合起来，开创了美国宗教生活的一代新风。"（贝拉，2011：316）

---

① 中文译文为"教派"，英文原文为 sect，笔者认为可翻译为"小派"，与特罗尔奇的概念对应。

这一联合的趋势被马丁·马蒂描绘为"公共教会",即"包括老的主流新教教会、天主教会,以及各福音派教会的主要分支。这并不是一个同类的实体,而是一种'信仰联合的联合体'"(贝拉,2011:316)。在公共教会中,每个教会都保持了自身传统和惯例的完整性,公共教会在并不抛弃其基督教特性的情况下,欢迎与犹太教会、其他非基督教教会,以及非宗教的对应组织进行对话和偶尔采取联合行动的机会,特别是在涉及公共利益的事务方面;另外,公共教会是在基督教徒对自己的文化感到比任何时候都失去控制的形势下出现的,它希望用公共责任而不是个人的或团体的隐退来应付新的局面。

贝拉指出,"如果美国今天要有一个有效的公共教会,把《圣经》宗教的种种关切带进关于我们社会的性质和未来的普遍讨论之中,那么,它大抵必须是集教会、教派和神秘主义三方面于一身,三者各自在其中发挥重大作用、以此之长补彼之短的教会"(贝拉,2011:326)。每个宗教派别都将继续用自己的声音说话,并且在一些方面继续保持与其他教会的不一致,强烈的分歧并不妨碍对共同的未来展开辩论,只要这种辩论是文明的讨论,而且我们期望的只是说服而不是压服我们的公民伙伴。"公共教会的想法在今天所能做出一大贡献,就是它可以突出这样一个事实,个人和社会不是对立的,而是相互需要的。"(贝拉,2011:326)公共教会和它在非基督教会中的对应组织,为美国的文化提供了替代激进的宗教个人主义的主要选择。

贝拉指出宗教忠诚超越国家范围,经常关注所有人的共同利益和对超然上帝的最终责任,贝拉坚持"只有一个'公共教会'强调'呼吁进行全面的文化和制度转型',体现平等主义价值观可以促进社区和精神上的实现"(Frohnen,1992:148-218)。宗教在其形式上是有用的,只要它能使个人脱离其个人主义的孤立并进入共同的政治行动范围。

结　论

从土耳其和日本的现代化以及美国的经验来看,贝拉对于世俗化的三个命题是基本承认的。它们虽未完全实现,然而在日本和土耳其都经历了世俗化的过程并伴随着宗教与意识形态的分化;同样在美国,从殖民地时期到美国革命之后也经历了宗教私人化、宗教与世俗领域分化的演变。贝拉虽然强调宗教在现代社会不会消失，然而主流的教会却正处于混乱解体之中，信众减少（贝拉，2016：11）。可以看出，就世俗化的三个主要命题而言，贝拉是承认这一趋势的，即宗教私人化、宗教与其他领域的分化，以及宗教在公共领域重要性的式微甚至缺席。

虽然在《美国的公民宗教》中贝拉强调"公民宗教"在公共政治领域中的功能，但在《背弃圣约》中，这种公民宗教遗留下来的东西变得越来越无关紧要了，贝拉很快就认识到国家的"盟约"已被"破坏"（Casanova，1994：60）。无论是《背弃圣约》还是《心灵的习性》，贝拉所探讨的都是现代个人主义的趋势问题，表现在宗教领域，则是宗教的私人化趋势。而对于这一问题的思考有其深刻的政治、文化背景——美国政体从一开始就是一个共和政体和自由政体的混合物。因此，宗教在社会中的位置一直处于美国共和与自由宪政之间的张力之中，以及《圣经》宗教、共和传统与现代个人主义文化之间的张力之中。

无论是功能、文化，还是制度视角，贝拉所关注的问题始终是宗教在公共生活中的位置问题，这也是贝拉对于世俗化命题中"私人化"的回应。现代个人主义的趋势使得贝拉努力为宗教在公共领域寻求位置，更是寻求对抗极端个人主义的路径。虽然在私人领域，宗教继续发挥重要功能，然而从"公民宗教"到"公共教会"的思想转变，贝拉从支持宗教在公共领域的地位到为其辩护，从宗教为美国政治提供超验维度到边缘位置，再重新回到传统宗教资源寻求宗教在公共领域的位置的努力，都可以看出贝拉对于宗教私人化这一趋势的忧虑。

参考文献

〔美〕贝拉：《背弃圣约》，郑莉译，商务印书馆，2016。

〔美〕贝拉等：《心灵的习性：美国人生活中的个人主义和公共责任》，周穗明等译，中国社会科学出版社，2011。

〔美〕贝拉：《美国的公民宗教》，孙尚扬译，载金泽、李华伟主编《宗教社会学》第 2 辑，社会科学文献出版社，2014。

高师宁：《贝拉的宗教进化论与公民宗教说》，《世界宗教资料》1994 年第 3 期。

孙尚扬：《宗教社会学》（第四版），北京大学出版社，2015。

〔法〕托克维尔：《论美国的民主》下卷，董果良译，商务印书馆，1991。

Frohnen, B.

1992. "Robert Bellah and the Politics of 'Civil' Religion," *The Political Science Reviewer* 21: 148 – 218.

Casanova, J.

1994. *Public Religions in the Modern World*, The University of Chicago Press.

Bellah, Robert N.

1970. "Religious Evolution," *Readings in Social Evolution & Development* 29 (3): 211 – 244.

1958. "Religious Aspects of Modernization in Turkey and Japan," *American Journal of Sociology* 64 (1): 1 – 5.

2010. "Heritage and Choice in American Religion," *Sociologica*.

Bellah, Robert N. , Richard Madsen, William M. Sullivan, Ann Swidler and Steven M. Tipton

1985. *Habits of the Heart*, Berkeley: University of California Press.

1991. *The Good Society*, New York: Knopf.

罗伯特·贝拉的中国印象

刘勉衡 *

　　摘要：对"异质性"文化的研究贯穿罗伯特·贝拉的学术生涯。其中，中国是他重要的关注点之一。本文通过对贝拉与中国有关的专著和论文的考察，尝试说明其笔下对中国的理解和运用中国相关材料的特点：第一，儒教一直是贝拉理解中国的底色；第二，贝拉主要关注的是先秦中国；第三，几十年中贝拉对于中国的理解不断加深，材料使用不断丰富，但仍然存在诸多问题。
　　关键词：罗伯特·贝拉　中国形象　《德川宗教》　《基督教和儒教中的父与子》　《人类进化中的宗教》

　　罗伯特·贝拉（Robert N. Bellah）是享誉世界的宗教社会学家，关于其生平及成就的概况，无须在这里赘述。笔者仅提及与本文有关的几点作为后续论述的引言。

　　1946 年，贝拉进入哈佛大学的社会关系系。1955 年，他以博士论文《德川宗教：现代日本的文化渊源》（以下简称《德川宗教》）获得博士学位。按照贝拉在自己的选集前言所述，由于他想跳出美国文化，甚至是西方文化，他在本科和研究生阶段致力于部族文化和东亚文化的研究，通过对西方来说属"异质性"的文化的观察，进行"三角测量"（triangulations），以观察自己所处的"混乱的社会"（Bellah，2006：2）。贝拉后来也曾直言，其学术训练从部族文化、东亚文化和伊斯兰教开始是很重要的。本文后面所要使用的《德川宗教》和《基督教和儒教中的父与子》

---

　　* 刘勉衡，亚利桑那州立大学（Arizona State University）博士研究生。

（以下简称《父与子》）都是他对异质性文化观察的成果，不过我们需要看到的是，贝拉的研究兴趣时常在非西方领域，但其问题意识和分析的框架仍然是根植于西方传统的。

此外，值得一提的是，贝拉在高中时代就接受了马克思主义的影响，在哈佛就学期间也曾抛弃基督教信仰，转向马克思主义和社会主义的运动，但后来由于主观思想上的转变和客观环境的恶化，贝拉还是放弃了马克思主义的理想。这样一段经历对贝拉的思想和生活造成了复杂的影响。

贝拉的博士论文是对日本的研究，此后他进入麦吉尔大学的伊斯兰教研究所进行博士后工作，可以说他的学术与这两个文化渊源颇深。同时，贝拉对中国的历史和社会也存在着持久而浓厚的兴趣，却鲜有专门论述中国的专著或论文。但是，作为非西方文化的代表，对中国的关切贯穿贝拉学术生涯的始终——其博士论文《德川宗教》和最后一本专著《人类进化中的宗教：从旧石器时代到轴心时代》（以下简称《人类进化中的宗教》）都对中国着墨甚多。可以相信，贝拉对于中国是有一个整体的，一以贯之的印象的。探究贝拉笔下的中国印象，不但有助于我们进一步深入了解贝拉的研究，也有助于我们了解美国学界眼中的中国，甚至对我们今天的发展富于启迪。

一　儒教是贝拉理解中国宗教与社会的底色

毫不夸张地说，"儒教"是理解贝拉的中国印象的关键。虽然，西方的汉学家们（也包括日本的汉学家）对中国宗教与社会的理解更多会从儒释道的"三教关系"，或是与中国社会本身关系更紧密的民间信仰入手，但这样的观点似乎并未影响到贝拉。他在其作品中论及儒教的部分远多于其他中国宗教的总和。当然，这可能和自身的学术训练背景与关注的时代密切相关。

关于"儒教"这一名词是否成立，中国学界和海外汉学界都有争论，贝拉在《德川宗教》中使用这一名词前也对其合理性做出了说明，他认为中国初期的儒教是一个伦理体系，但到了朱子学就成了一种宗教：

> 我们已将宗教定义为人对其终极关切的态度及有关终极关切的行为。朱子学具有十分完善的形而上学的见解，这一见解有着对人的终

极关切的明确概念和态度。而且，朱子学精心设计出的获得醒悟的方法，并非仅仅视为是认识上的理解，而且在某种意义上被看作是一种终极的宗教调和并与佛教类似。（贝拉，1998：70）

实际上如果单论"儒教"本身的宗教性，汉代才是儒教的宗教性最强的时候，然而，贝拉越过了汉代，认为到所谓"新儒教"（朱子学）时，中国的儒教才成为一种宗教。同时，我们需要注意，贝拉所使用的"儒教""禅宗"等词不仅限于中国社会，他特别关注了儒教和佛教的日本化问题，① 而本文所分析的材料仅为属于中国的儒教和佛教的部分。

《德川宗教》分析框架受到帕森斯的影响，但是其问题意识是不折不扣的韦伯式的。贝拉自己在平装版前言里就说自己是"运用韦伯的社会学观点来分析一个实际例子"（贝拉，1998：4 - 5）。他关注的是日本作为非西方社会的现代化问题。贝拉认为在日本的现代化背后，宗教的影响至关重要。在这里，与日本的文化存在诸多相似之处，却在 20 世纪的绝大部分时间里现代化进程远落后于日本的中国社会，实际上是以一个对照对象的角色出现的。贝拉在书中主要强调中国对日本的影响和进行中日之间的对比，这两类材料的使用散见于全书各处。

贝拉在其作品中提到了自古以来中国对日本的政治、经济、法律制度、宗教、道德以及思想上的持续影响，在《德川宗教》中，他尤其强调《孝经》等经典对日本文化的作用。不过，在《德川宗教》中，贝拉关注最多的是孟子对日本思想的影响，他认为孟子的性善说是德川宗教的典型学说。同时，贝拉宣称中国的儒教对日本产生了理性化的影响，而从中国传入的民间宗教和其他信仰则在日本起到相反的作用。论及日本的国学派时，他提到了这一派别对于中国的思想和风习的排斥——尤其是"最伟大的国学家"本居宣长对中国传来的佛教和儒教的排斥，而对日本固有宗教——神道的偏爱。后来久居日本的著名汉学家索安（Anna Seidel）认为本居宣长对中国文化的观点一直影响着后来的日本汉学界（Seidel，1989：303 - 304），而此论当即受到日本汉学界的强烈反对。② 贝拉也

---

① 贝拉认为日本德川时代的儒教主要是朱子学，在中国先秦之后的思想家中，贝拉对朱熹的关注是最多的。

② 索安对日本汉学界的评价引发了学界广泛的讨论，其中最著名的批评来自其同窗好友福井文雅。参见福井文雅《评索安著〈欧美道教研究编年史〉》（索安，2002：262 - 267）。

提到了日本的神道教受到中国的影响，这一有趣的问题并未能详细展开，但贝拉这一观点是正确的。①

与中国对日本的影响类似，中日社会各方面的对比同样是连缀全书中国材料的主要线索。贝拉论及日本的社会阶层"似乎并不存在一种一旦获得某一身份即有使其特有身份合法的生活方式"时称，其与中国"绅士阶层的身份型生活方式相反"（贝拉，1998：20）。说到日本的政府官僚来源是世袭武士阶级，日本富商的儿子依旧是商人时，贝拉以中国的公开考试制度——科举制度为对比，并称中国富商的后代常常进入官僚机构。实际上，中国的科举制度在隋唐时期才形成。而直到明清，商人入朝为官才完全不受到歧视。然而，贝拉在使用中国的事例的时候却往往不进行时代的区分，这其实是贝拉对中国材料驾驭的一个不足之处，后面还将论及这一问题。在书的结论部分，贝拉概括中国和日本最大的差异在于，虽然二者都强调"忠"和"孝"的价值，但在中国对家庭的孝是核心，而在日本，对主君的忠诚则是凌驾于其他价值之上的。在他关注的核心——现代化问题上，贝拉认为中日二国选择了迥然不同的道路，"中国是以整合价值占首位为其特征，而日本则以重视政治或达到目标为特征"。也就是说中国的社会"更多地关心系统维持而非达到目标或适应；更多地关心团结一致而非权力或财富。……中国人是从一定的人的关系方面来看待系统维持问题的，结果是为了和谐均衡的社会系统，系统维持必须保持在一种相互调整的状态中"（贝拉，1998：229-230）。这样的把握在贝拉对中国的印象中是一以贯之的，中国社会最为重视的是以"孝"为代表的家庭伦理这一点，这在其以中国宗教为核心的论文《父与子》中有进一步的阐释。

《父与子》是一个关于宗教象征的讨论，贝拉从亚里士多德的《政治学》中关于家庭和宗教象征的讨论入手，主要论述弗洛伊德的《图腾与禁忌》中宗教象征针对男人和父亲之间关系的影响问题。贝拉将弗洛伊德的观点概括为"宗教象征体系与宗教仪式的功能，是为了将产生于男人与他父亲的关系之中的爱与恐惧、尊敬与内疚、顺从与反抗，以一种不会造成社会破坏的方式表达出来"（贝拉，2008：158）。他之所以选取儒教与基督教进行对比，是因为"在所有伟大的文明中，只有中国将家庭置于最为

---

① 关于道教对神道教的影响，参见陈耀庭（2000：53-61）。

中心的位置。家庭是中国社会的核心已经有数千年之久，而传统家庭体系在20世纪的崩溃一直伴随着古典中国文明的剧烈破坏乃至终结"（贝拉，2008：158）。不过，贝拉认为儒教虽然是中国"社会的核心"，却并非"宗教象征的核心"，他说道：

> 在中国宗教象征体系之中，家庭的形象远非中心性的。虽然没有哪个文明曾经对父子联系予以更大的强调，但这种强调并没有反映在终极宗教象征体系中。例如，道甚至从来就不是拟人的，更不用说是作为父亲了，而天只是在退化的与无关紧要的意义上是父亲性的，至少从周朝中期以后是这样。（贝拉，2008：159）

在贝拉看来，中国宗教中最高的概念是"天"或"道"，而这些概念本身不具有强烈的拟人性。儒教将整个宇宙视为一个和谐的整体，在此之下，贝拉认为家庭不是象征性的，而是本身就居于宗教脉络的核心地位，在儒教中家庭崇拜居于突出的地位。他说：

> 儒教涉及家庭的核心并不真正在一个意义上是完全象征性的，因为这一核心就是家庭本身。我在这里的主题是处于宗教脉络中的家庭，但是对儒教来说，家庭在许多方面就是宗教脉络本身。……宗教层面典型的是高度人格的家庭场景本身。正是父亲与母亲有着要求尊敬的首席优先权，并且，正是父亲与母亲在他们死后将形成家庭崇拜的中心。正是家庭崇拜处于突出的地位，正是家庭崇拜垄断了宗教生活的整曲戏剧与强烈的个人情感。宗教崇拜的其他对象只是通过家庭才被传达到个人那里，并且坦率地说，这些对象只有反射光。（贝拉，2008：167－168）

在儒教这样的宗教与家庭的关系之下，贝拉认为不可能存在独立于家庭的宗教共同体，也就是说，宗教共同体不会比家庭拥有更高的合法化的基础。更进一步，贝拉认为儒教中不存在能够挑战家庭权威——或者说父亲的合理依据，这种关系引申到政治中就是在儒教内部基本不存在政治反抗的合法性。这就是俄狄浦斯情结在中国宗教中的境遇：

> 儒教对于父子关系的论述阻断了俄狄浦斯情结产生任何结果，除了顺从——在最后的分析中顺从不是针对某个人的，而是针对一种个人关

系的模式，人们持有这种模式是为了拥有终极的合法性。……在中国，孝与忠却成为绝对……父亲持续地主宰着一切。（贝拉，2008：177）

与《父与子》不同，贝拉在《人类进化中的宗教》一书中对中国先秦的各派思想都有一个介绍。它们包括以孔子、孟子、荀子为代表的儒家，以墨子为代表的墨家，杨朱、庄子代表的道家，以及农家和法家。但是，在讨论这个时代的各种思想时，他仍以儒家为时代底色，涉及其他学派或人物时都要与儒家进行对比。在西汉之前儒家并非显学，从当时的思想丰富性和影响力上来看，更绝非一枝独秀，但贝拉把自己论述的重点放在儒家上，其他思想不但在篇幅上与儒家相去甚远，而且在阐述过程中都要与儒家进行比较。

对此，贝拉在第八章《轴心时代三：公元前首个千禧年后期的中国》（The Axial Age III：China in the Late First Millennium BCE）做出解释，他认为儒家展示了古代中国最清晰的轴心转变（axial transition）。贝拉在全章的最后说道："最终，孟子、荀子以及后来更多的儒家学者所发展和阐述的孔子学说，被证明是中国传统从早期到现在最持久和最重要的一条线。"（Bellah，2011：425）如果从整个中国思想史的角度看待对后世的影响，贝拉对儒家思想如此重视是可以理解的。

有关中国社会的思想底色，如前所述，日本和西方的很多汉学家对中国人的信仰理解是基于儒释道的三教关系的。而中国学者也有相似的观点，例如李泽厚提出著名的"儒道互补是两千年来中国思想的一条基本线索"（李泽厚，2009：51）。章启群则认为阴阳五行、"大一统"和与农耕紧密相连的乡土意识是中国思想的核心与底色（章启群，2013）。但是，在贝拉的中国图景之中儒教似乎一直占据着绝对的独大地位，其他流派的思想似乎不过是镶嵌在儒教底色上面的点缀，这与他对中国的关注主要集中于轴心时代及以前——先秦，也有着密切的关系。

二 先秦是贝拉关注中国的重点时代

按材料分布时代的角度来看，贝拉对中国的关注显然是"头重脚轻"的——其主要关注的时代就是轴心时代及以前——中国的先秦时代。这充分体现贝拉整体思想对轴心时代的关切，但有时也凸显了贝拉对后来中国历史和思想的把握略有不足。

在《人类进化中的宗教》中，贝拉有两部分对中国进行集中论述，分别是第五章《古代宗教：神和王》（Archaic Religion：God and King）（尤其是后半部分）对于中国轴心时代之前，也就是商和西周的论述，以及第八章全文对于轴心时代的中国，也就是春秋和战国时代的论述。[①] 在书中被论述的其他三个文明也有类似的划分时代方式。

"商和西周是中国向轴心时代平稳过渡的时期"（Bellah，2011：210），在这一时期贝拉主要关注"神—王政治"的问题，即国王与祭祀的问题——这也是这一章的主题。他同时利用布鲁斯·崔格尔（Bruce Trigger）的分析，对中国的城市类型和陪葬中的人殉问题做了介绍。在教育上他说："对于中国古代的研究者来说，这种以官僚统治阶级的道德教育为重点，对某些经典文本给予高度重视的做法，听起来会有些耳熟，尽管中国的儒家思想是在许多世纪后发展起来的。"（Bellah，2011：238）

贝拉在这一时期特别强调文字的出现——在公元前 1200 年前后，但是他认为这一现象几乎不代表一种认识或思想革命，因为文字的使用范围可能还十分有限。受制于材料，后来人只能通过有限的对甲骨文、青铜器等物质考古资料的解读来说明商朝的问题。而甲骨文都是卜辞，没有神话故事。不过，文字的重要性在于其连续性造就了中国文明无与伦比的连续性。利用现有的资料完全可以建立起商代皇帝的世系。

贝拉对于商朝的统治形式和国家性质的讨论受到了韦伯和保罗·惠特利（Paul Wheatley）、顾立雅（Herrlee G. Creel）的影响，而关于商朝的宗教等问题，受到了吉德炜（David N. Keightley）的影响。如前所述，他最关注的问题是"神—王"问题，贝拉认为，商和西周的案例非常有价值：

> 商朝社会的一个特点是强调世系，尤其是皇室世系。在早期的国家，亲属关系从来都不是不重要的，但是王权统治的专制主义往往优先于血统忠诚，因此亲属关系的重要性明显降低。……但是商朝对血统的重视为后来的中国文化留下了永久的遗产，儒家对亲属关系的重视就是其中的一种表现。祖先崇拜是商代崇拜的核心，一

---

① 贝拉所理解的"春秋"和"战国"时代与中国历史界主流的划分有所不同，甚至其划定的"春秋"和"战国"的时代并不连续（Bellah，2011：401）。

直延续到今天……在商朝，对皇室祖先的崇拜是最重要的。（Bellah，2011：249 – 250）

皇室祖先是"帝"与人间的中介，帝并不受到直接崇拜。到了西周，这个最高存在变成了"天"。商代还有很多自然神，但是这些不是祭祀的焦点，商朝崇拜的中心是对商朝皇室祖先的崇拜，他们被认为是强大的神祇，也有能力在重要的事情上向帝求情。国王是尘世和神界的中介。其他家族的祖先也被认为在继续干预世俗生活世界——其管辖范围仅限于他们的后代。贝拉不能确定商代是不是中国讨论道德问题的开始，但是道德问题成为后来中国文化的核心——因为无法确定商时代神会对统治者进行惩罚，但是到了周，这样的观念肯定存在，他认为天与人（尤其是统治者）的道德品质相关。纣王的道德堕落使天命转移到了周朝，天命学说在后来的朝代更迭之中一直有影响。商朝的统治者所说的"余，一人"被贝拉认为道出了古代神王政治的关键点，即国家是国王意志的表达，国王声称可以维护整个国家与神的关系，作为一个支点，使社会能够发展到新的水平，西周的天子则是被看作人民的父母。

西周都城沦陷（前771），贝拉将其作为中国从古代向轴心时代的转变开端，一直持续到秦统一（前221）。实际上他所说的中国的轴心时代，就是中国历史分期的东周时期，或者说"春秋战国"。贝拉认为这期间可以把孔子（前551 ~ 前479）当作一个转折点——孔子之后到秦之前（战国时代）是百家争鸣思想纷繁复杂、内容丰富的时代。他说："公元前1000年后期的中国正经历着从周的封建政权（即第五章所述的那种）到中华帝国中央集权的官僚体制的巨大转变。……中国的轴心转型发生在由武士统治的社会向官僚统治的社会转变的过程中"（Bellah，2011：400）按照韦伯的说法，商和西周是"分散的世袭社会"（decentralized pat-rimonial society）。

贝拉认为轴心时代里中国提供了最有价值的物质和思想资源。他对中国的"士"这一阶层非常关注，这很可能受到了韦伯以及其他汉学家的影响。他对论语中的"仁""礼"等观念非常关注，另外对中国独特的哲学概念"道"也有极大的兴趣。正如前面所说，贝拉对这一时期的各家学说都有一定的介绍和阐释，但还是对儒家和孔子本人关注最多。他说孔子及其后来的人是将周初的社会理想化，打着回到过去的幌子，给社会注入新的思想（Bellah，2011：400）。从贝拉本人来说，他对中国历史中的先秦阶段一定是了解得最充分的，对于中国的轴心时代给予了高度评价。他认为自己对中国的了解，相比起另外三个案例（古以色列、古希腊和古印度）要准备得更好。对于韦伯所说的中国社会的停滞不前，贝拉认为这并非中国的轴心时代的问题（Bellah，2011：479）。

相比起先秦和现代，贝拉对其他时代的中国历史材料所用甚少。在《德川宗教》和《父与子》中，他所用的材料也大多集中于先秦。而在其他论文中，他有时也零散地提到中国，例如《宗教进化论》《马克斯·韦伯与拒世之爱》《新宗教意识与现代性危机》《上帝与王》等文章，[①] 但大多也集中在先秦的材料。对于此后两千年左右的中国古代思想史，贝拉的材料和论述都相对单薄，偶有提及汉代的董仲舒和南宋的朱熹。另外贝拉对于中国宗教的分析很多时候可能是不区分时代的，尤其是对于儒教和道教，实际上对于儒学和道教在不同时代的形态并不能以一个固定的印象概括，但是在贝拉这里"儒生""道士"似乎一直是一个固定的形象，几千年中没有很大变化。相比之下，贝拉论述日本的状况就对时代区分更为细致、材料也更为翔实。

相比起把握更为全面，材料更为熟悉的先秦时代，贝拉对于中国古代其他时代的材料可能并不熟悉。例如，在《德川宗教》中，日本心学的创始人石田梅岩是贝拉论述的核心人物，贝拉用了全书 1/5 的篇幅叙述其思想及影响。在这一章里，贝拉反复提到石田梅岩与孟子和朱熹思想的相似性，却对于与朱熹同时代的心学开山祖师陆九渊只字未提。其实从思想上来看，石田梅岩的思想明显与陆九渊的非常相似。石田梅岩的一元论认为

---

① 贝拉在《宗教进化论》（Bellah，2006：23 – 50）中提到了道家的神秘主义极力主张对被认可的价值进行评估，认为社会是不自然、不正当的。中国最早的宗教属于古代宗教，周对商的征服导致了人类功绩与神之间有联系的观念。周代秩序的崩溃导致弥赛亚的盼望。而儒教、道教属于历史宗教的范畴。在道教和儒教中，古代象征的义务沉重，新的突破很容易就变成了倒退，没有产生出早期现代化宗教。在《马克斯·韦伯与拒世之爱》（Bellah，2011：123 – 149）中，贝拉提到了墨子的"兼爱"，道家的"从世界撤退"和儒家的"仁"。在《新宗教意识与现代性危机》（Bellah，2011：265 – 284）中，贝拉说到了大乘佛教的禅宗和道教的某些成分（笔者认为是内丹修炼）提供了反文化最为广泛的宗教影响。（贝拉对于禅宗的讨论很多，但我们很难辨别相比起在西方流行的"禅"文化，日本的禅宗是否对中国的禅宗发展有足够的了解。）在《上帝与王》（Bellah，2011：357 – 375）文章中关于商和周的天命转移问题与《人类进化中的宗教》类似，另外他还说到了美国对于中国的"大规模杀伤性武器"的限制问题。

"一切事物——天、地、人、心、物、性及原理——都是同等的",与陆九渊的"心即理也""宇宙便是吾心,吾心便是宇宙"非常相似;石田梅岩强调道德修养和伦理的行为相比起读书功夫对学问的作用更为根本且重要,这种观点正与朱陆之辩里著名的"鹅湖之辩"中陆九渊的观点相似,而与朱熹的相去较远;石田梅岩的"无私"的观念,与陆九渊对"义利之辨"的强调也很类似;在方法论上,石田梅岩一方面强调伦理实践,另一方面强调冥想,与陆九渊"格物与冥想"的方法论也很类似;二者同受到孟子思想的极大影响,同为各自文化中"心学"创始人,甚至都擅长演讲。贝拉在详述石田梅岩的一章里放弃陆九渊这样一位并不缺少材料的重要的中国心学家,实在是让人难以捉摸。① 比较合理的解释是,贝拉对秦以后的中国古代思想史的了解并不多,以致忽略了这样一对颇有意义和价值的对比。

相似地,贝拉在《父与子》一文中,提到了中国的悲剧问题,贝拉认为"一个得到普遍承认我的事实是,在东亚,不存在我们会称之为悲剧(tragic)的文学类型。……不存在那些以其痛苦召唤人们去质问宇宙正义本身的人,换句话说,不存在中国的约伯"(贝拉,2008:177)。贝拉认为中国没有西方式的悲剧——他所指的大概是以古希腊为代表的"命运悲剧"——是可以理解的。但是,如果认为中国不存在"质问宇宙正义本身的人",恐怕难以服众。例如在中国最著名的"悲剧"之一《窦娥冤》中,窦娥赴死之前著名的一段:

> 有日月朝暮悬,有鬼神掌著生死权,天地也,只合把清浊分辨,可怎生糊突了盗跖、颜渊?为善的受贫穷更命短,造恶的享富贵又寿延。天地也,做得个怕硬欺软,却元来也这般顺水推船。地也,你不分好歹何为地?天也,你错勘贤愚枉做天!哎,只落得两泪涟涟。(关汉卿,1958:28-29)

按照贝拉的理解,中国的"天"和"地"就是最高存在的象征,也是伦理正义的代表。那么,既然贝拉将"我的上帝,我的上帝,为什么离弃我"视作基督教未摧毁悲剧的例证,又为什么将窦娥对天地的质问排除在

---

① 贝拉关于石田梅岩的论述集中在《德川宗教》第六章(贝拉,1998:163-214)。关于陆九渊的思想可以参见杨立华(2015)。

"质问宇宙正义本身"之外呢？考虑到《父与子》的写作时代，也许贝拉在论及中国悲剧的时候并未对中国的"悲剧"本身有过考察，否则必然要对上述的中国元杂剧中最为著名和具有影响力的一段台词给出合理的解释。

综上，贝拉对中国的历史的把握是"头重脚轻"的，对秦统一之前的中国宗教、经典和社会的了解程度远高于其对后来中国古代思想和社会史的把握。当然，贝拉本身不是汉学家，中国社会和经典并不是他整个学术生涯研究的主要对象。因此我们也没必要苛责贝拉的汉学水平。他的许多材料都是来自当时汉学家的著述和翻译，从对这些材料的使用里，也能看出其学术生涯上的明显进步和对中国相关材料使用的一些不足。

三　材料选取凸显贝拉的进步与不足

从现有的资料中看，没有证据表明贝拉具备使用中文材料进行学术研究的能力。贝拉所使用中国相关的材料多来自冯友兰的著述和其他欧美汉学家的论著，如引用中国典籍的原文一部分来自冯友兰的《中国哲学史》，一部分依赖于汉学家的翻译。纵向来看，贝拉对中国材料的掌握是有明显的进步的，从早期的《德川宗教》和《父与子》到后期的《人类进化中的宗教》中就可以看出来。

在《德川宗教》中，贝拉最常提到的中国形象就是孟子，而他对孟子的解读主要来自冯友兰的《中国哲学史》，其他如董仲舒、朱熹等中国哲学的材料也主要来自冯友兰。另外他还使用了亚瑟·威利翻译的《论语》作为引用材料。而在稍后的《父与子》中，他除了用到了亚瑟·威利翻译的《论语》外，还参考了顾立雅、贺凯（Charles O. Hucker）、理雅格（James Legge）、葛兰言（Marcel Granet）等人的一些研究，但是内容很少；在原文引用上，虽然他引用了《礼记》《孝经》《中庸》《吕氏春秋》《春秋繁露》《朱子语类》等经典的原文，但从给出的注释来看，全是从冯友兰的《中国哲学史》中摘抄的。可以说，贝拉早期对中国经典的了解几乎全建基于冯友兰的《中国哲学史》和亚瑟·威利的《论语》之上，而哪怕是相关汉学家的研究，他可能也没有成体系地细致阅读，有管中窥豹的嫌疑。

而在距离《德川宗教》50余年后出版的巨著《人类进化中的宗教》

中，贝拉的这一方面得到了改善——无论是从对经典的阅读还是从对汉学的了解来看。在关于早期中国的社会面貌方面，贝拉使用了陆威仪（Mark Edward Lewis）对中国的牺牲和仪式的分析以及对春秋战国期间的社会变化的描述，还借鉴了罗泰（Lothar von Falkenhausen）通过考古材料对西周的仪式改革及其影响的描述和分析。同时，他参考了尤锐（Yuri Pines）关于春秋的历史资料。商代的历史资料和一些原文则主要来自夏含夷（Edward L. Shaughnessy）的著作。后面的章节里他更是提到了普鸣（Michael J. Puett）描述的秦汉祭祀制度的发展历程和艾森施塔特（S. N. Eisenstadt）强调的中国的世俗超验主义（Chinese thisworldly transcendentalism）。

经典原文的处理方面，贝拉在书中同样使用了亚瑟·威利的《诗经》和《论语》的译本，但同时对《论语》的引用和解读也参考了白牧之、白妙子夫妇（Bruce Brooks and Taeko Brooks），罗哲海（Heiner Roetz），赫伯特·芬格莱特（Herbert Fingarette），安乐哲（Roger T. Ames），罗思文（Henry Rosemont, Jr.），里克曼（Simon Leys），葛瑞汉（Angus Graham）等汉学家的翻译和解读，在后面论述其他学派时还提到了伊若泊（Robert Eno）对儒家的阐释。贝拉更倾向于认同赫伯特·芬格莱特对论语的解读——在芬格莱特的观点中"论语根植于新社群的愿景"（Bellah，2011：415）——同时又支持罗哲海对论语中普遍存在的伦理因素的强调。但是，贝拉的引用也存在问题，其中最重要的就是他在文中使用的《论语》译本很多，在同一段落中的不同引文有时来自三四个译本的混合，这些译者们本身对论语就存在着不同的解读，在如此小的篇幅里混在一起难免令研究者犯难。

同时，贝拉对于论语的整体把握也存在大问题，贝拉认为《论语》是孔子格言、轶事的汇编，其中很多术语的使用并不系统，甚至前后矛盾（Bellah，2011：416）。这个结论显然是失之偏颇的。如今，对中国哲学有足够理解的研究者恐怕很少有人会去质疑《论语》本身理论和术语的系统性，贝拉通过阅读西方学者对论语的翻译就下了这样的结论实在操之过急。为了证明矛盾性，他还举了论语中非常重要的两句为例进行说明。

贝拉举论语中涉及"仁"和"礼"关系的"子曰'人而不仁，如礼何？人而不仁，如乐何?'"（3.3）和著名的"颜渊问仁"（12.1）两句。贝拉认为两段所论述的仁、礼的关系问题有很大的矛盾（Bellah，2011：

416－417），但实际上这样的解读基本是凭借原文翻译来看待其字面意思，实际上在中国哲学里关于孔子口中的"仁""礼"关系的重要语句怎么会有如此浅显的矛盾呢？如果参考一下朱熹的《四书章句集注》，这样的矛盾就会迎刃而解。① 贝拉的这种解读体现了其对中国古代文化的理解还存在着很大的偏差，这是单纯参考汉学家的翻译的不可避免的结果。在后面，贝拉对于"乐""忠""恕""义""天"也都有阐发，但是明显不能摆脱西方的翻译语境，而进入中国的语境中。贝拉自己发现了这个问题：

> 我应该清楚，我不认为任何文化中存在绝对形式的"普遍"价值观。它们总是在特定的时间和地点用特定的语言表达。如果我们把它们翻译成"正义"（justice）、"仁慈"（benevolence）或类似的词语，我们使用的词语不可避免地处于不同的文化环境中，因此充其量只能近似于被翻译的中文词语。（Bellah，2011：421）

但是，即便有着这样的困难，贝拉关于《论语》还是给出了符合自己理论体系的结论：

> 《论语》的轴心性来自它以新的方式使用旧的思想，它在道德词汇中引入新的术语，它使以前被认为理所当然的思想能够被反思，但不是来自逻辑论证的发展。（Bellah，2011：426）

除《论语》外，贝拉还对其他经典进行了大量引用和解读。其中，《墨子》主要用华兹生（Burton Watson）的翻译。他参考了普鸣、葛瑞汉、倪德卫（David S. Nivison）的观点。在讨论杨朱、道家和《管子》的章节时，他都参考了罗浩（Harold D. Roth）的解释。《庄子》和《淮南子》的翻译来自葛瑞汉，《道德经》的翻译来自刘殿爵（D. C. Lau）和亚瑟·威利，对《庄子》和《道德经》的解释参考了汉斯－格奥尔格·梅勒（Hans－Georg Moeller）的成果。另外，他在讨论《道德经》时又提到了拉法格（Michael La Fargue）和罗哲海的解读。对法家他仅仅是在说到政治观点时一带而过，其中提到了史华慈（Benjamin I. Schwartz）的观点，《韩

---

① 参见朱熹（2011：62，125）。其中对于仁和礼的关系的解释是明确而连贯的。当然，对于《论语》的解读作品汗牛充栋，考虑到贝拉经常提及朱熹，因此以朱熹撰的《四书章句集注》来说明贝拉对于《论语》的把握并不准确。

非子》的引用来自华兹生的译本。《孟子》的翻译来自刘殿爵，贝拉同时提到了史华慈的解释。《荀子》的翻译来自约翰·诺伯洛克（John Knoblock），并且他提到了葛瑞汉和艾文贺（Philip J. Ivanhoe）对《荀子》的解读。

虽然在关于中国的百余页论述中，我们无法证明贝拉拥有任何汉语上的阅读能力，但从上面一串冗长的名单不难看出贝拉为准备中国部分的材料做出的努力。他认为自己对中国的了解，相比起书中另外三个主要案例要准备得更好看来绝非空穴来风。如果同《德川宗教》和《父与子》比较来看，贝拉对中国思想史和中国经典材料的运用的不断进步是显而易见的。作为一个美国的非汉学人文学者，这样的精神实在难能可贵。

另外，我们时刻要记得，贝拉不是一位汉学家，甚至不是严格意义上与中国问题相关的研究者。无论使用了多少中国的材料，他仍是一位宗教社会学的理论家，中国的材料不是他论述的主题，而是其理论骨架的填充与证明。从这个角度上讲，虽然贝拉经常有理解的不充分和对材料的误读，但在支撑其理论表述的角度上已经是足够的了。细节上的问题无损其伟大。

结　论

综上，我们可以看到贝拉对于中国材料的把握有着自己鲜明的特点。从时代上看，贝拉的眼中有着一个清晰的先秦中国的样态（我们不必在意这一样态是否与实际情况或者中国学界眼中的"历史"更接近），其中儒学（"儒教"）这一时代的底色，受到贝拉最多的关注。但是过了轴心时代，这一景象就突然变得模糊起来。在之后的 2000 年里，仅有一些以董仲舒、朱熹为代表的思想家的形象和相对有刻板印象化的宗教形象零散地分布其中。

贝拉的中国印象最初的建立必然离不开冯友兰的《中国哲学史》和亚瑟·威利翻译的《论语》，不过随着时间的推移，他对海外汉学家的成果的积累也日益丰富起来。贝拉的问题意识经常是韦伯式的，在中国的材料面前也类似于韦伯的《儒教与道教》——他们都先有一个理论的框架，中国的材料是其理论框架中的一个组成部分，如果没有中国作为例子，其大部分的考虑依然可以成立。这也是为什么，贝拉和韦伯所使用的中国材料都来自外语资料，其解读有很多偏颇之处，但我们仍然要阅读他们的成果并得到教益。当然，贝拉和韦伯也都存在着不同程度的西方中心主义，始终将非西方的文明放在"异质性"的角度上，韦伯的西方中心主义自然不必说，而关于贝拉的西方中心主义的批评可以参见丸山真男对《德川宗教》的书评。[①] 同时，贝拉和韦伯都存在将中国的文字记载和经典当作中国人本身的生活面貌或社会形态的问题，但这一问题在中西方的中国研究领域都很普遍——在浩如烟海的中国历史典籍和纷繁复杂的中国社会面前，任何研究者都会或多或少地存在这一问题。

在本文的最后笔者仍要不厌其烦地说明，正视贝拉眼中的中国印象是重要的，但苛责贝拉对于某一文明的把握中有错误而忽略其思想主干是得不偿失的（贝拉对于其他文明的把握也必然会有偏差），贝拉不是汉学家，我们关注他的重点也应更多在于问题的意与理论的架构。所以对中国认识上的偏差依然无损其伟大，终究是瑕不掩瑜的。贝拉一生坚持对于现代性的深入思考，为人类留下了丰硕的理论成果，他对包括西方世界和"异质性文化"的人类未来的勤恳探索和不断勤学精进，笔耕不辍的精神值得每一位人文学者尊敬和学习。

参考文献

〔美〕贝拉：《德川宗教：现代日本的文化渊源》，王晓山、戴茸译，三联书店，1998。

〔美〕贝拉：《基督教和儒教中的父与子》，覃方明译，《社会理论》第 4 辑，社会科学文献出版社，2008。

陈耀庭：《道教在海外》，福建人民出版社，2000。

关汉卿：《窦娥冤》，人民文学出版社，1958。

汲喆：《罗伯特·贝拉〈人类进化中的宗教：从旧石器时代到轴心时代〉》，《宗教社会学》，2014。

李峰：《现代性中的宗教支持与限制：罗伯特·贝拉的宗教社会学思想述评》，《宗教社会学》，2013。

李泽厚：《美的历程》，三联书店，2009。

〔法〕索安：《西方道教研究编年史》，吕志鹏、陈平等译，中华书局，2002。

---

① 丸山真男的书评载于贝拉（1998：附录二）。

〔德〕韦伯:《中国的宗教:儒教与道教》,康乐、简惠美译,广西师范大学出版社,2010。

杨立华:《宋明理学十五讲》,北京大学出版社,2015。

章启群:《星空与帝国——秦汉思想史与占星学》,商务印书馆,2013。

朱熹:《四书章句集注》,中华书局,2011。

Bellah, Robert N.

2011, *Religion in Human Evolution: From the Paleolithic to the Axial Age*, the Belknap Press of Harvard University Press.

Bellah, Robert N. and Steven M. Tipton, eds.

2006, *Robert Bellah Reader*, Durham: Duke University Press.

Seidel, Anna

1989, *Chronicle of Taoist Studies in the West 1950 – 1990*, Cahiers d'Extrême - Asie, Vol. 5.

韦伯中国宗教研究中的"巫术"概念

秦　川 *

摘要："巫术的乐园"是马克斯·韦伯对中国宗教样态的著名论断，本文试图通过对韦伯宗教社会学研究的系统阅读及与其他社会学家、人类学家巫术概念的比较，厘清韦伯对"巫术"的界定，尤其专注于中国相关内容，力图还原韦伯所称中国"巫术性"的具体所指。概言之，韦伯的"巫术"概念是与世界的"除魅"过程相联系的，与其说他的"巫术"概念是一种经过清晰界定的明确概念，不如说它只是与韦伯意义上世界的"除魅"过程相对的一种模糊文化事项。在梳理出上述结论后，本文从中国文化主体性的角度，对韦伯研究的立足点与方法提出商榷。

关键词：韦伯　中国宗教　巫术

"巫术"是韦伯宗教研究中的重要概念，而在对中国宗教进行考察的《儒教与道教》一书中，韦伯指称中国宗教文化为"巫术的世界图像""巫术的乐园"，在概念总结性著作《宗教社会学》中提及中国宗教时，则直以"巫术性宗教""巫术信仰"（韦伯，2005b：97，272）指代。自 20世纪 80 年代"韦伯热"以来，韦伯的这番论断，对中国知识界乃至民间对中国宗教的认识产生了深远的影响，在范笔德看来，更影响了"中国一个世纪以来的反迷信运动"（Peter，2012：185）。本文想解决的问题是：韦伯所说的"巫术"究竟指什么，也即究竟在什么意义上，中国的宗教是一种"巫术"。

＊　秦川，北京大学哲学系（宗教学系）硕士研究生。

一 韦伯的巫术概念

本章按照韦伯阐说的宗教发展史，分"自然主义"与"象征主义"两个阶段综合述评韦伯的"巫术"概念。

（一）自然主义的巫术

韦伯在《宗教社会学》中论述宗教的起源时，常用"巫术或宗教"或"原初的宗教行为"来指称该阶段的信仰行为，但在后文论及这一被定义为"自然主义"的阶段时，即直以"巫术""纯粹巫术行径"（韦伯，2005b：7，8）相称；这一部分提及的"禁欲""卡理斯玛"（Charisma）等概念，在该书和其他专著中提及相同现象时，也直以"巫术性禁欲""巫术性卡理斯玛"等概念指称。故而我们认为，《宗教社会学》第一章开端论述宗教起源部分提及的"巫术或宗教"，在韦伯的概念系统中实则即指向"巫术"，韦伯宗教研究中的宗教发展史，也是一部从巫术到宗教的历史。

那么，就韦伯在这一部分的论述而言，巫术具体指什么呢？

概括来说，巫术是一种以此世为取向，遵循未必是根据手段与目标考量的经验原则的行为，由天生具备或通过禁欲的方法唤醒"卡理斯玛"的人，通过一种特殊的主观状态——"忘我"或基于技巧的巫术施为来进行。

1. "卡理斯玛"

在以爱德华·泰勒为代表的进化论学派的论述中，并没有"前泛灵论"的概念。泰勒主张，人们从睡梦中自己所处的环境与醒来不同这一现象中，创造出了"灵魂"的概念，进而"灵魂"经由人类的死亡获得自由，其范围拓展到了其他事物上，从而形成广泛的精灵信仰，并进一步扩展到秉持"万物有灵"信念的原始人的全部生活中。泰勒由此提出了"泛灵论"的概念，认为这是人类宗教的起源。

1892 年，美国人约翰·H. 金发表的《超自然者：它的起源、性质和进化》首次提出的"曼纳"（mana）这一原始人用来表征不可解释、无所不在的神秘力量的概念（孟慧英，2006：134）[①]，后来被马雷特、弗雷泽

---

① 以"曼纳"（mana，又译"玛纳"）指称一种原始人世界中遍在一切事物中的神秘力量的提法很大程度是人类学的误读（普理查德，2001：131－132），此处只是试图用韦伯对"曼纳"概念的使用说明韦伯的巫术概念。

等神话—仪式学派学者接受下来，也在涂尔干、莫斯、简·哈里森的相关论述中发挥了重要作用。他们吸收了这一概念，主张巫术①是原始人对这一神秘力量的感受和发挥。宗教发展史的起点也从"泛灵论"变为了"前泛灵论"：原始人首先是对神秘力量进行感受，进而才可能产生诸如灵魂、精灵的概念。

韦伯显然是接受了这一理论思潮的。他提到自然主义时期的巫术"最近被称为'前泛灵论'"（韦伯，2005b：3），并在后文概述人们通过卡理斯玛的施为发展出了精灵信仰，进而是"灵魂"的概念，体现了从前泛灵论到泛灵论的宗教发展思路。但是，对于这一思潮中的重要概念"曼纳"，韦伯却有独特的解释。

莫斯在《巫术的一般原理》中介绍"曼纳"时，曾精微地介绍道："玛纳（mana）观念包含了一系列相互混合的流动性观念。在不同的时候，它可成为一种性质、一种物质或者一种行为。首先，玛纳是一种性质，是说某件物体包含着一种被称为玛纳的东西，而并非物体本身就是玛纳。……其次，玛纳是一件物品、一个东西、一种要素，它既是可被操纵的，也是独立的。……再次，玛纳是一种力量，更为特别的是一种精灵的力量，亦即祖先灵魂和自然精灵的力量。"（莫斯、于贝尔，2007：129-130）而韦伯在《宗教社会学》中介绍"曼纳"，进而把它转化成自己的概念"卡理斯玛"时是这样说的："……不是每个人都能够具有出神入化的能力——根据原始的经验，这种能力被视为足以在气象、医疗、占卜与感应等事上产生某种灵通的前提条件。这种非凡异能基本上（虽然并不是绝对）即被冠之以'mana'、'oreda'与伊朗语'maga'（我们的'magic'一字即源于此）等这类特殊的称呼。我们以下则以'卡里斯玛'（Charisma）指称这种超凡异能"（韦伯，2005b：2）。可见，韦伯在将"曼纳"一词转化为"卡理斯玛"这一自己的概念时，将一种遍在世界中的神秘力量转化为了一种个人的"超凡异能"："卡理斯玛"一词是韦伯从早期基督教词汇中借用的，意即"天赐恩宠"（韦伯，2010a：298）。而"卡理斯玛"也是韦伯支配社会学中的重要概念，"卡理斯玛支配"是

---

① 在涂尔干看来则主要是宗教。不过涂尔干主张巫术与宗教共享同样的信仰，即绝对的神圣，而绝对神圣概念的建构与"曼纳"息息相关。莫斯发展了涂尔干的理论，使其宗教社会学理论被原样贯彻到巫术当中。

韦伯提出的三大支配类型之一。在论及卡理斯玛的形态时,韦伯曾间接点明了自己对这种"能力"本身"真实性"的看法:"第三种形态的代表者是摩门教的创立者史密斯。此人是一个非常灵巧聪明的骗子(虽然这一点我们并不能完全确定)。"(韦伯,2010a:346-347)

2. "非理性"的性格

韦伯在《儒教与道教》的结论中写道:"要判断一个宗教所代表的理性化水平,我们可以运用两个在很多方面都相关的主要判准。其一是:这个宗教对巫术之斥逐程度;其二则是它将上帝与世界之间的关系,及以此它本身对应于世界的伦理关系,有系统地统一起来的程度。"(韦伯,2004b:309)也就是说,巫术至少在某个意义上是"非理性"或者不利于"理性"的。

那么,何谓韦伯意义上的"理性"呢?

在韦伯的宗教研究中,"理性"概念的内涵较为混杂。在《宗教社会学》中,当论及宗教的方向开始指向超越此世的利益时,韦伯区分了两种"理性":对神观与神人关系的思考之体系化理性与精打细算的经济性理性,并指出该过程是前者发展而后者倒退的双重过程,就非经济性、与追求日常经济活动的利益无关而言,前者则是"非理性"的(韦伯,2005b:33)。这里,对"理性"与"非理性"的区分是清楚的,但更多的时候,对"理性"与"非理性"概念的使用是不清晰的:有时,"理性"指一种与狂迷、肉欲相对的理智(韦伯,2005b:202、156)。有时,"理性"指"可以理解"(韦伯,2010a:350;韦伯,2004a:388;韦伯,2005a:394-395)。有时,"非理性"指对日常生活及秩序的脱离(韦伯,2005b:192、215)。有时,"理性"甚至似乎指向一种适度、中道(韦伯,2005b:121)……如果以上列举的几种"理性"与"非理性"概念似乎还可以在某种方式下予以统合的解释(下文还会提到),有一种韦伯提及巫术时的断语式"非理性",则是本部分要着重分析的。

韦伯在《宗教社会学》中论及禁忌时写道:"一般的发展过程是,当某些事已成为习惯时,不管是基于理性或非理性的解释(例如有关疾病与其他邪恶巫术作祟的经验),它们即逐渐被视为'神圣的'。"(韦伯,2005b:48)巫术在这个意义上的"非理性",似乎无法与上文提及的任何一种"非理性"对应,这是什么意义上的"非理性"呢?

韦伯在《宗教社会学》中介绍巫术时,曾提及"只有我们,以我们现代对自然之观照的立场来判断,得以客观地分辨出这类行为里的因果推断何者为'正'，何者为'误'，而将那谬误的因果推断归类为'非理性'的，相应于此的行径则为'魔术'"（韦伯，2005b：2）。然而，在上段引文中，韦伯评判巫术为"非理性"，却恰是以"我们现代对自然之观照的立场来判断"的。他写道："自从知识主义抑止巫术信仰后，世界的各种现象被'除魅'了，丧失其巫术性的意义，而成为简单的'存在'与'发生'，其间再无任何其他'意义'可言了。"（韦伯，2005b：156 – 157）而从近代自然科学意义下"简单的'存在'与'发生'"的角度看去，巫术所赋予的便为倒错的意义联结，是已经或正在被"除魅"的所在。

我们不妨回看一下韦伯介绍巫术概念时所提及的"遵循未必是根据手段与目标考量的经验原则"。或许进化论学派代表爱德华·泰勒的话可以给这一说法做一个很好的注脚："了解巫术的主要关键是在观念联想的基础上来认识它……当人类的智力还很低下时，人类已在自己的意识中联想那些亲身经历过的事件，并将这些联想与实际联系起来，但是他们本末倒置，错误地得出结论：意识中的联想必然牵涉到现实中相似的事物。"（泰勒，1988：54）"……魔术源自类比，起自于明确的心理法则，取决于理想联想的原理。"（泰勒，1988：56）巧的是，韦伯确曾提出巫术的类比原则："类比的思维源自经象征主义所合理化的巫术，此种巫术的结构是完全类比式的，以后才逐渐为根据理性包摄作用所形成的三段论法的概念结构所取代。"（韦伯，2005b：11）不过，在韦伯看来，这种类比在象征主义阶段的巫术中才进一步体现。

（二）象征主义的巫术

在前一部分"自然主义的巫术"中，我们对韦伯于《宗教社会学》中所介绍的"自然主义"阶段的巫术进行了分析，也是对韦伯宗教研究中"巫术"概念的基本要素进行了一些澄清。在介绍过"自然主义"阶段后，韦伯引出了"象征主义"阶段的巫术，本部分我们将对该阶段出现的要素进行分析，并结合这些要素回看韦伯中国宗教研究中的中国巫术。

1. "通往一神之路"

巫术从自然主义阶段发展到象征主义阶段，与一条"通往一神之路"[①]

---

① "通向一神之路"，是韦伯自己的话："通往一神信仰之道路，尽管有各种程度的一贯性，却也有其逆转。"（韦伯，2005b：24）

息息相关。

如前所述，韦伯的"卡理斯玛"概念是从"曼纳"转化而来的，前文也概述过神话—仪式学派从"前泛灵论"开始的宗教发展史。韦伯的宗教发展史毋宁是与"曼纳"相关的"前泛灵论"式宗教发展史的"卡理斯玛"版："卡理斯玛"的存在使人联想到其背后有一神秘的"存在者"，此即"精灵信仰"；经由巫师的巫术活动，人们将精灵信仰发展到"灵魂"观念，即存在于人身上，也可离逸而去的存在物——精灵与灵魂观念的形成，意味着"泛灵论"时期的开始。进而，这些非人格化的存在物经由体系化逐渐人格化、权限逐渐固定化，演化为万神殿；随着普遍性、理性的要求，逐渐向一神信仰靠拢。这其中有祭司的体系化①工作、俗人的体系化要求，也有氏族及政治团体的推动（韦伯，2005b：4－30）。

2. 象征主义及巫术定型化

在这一过程中，由于"神"②观念的出现，巫术的行为由"未必是根据手段与目标考量的经验原则"进行的直接施为转换为了通过象征手段对"神"的致意，巫术行为所希求的不再是直接解决问题，而是经由对"神"的影响"象征性"地解决。由此，自然主义阶段的巫术被象征主义进一步定型化，对固定仪式的任何违背都会使仪式无效，甚而"——这是附加在象征主义上的新观念——会引起神祇或祖先亡灵的愤怒"（韦伯，2005b：9）。象征主义阶段的巫术从而给生活态度带来普遍的定型化。

其中，我们的疑问是，经由"错误"因果性联结的自然主义巫术行为和结果，与经由"神"的观念而产生联系的行为和结果，在象征的意义上、在形成定型化生活态度的方面，二者有何本质差异？这个问题我们在下一部分和本文最后有所谈及。

3. "强制神"

在"通往一神之路"上，人与神之间的关系经历了一个从"强制神"到"崇拜神"的过程：在"超自然"的力量被类比为诸如精灵、灵魂时，人们可以强制其为人服务；而"随着逐渐承认某一神祇之力量及其为一人格化之天主的性格，非巫术的动机逐渐取得优势"（韦伯，2005b：33），

---

① 此处的"体系化"亦即前文提到的与经济性理性相对的体系化理性，后文还会提及。

② 如 Julien Freund 所说，"韦伯是通过神灵（the divine）而非神（the divinity）的概念来进行其宗教社会学的研讨"（韦伯，2004b：421），这里使用的"神"也是"神灵"意义上广义的"神"。

人们无法改变神的意志，只能"崇拜神"。"崇拜神"与"强制神"作为两种对神的态度，成为宗教与巫术之间的重要分野。

弗雷泽也以"崇拜神"与"强制神"来划分宗教与巫术，并且将这种区分归结为两种世界观的差异（弗雷泽，1987：75－78），但是弗雷泽对巫术与宗教的概念的区分是较为严格的：巫术"强制神"，对象是非人格、无意识的；而宗教"崇拜神"，对象是有人格、有意识的（弗雷泽，1987：78）。比较而言，韦伯所划分的象征主义阶段的巫术，强制对象已然是有意识的，并且从巫术的"强制神"到宗教的"崇拜神"过程与"通向一神之路"中"超自然"对象的发展过程——也即从无意识、无人格的"力量"发展到有意识的精灵、灵魂，进而逐渐有人格的过程——之间并没有非常确定的对应关系。然而，弗雷泽与韦伯在不同的理论体系下存在着两点相似的论断：有人格、有意识的神的出现格外重要——在韦伯看来则是有意识的神的出现意味着进入了"象征主义"阶段，在弗雷泽看来则是有人格、有意识的神的出现与否是宗教与巫术的重要区别；有人格、有意识的神出现之前的时期与现代的自然科学世界存在着一定联系——在韦伯看来则是自然主义的巫术还未被象征化，"只有真正存在或发生过的事物才会在生活中起作用"（韦伯，2005b：7），正如现代被除魅了的世界，"各种现象成为简单的'存在'与'发生'"（韦伯，2005b：157），在弗雷泽看来则是巫术与科学同样认为世界遵循不变法则。相同的论断或许昭显了二人共同的理论假设。

4."个人化"

虽然"实际上找不到任何一个例子可以完全适用于此种区分"（韦伯，2005b：34），韦伯依然在"强制神"与"崇拜神"之间，区分了二者作用对象的概念：分别为"鬼怪"与"神祇"。在划分了这两个概念后，韦伯写道："上述之区分的历史发展，往往以一非常简单的方式出现：某一世俗或祭司权威为了扶植一个新宗教而压制原有的祭典时，原有祭典所崇拜的神祇即以'鬼怪'的身份继续存在。"（韦伯，2005b：34）这番论述指向了使得巫术与宗教相区别的另一特征："个人化"。

在从祭司与巫师这一社会学层面区分宗教与巫术时，韦伯提到了这种区分：祭司"负责一个规则化、有组织且持续性的、关注影响神的'经营'"，而巫师则营"个人化的、且随机性的行为"；祭司"积极地参与某种类型的社会团体"，而巫师营"自由职业"（韦伯，2005b：35－36）。这种巫术与建制性群体无关的"个人化"特征的判断，与涂尔干不谋而合：涂尔干将巫术与宗教区别开来的标志就是"不存在巫术教会"（涂尔干，2011：55）。

涂尔干及其弟子专注于寻找宗教、巫术现象的社会性，所以格外重视巫术的个人化特征，然而对韦伯来说，巫术的个人化特征毋宁只是一种历史事实，在理论建构中并不具备重要意义。诚然，在中国、印度的宗教研究中，韦伯指出巫术是民间的个人行为，而婆罗门也被阐述为由个人化巫师转化而来的祭祀阶层，但这些只是对历史的叙述，在韦伯"巫术"概念的建构中，只起到了较小的作用。比如我们前文引述过的："要判断一个宗教所代表的理性化水平，我们可以运用两个在很多方面都相关的主要判准。其一是：这个宗教对巫术之斥逐程度……"（韦伯，2004b：309）——韦伯显然不是指宗教斥逐"个人化"的特征，从而走上理性化的道路。

（三）中国的鬼神信仰、巫术及传统主义

在对韦伯的巫术概念进一步澄清后，我们回看一下韦伯中国宗教研究中的相关论述。

韦伯在《儒教与道教》中，通过与中东地区的对比，提出中国"诸神的性格通常都掺和着泛灵的、自然崇拜的意味"（韦伯，2004a：55），以"天"为代表的神祇具有非人格化的特征。这显然对应了韦伯宗教发展史中的"泛灵论"时期，"神"在此阶段有意识，但还没有人格化。

在《宗教社会学》中，韦伯介绍："在拟人化过程中认为神与魔有超越人类的、本质上的优越性，最初也只是相对的……人类所设定的，在拟人化的神与魔之间唯一的本质的不同，仅在那究竟是对人有益抑或有害的力量。对人类有益的力量通常自然会被视为善的、高高在上的'神'，而接受崇拜；至于对人类有害的力量则被认为是低下的'鬼怪'……"（韦伯，2005b：41）落实到中国，天体运行遵守固定律则的现实（韦伯，2005b：16），加之中国长期和平的状态（韦伯，2004b：62），使得"被认为终极的、至高无上的……是一种超神的、非人格的、始终可与自己同一的、永久不灭的存在。这也就是对永恒秩序之妥当性及其不受时间约制之存在的崇奉"（韦伯，2004b：63-64），且这位"伟大而善意的天神……的行为显得特别确固，因此不需要任何特殊的干预"（韦伯，2005b：41）。

在上述非人格的至高无上的神——"天"——与其他鬼灵（往往是邪恶的）构成的"鬼神信仰"之下，巫术的表现方式也各分两头。

在"天"的方面，"泛灵论"与"天人合一观"相结合，致使从皇帝到官员都必须严格遵循古典经书上的礼仪或由前者伦理化而来的仪式性美德，并且保持古来固有的社会秩序，以满足"天"保持神圣秩序的职能，并且确证自己的巫术性卡理斯玛。如果不守礼仪或传统道德，或者对现有社会秩序或习俗做出任何改变，（在象征主义阶段发展而来的观念中）就会引起鬼神的不满并引起巫术性灾厄，此时只有用巫术性方法才能补救。反之，如果在某位皇帝或官员统治期间出现了天灾人祸，也可以反推出是他未遵守某种古来的道德、秩序而触犯了鬼神，从而他的巫术性卡理斯玛也会遭到质疑。体现在士人身上，由于以"天"为首的善灵守护着世界的秩序、美与和谐，君子的学习内容便是通过对礼仪的训练，"使自己达到完美并反映出此种和谐"（韦伯，2004b：194），"达到合于准则的圆满与完美"（韦伯，2004b：195），科举考试也是以"文书形式之合于准则的正确性，来证明其身份特质"（韦伯，2004b：195）。对固有道德、秩序的遵守及其与鬼神世界的联结，在百姓那里也有着同构的观念与行为："中国的民间宗教认为疾病长年缠身，是某种仪式上的罪过所造成的"（韦伯，2004b：289）。

在"鬼灵"方面，由于精灵或灵魂比起至高无上的人格化神祇更容易被强制，百姓会选择通过私人巫师影响个别鬼神来决定个人的命运。另外，由于泛灵论信仰中，"精灵或灵魂可能会'逗留'在具体的对象或事物之内"（韦伯，2005：5），在民间，人及物件亦常被认为具有巫术性卡理斯玛而被崇奉、尊敬，皇帝也会认可其卡理斯玛得到确证的神祇为崇拜对象，可以授予或褫夺他们的封号与位阶（韦伯，2004b：65）。

在中国，儒教官僚阶层奉行主智主义，鄙斥一切宗教以及民间的巫术，但在韦伯看来，中国统治阶层的合法性也受到泛灵论的保证：一方面，前述与泛灵论相合的"天人合一"观，为现有政治秩序附上了神圣性，"改变即触犯鬼神"的观念使百姓、官员乃至皇帝[①]都必须臣服于现有

---

① "与巫术交锋，总会有危及儒教本身势力的危险；建议这么做，无疑是一派胡言，不必多说，'当皇帝不再相信征兆预示，而为所欲为时，谁还能阻挡得了他？'有个士人就这么直截了当地回答"（韦伯，2004b：277－278）。

的政治秩序，以至于巫术信仰成为"皇权之宪法基础的一部分"（韦伯，2004b：278）；另一方面，在韦伯看来，中国对祖先的崇奉是典型的泛灵论式的精灵或灵魂信仰（韦伯，2004b：312）。祖先崇拜通过一种"恭顺"心态的营造，在中国传统道德与统治秩序中具有重要的维系作用。在以上情况下，儒教、统治阶层对巫术持容忍与利用的态度，而后期纯粹巫术化了的道教、营利的私人巫师，加之佛教传入中国后在民间成为的某种秘迹与祭仪恩宠，更是维系了中国的巫术信仰。在官方和民间两种力量的共同作用下，中国"古来的种种经验知识与技术的理性化，都朝向一个巫术的世界图像发展"（韦伯，2004b：273），世界被转变成一个"巫术的乐园"（韦伯，2004b：277）；技术、经济被巫术定型化，走上了韦伯所说的"传统主义"道路。

二　从巫术到宗教

在韦伯的宗教研究中，"巫术"作为宗教发展史的第一环，其任何要素似乎都在宗教中被保留或升华，比如狂迷、冥思、仪式性不净，不一而足，诸种宗教现象亦常被溯源为"古老的巫师经验"。因此，在澄清过韦伯的巫术概念后，我们有必要再考察一下韦伯所谓宗教中的巫术要素，以更加深入地了解韦伯的巫术概念。基于本节的研究目的，在介绍韦伯所谓宗教摆脱巫术"非理性"的第一阶段的观点后，本节将重点考察中国宗教中一个在其看来十分重要的、具有巫术性的因素——仪式主义，并试图通过这番考察，进一步理顺韦伯的巫术概念及其对中国的相关论断。

（一）通向"理性"之路

我们介绍过，韦伯判定巫术"非理性"的一个面向是巫术意味着与自然科学相悖的错误联结。那么，既然去除了巫术的宗教意味着某种"理性化"，那么宗教在何种意义上超越了这种"非理性"呢？

在《宗教社会学》中，试图通过社会学层面上的祭司与巫师来区分宗教与巫术时，韦伯曾提及，祭司之于巫师区别在于"他们具有特殊的知识、固定的教说以及职业的资质"（韦伯，2005b：36），而教说的产生是"由于理性之宗教思想体系的发展，以及……基于首尾一贯且稳固之教说……的系统性、特殊的宗教'伦理'之发展"（韦伯，2005b：36 –

37）。在阐述早期神祇、巫师的卡理斯玛确证时，韦伯曾给出过这种"理性之宗教思想体系发展"的确切路径："祭司……可以设法避开失败的责任，而将其转嫁到神祇身上……也可以找到其他方法——例如将责任归之于神之信徒的行为，而非神本身——来解释失败缘由。从此种解释甚至可以导出'崇拜神'——而有别于'强制神'——的观念。"（韦伯，2005b：40）而我们知道，"崇拜神"与"强制神"是韦伯划分宗教与巫术的重要类型学依据，也即上述引文的这种"将责任归之于神之信徒的行为"的做法，是巫术向宗教"理性之思想体系"发展的过程中典型而重要的做法。换一个角度，则是从将善、恶看作物质实体转变为将其看作作为伦理力量的根本"善""恶"，在宗教伦理中，"违反神之意旨成为一种构成'良心'之负担的伦理性的'罪恶'"，而巫术伦理则认为"不管任何人，只要他敢蔑视神意所制定的规范，他就会遭到特别守护这些规范的神祇的伦理上的不满所报应"（韦伯，2005b：52－54）。那么，这种转化的本质毋宁是，将巫术中人类通过行为与外部自然世界产生的"错误"联结，转移到了人的心灵当中，从而将原先涉及外部世界的那种"非理性"消解掉了：毕竟，比起宗教作为一套教说、思想，从不同语言的词源上来看，"巫术的实质就是：我要做，做，做"（赫丽生，2004：78）。在这个过程中，"卡理斯玛"带来的诸如"超自然力量"、"精灵"或"灵魂"等观念，也被"除魅"了，世界变成了"简单的存在与发生"——虽然，"非理性"还存在于人们的心中，也即宗教还是"非理性的，即使在其理性化了的形式中也是如此"（普理查德，2001：140－141）。

然而，仅仅是将"非理性""内化"，远远不是韦伯所说的"世界的除魅"的全部内涵。我们在前文曾提过宗教理性化过程中"对巫术之斥逐"与"上帝与世界之间的关系及以此宗教本身对应于世界的伦理关系，有系统地统一起来"（即前文所述"体系化"意义上的"理性"）这两个面向，如韦伯所说，它们"在很多方面都相关"。那么，要挖掘韦伯巫术概念的深刻内涵，我们势必要将这两个面向结合起来考察。下一部分我们将考察一个在中国宗教中较为重要的在韦伯看来具有巫术性的因素，即仪式主义，试图进行这种结合性的讨论，并予以系统评述。

（二）中国的伦理—仪式主义与传统主义

伦理—仪式主义，即在泛灵论意义上至高无上的神——"天"对神圣秩序的维系下，从百姓到皇帝都营造一种伦理—仪式主义的生活，是将被巫术定型化的规制、秩序予以仪式化、伦理化后的结果。其体现在儒教的宗教实践中，则是由政权掌握者主持的官方对皇天后土以及一些相关的神话英雄和职有专司的神灵的祭拜的神圣祭典以及一般儒教徒对祖先神灵的祭祀（韦伯，2004b：208）。这种祭典虽然已被赋予了道德意义，但在鬼神信仰之下，无疑具有仪式主义的色彩，进而，道德本身也具备了仪式主义的特点。那么，在韦伯的宗教研究中，这样的伦理—仪式主义何以与巫术产生联系呢？

在《宗教社会学》中谈及"强制神"与"崇拜神"的区分时，韦伯提到，献祭与祈愿都源于巫术，最早都是为了"强制神"，但他也说"另一方面，也有许多从巫术中分离出来，例如当献祭被解释为贡纳时"（韦伯，2005b：32）。也就是说，至少有一部分仪式是可以被划分出"巫术"的范畴的，只要它被认为是对神的崇拜而不是强制，并且也不是出于一种"冷静的、计算的交易心情"（韦伯，2005b：32-33）。但是，在韦伯的宗教研究中，我们发现，实际上的区分并不是这么确定，"所有相信可以用巫术来对付鬼神的想法……足以让人想起巫术的一切事物，所有残留的仪式主义与教士权力，全都遭到根除"（韦伯，2004b：322）。诸如此类的论述，让我们不禁想问：这种广义上的"巫术"究竟指什么？

在《宗教社会学》中，韦伯曾系统评述过仪式主义对生活态度的影响，他提到，"纯粹仪式性的祭祀行为与祭典"，如果没有一个救赎宗教将一个个仪式行为体系化到"皈依"的心态中，从而仪式仅仅被作为象征神圣的事来执行，那么"所剩者不过是赤裸裸的、形式的巫术形式主义"（韦伯，2004b：322）。如果信徒作为旁观者，只期待从仪式中得到一种一时的"心境"乃至在日常生活中持续保有的虔敬时，根据其所追求的心态，也依然会导致一种"背离理性的行动"，"其典型的意义即在于'秘迹恩宠'的授予：就像任何的巫术一样，这样的一种过程具有脱离日常生活的倾向"（韦伯，2004b：192）。唯有当仪式作为伦理清白之人才能参加的活动，也即要求仪式上的纯净，且没有基督教教行圣礼前的先行告解形式时，仪式才能发挥伦理作用，给生活带来影响："不过，这样的仪式，实际上无论如何都只不过是个传达工具，为的是要影响仪式外的行为，而实质上，一切都要视那行为而定。"（韦伯，2004b：193）在以上的阐述中，仪式主义受到了与对巫术的"非理性"指摘几乎相同的评价。其实，不只是所受指摘相似，上述引文所提及的一时乃至持续保有的"心境"、秘迹恩宠、基督教的圣礼恩宠，在韦伯的宗教研究中都与"巫术"性指称有一定的联系，而这种联系与韦伯的"巫术"概念并不完全符合，毋宁说是韦伯宗教研究中一种广义的"巫术"：那么，我们如何把握这种"巫术"呢？

在上述引文中，我们发现，这些被韦伯广泛地称为"巫术"的仪式主义事项，都阻碍信徒营某种"行为"，以至于只有当仪式"只不过是个传达工具"时，该行为才可能实现：这是一种怎样的行为呢？——实际是先知所带来的在一种"特殊的、'有意义的'与神之关系中"的体系化生活准则（韦伯，2005b：98），与之相对的是个别行为的外在现象的累积，也即先知与祭司的对比，"先知的体系化乃基于一个终极且统合的价值立场来整合人与世界的关系，至于祭司的体系化则是，替语言或神圣的传统之内涵提供一个决疑论的、理性的分析架构，并且使预言或传统适合祭司阶层与他们所控制的信徒之生活习俗与思考习惯"（韦伯，2005b：90）。而仪式主义及伦理—仪式主义的巫术性，正是从祭司对先知的教说日常化、规制化的时候就开始出现的，并且与传统主义息息相关。

"特殊的、'有意义的'与神之关系中"的体系化生活准则又意味着什么？我们不妨从"意义"这个概念在韦伯宗教研究中的视角来考察：前文已述，从巫术到宗教的"内化"过程，使世界丧失了巫术性的"意义"，而成为简单的"存在"与"发生"，但这同时带来"一种递增的要求：世界以及整个生活态度必须附属于一个既重要又有意义的秩序之下"（韦伯，2005b：157）。在这种有意义的秩序的构建中，冥思性的神秘主义者无法以理性的形式来"掌握"世界的意义（韦伯，2005b：213），因此，他不是逃离现世，就是以一种冥思的恩宠状态自立于世。而诸如清教、犹太教则崇奉人格化的、至高无上的神，所以他们无法要求与神合———于犹太教而言，预言原则上的可理解性、贱民民族的现世诉求，排除了任何追问世界意义的问题（韦伯，2007a：395）；于清教而言，妄图理解神背后的意义是无益的，由于一种救赎确证的心理，信徒毋宁是"以一种'幸福的顽迷'的方式来面对任何关于世界之'意义'的问题；但是他也必须丝毫不以此为虑"(韦伯,2005b:213),而现世是神所创造的,因此他只需要"透过他个人在现世内的理性行为来执行神的意志——其最终极的意义是他所无法探究的"(韦伯,2005b:213)。于是,在宗教以一种统合的"意义"代替巫术个别的"意义"后,清教式的禁欲主义又在宗教中排除、舍弃"意义",将"意义"归于现世之外的神,并且通过一种体系化的伦理和生活态度,进一步肃清了附加于现世之上的"意义"问题,使世界更加彻底地"除魅"。

那么,从前述"体系化"意义上的"理性"来回看韦伯的宗教发展史,从"通往一神之路","强制神"到"崇拜神",巫术到宗教的"内化",再到宗教自身"理性化"为现世内的系统生活方法论,便是一条连贯"理性化"之路,与在第一章中提到的"与自然科学相符合"意义上的"理性"相结合,构成了世界的"除魅"。而与传统主义相联结的巫术以及伦理——仪式主义,毋宁是这一"理性化"过程中所规避、希求打破的东西,从而使生活彻底理性化、世界彻底成为"简单的'存在'与'发生'"。

三　韦伯的立足点与方法

(一)立足于新教伦理的考察

行文至此,韦伯宗教研究中"巫术"概念的模糊面目开始以另一种方式清晰了起来:韦伯毋宁是以新教,确切地来说是以清教的特征来建构他研究非新教的宗教时所使用的"巫术"概念。带着本文对韦伯"巫术"概念的梳理翻开《新教伦理与资本主义精神》,我们会发现很多难以界定的问题在其中都能找到清晰无误的答案。

前文所述"理性"的诸种内涵,如经济性理性,体系化理性,与狂迷、肉欲相对的理智,可理解性,对日常生活及秩序不予脱离,乃至一种适度、中道……都指向清教徒商人在不可企及的上帝、无法确证的救赎下,某种"警醒、自觉而明彻"(韦伯,2007b:104)的人格:他们在一贯的动机之下,"以一神的意志为取向"(韦伯,2007b:146),"压抑本能行为与天真情感生活的自然活力",不断检视自我,进而有计划地规制自己的生活,乃至建构起一己的整体存在(韦伯,2007b:113,146)。现世内禁欲体现在职业上,则是用于进行救赎确证、荣耀上帝的，"在严密精算的基础上进行理性化，对致力追求的经济成果进行妥善计划且清醒冷静的运筹帷幄"（韦伯，2007b：50）。在清教徒商人身上，就连前文所述的两种相悖的理性——经济性理性与体系化理性——都相合了。

而在韦伯的宗教发展史中，与巫术、仪式主义相联结的"传统主义"，之所以是需要被打破的东西，大约是因为在资本主义的发展中，"从经济的传统主义里解放出来似乎是个重要的契机"（韦伯，2007b：11），而韦伯认为，在愤怒地憎恶一切带有"迷信"气息的事物（韦伯，2007b：168）的清教伦理与这种经济传统主义的破除以及一种新的资本主义精神的建立之间存在某种选择的亲和性。而整部《宗教社会学论文集》，毋宁就是在讨论，其他宗教为何不能像清教一样对经济传统主义予以破除，并有助于建立一种资本主义精神：在这种有意识的对比之下，其他宗教不能像清教一样的原因，当然就是缺乏其所缺失的清教的特征。因此，在韦伯看来，中国宗教（乃至亚洲宗教）缺乏清教所具备的人格化、伦理性神祇，伦理型预言，独立的祭司阶层，先知，以及上述事项带来的一般可以接受的理性—伦理教育、超自然的救赎追求，故而无法形成清教式的信念伦理，从而无从打破与巫术、仪式主义相联结的传统主义，也无从形成一套合理的方法论来指导个人的经济生活。

韦伯对自己的研究方法是非常清楚并且极其自信的："准此，首要任务是去认识西方的、尤其是近代西方的理性主义的独有特质，并说明其起源。"（韦伯，2007b：12）"后面关于'世界宗教的经济伦理'的数篇论文，则是试图纵观世上最重要的文化宗教与其文化环境中的经济及社会阶层之间的关系，并且有必要的话，找出必须进一步与西方的发展加以比较的问题点，以追索出因果关系的两面。"（韦伯，2007b：13）在《社会科学方法论》中，他说："在社会科学的领域里，一项在方法上正确无误的科学证明，如果要达到它的目的，必须连一位中国人也承认其正确性才行。这个目标虽然有时候由于实际条件的不足而无法达到，但还是必须以此为目标。"（韦伯，2004b：13）然而，比起实际条件的不足而造成的内容偏差，作为中国人，从主体性的角度，更要质疑的恰恰是韦伯的"方法"：在《新教伦理与资本主义精神》中，韦伯一再强调自己所指的资本主义是"近代的资本主义……仅止于此种西欧—美国的资本主义……在中国、印度、巴比伦，在古代与中世纪，都曾有过'资本主义'。然而，如我们将看到的，它们全都欠缺那种独特的风格"（韦伯，2007b：28），即研究问题被确定为：西方的资本主义，何以在西方产生？那么，我们不禁要问，它为什么不在西方产生呢？既然作为"近代欧洲文化之子"的韦伯能够以这种方式提问，作为"中华文化之子""印度文化之子""犹太文化之子"的人们，也可以作如此问，并以己之文化为基准，探求其他文化不产生己之文化的原因了。所以，在前文从"巫术"概念、中国作为"巫术乐园"的论断出发考察，我们又怎能不得出一种"面目模糊"、毋宁只是某种文化对称的印象呢？

韦伯在《宗教社会学论文集》序言中写道："在此做比较处理的诸文化之间，存在着怎样的价值关系，以下论文概不置一词。"（韦伯，2007b：14）诚然，韦伯绝不是一个简单的主观上视欧洲地方性为普遍性的欧洲中心论者（苏国勋，2016：402），就中国宗教研究而言，他也试图从农业国家的治水需求、军事卡理斯玛的转化等角度解读中国的神观与最高祭司长与皇帝同为一人的制度，阐说传统主义时则涉及了官僚任职制度等内容，并不是完全对地方的主体性置之不顾。我们对韦伯的批判更多是集中于研究方法本身。

（二）进化论的理路及其批判

帕森斯曾写道："缓慢且多少有点未言明的是，社会学和人类学的研究重点从一种经过研究后已对学人显得无趣的社会、文化的进化转向了一种'新的相对论'，也就是将社会和文化的一般概念置入一个进化的框架。"（Parsons，1964：339）如范笔德所说："韦伯式的理性化概念在宗教伦理……与非理性的巫术进行了区分。这包含在韦伯一种有关世界'除魅'的进化论视角的研究（还有现代化理论）中。"（Peter，2012：185）韦伯的宗教发展史，体现的毋宁就是帕森斯所说的一种新的进化论理路。

可以看到，在空间上，韦伯并不认为文化之间有进化关系，如他并不认为清教由儒教"进化"而来，而是承认各地都有自己独特的发展史；也不认为在时间上，神观必然会走上一条"通往一神之路"，巫术必然"内化"为宗教，宗教必然"体系化"为清教：但在他以清教为理想类型的比较方法论下，实则潜在地认为各地都有这样一种契机，各地的不同情况、发展历史毋宁只是以诸种不同方式阻碍了他们走上这样一条从巫术到宗

教，再由宗教到清教的道路。而作为进化链开端的巫术，一方面动辄作为
"古老的巫师经验"用于阐发宗教中的诸事项；另一方面毋宁成为某种先
在的、等待被超越和打破的存在，例如，韦伯介绍中国的教育阶层并无
"理性化"宗教的意图，提到中国大众便是"停留在巫术的泛灵论与崇拜
功能性神祇的水平上"（韦伯，2004b：237），而在另一处则说中国的"宗
教意识的原始性质尚未被打破，也排除了先知的伦理要求"（韦伯，
2004b：207）。

泰勒在《原始文化》中提出，在将人种群归类后，首要任务就是考虑
这些人种群之间的进化关系（泰勒，1988：15）。进化论依据人类理性的
自然过程来解释不同的文化，巫术、宗教毋宁是人类理性不够发达时认识
世界的错误结果，在现代则是幸存下来的"无意义的风俗"。

我们不妨通过其他社会学家对从"理性"角度将巫术看作"非理性"
的、等待被铲除的文化事项的进化论思想的回应，来更清晰地定位韦伯宗
教研究中的"巫术"概念建构以及对中国宗教的"巫术乐园"论断。

涂尔干也抱持某种进化论的理论预设，因为他认为原始文明非常简单
（涂尔干，2011：7），在这个意义上，通过研究原始宗教即可以了解宗教
本身的基本形式。如果韦伯是从进化论的终端来回看其他宗教，涂尔干毋
宁是通过澳大利亚和美洲原始部落宗教的研究来从开端试图理解所有宗
教。尽管进化论认为巫术和宗教可以从理性角度来看待，但涂尔干认为，
宗教是集体实在的一种集体表现，人们在宗教仪式中集体地激发、维持或
重塑了群体中的某些心理状态（涂尔干，2011：11）。在涂尔干之后，莫
斯、简·哈里森也从情感主义的角度分析巫术与社会的关系。简·哈里森
主张"任何研究巫术的理论，如果其研究的起点是智力而不是意志，如果
这种理论可以在人的'精神框架和结构'中找到巫术的根源，都是注定要
失败的"（赫丽生，2004：80）。这种巫术来源于情感、欲望的主张，与纯
粹的进化论观点用理性不足来解释巫术形成了张力。

马林诺夫斯基通过田野调查，既推翻了纯粹进化论意义上"理性不
足"的解释，也推翻了涂尔干及其门徒"集体欢腾"的列维－布留尔意义
上"原始思维"式的解释。他主张巫术并不是原始人的专利，而是人们在
面对机遇、意外、事变时所求助的一种替代解决方案（马林诺夫斯基，
1987：48），是人们认识到"理性"无法解决后的自然选择。马林诺夫斯
基从功能而非"理性"的角度区分了巫术与科学，具有启发性。但细心的

读者或许会发现他的理论中的一个不足之处：以耕地为例（马林诺夫斯基，1987：55），人们的思维真的会在短时间内在巫术与科学之间转换吗？马林诺夫斯基也提到，的确有人在耕地（与为耕地的结果祈福等行为相对）的时候也是用巫术性的思维在劳作的，而他的解释是那时并不是一定要用巫术，不是每个人都这样做。这个"补丁"似乎使他的理论产生了瑕疵。

马林诺夫斯基使用了"超自然"一词，因为他认为"初民中他们有自然的科学，对于自然程序及事变有明白的概念"（马林诺夫斯基，1987：59），与使用巫术时截然二分。而这个词曾被涂尔干细致地否定过："我们所理解的那种超自然观念，是从今天才开始形成的；事实上，它是以其相反相成观念或否定形式为前提的；它绝非是原始的观念。要想说某些事物是超自然的，就必须有这样一种感觉：即存在事物的自然秩序，也就是说，所有宇宙现象都是与被称之为规律的必然联系相结合的。"（涂尔干，2011：33）然而，他自己所主张的"绝对的圣俗二分"，毋宁只是"社会化""哲学化"了的超自然与自然。韦伯同样提及过"超自然"这个词："在前泛灵论与泛灵论理念的世界中，是不可能严格区分'巫术'与非巫术的。甚至连耕作或任何其他平常的行为，都是某种目的的手段；从作为服事特殊'力量'（后来是'神灵'）的角度来看，即是'巫术'。因此也只能做一种社会学上的区分：以拥有非凡资质这点，来区分狂迷忘我的状态与日常的生活，也区分开职业的巫师与一般人民。以此，'非凡的'被理性地转化为'超自然的'。"（韦伯，2004b：68）我们看到了韦伯出于研究目的而把与神有关的"巫术"与日常生活中的"巫术"区分开的努力，但在他的宗教研究行文中，尤其是谈及被巫术定型化的传统主义时，这种区分似乎并不明显。

或许，既不存在这种区分，也不必为研究计而人为区分之。"在解释学看来，人最基本的活动并非对象性的认知活动，而是与理解和解释相伴随的人与世界打交道的活动，即生活实践的活动。"（孟慧英，2006：462）格尔茨在《文化解释学》中，在象征主义人类学和符号学的传统下，通过分析象征符号体系表达的意义模式，经验性地"深描"研究对象生活在其中的观念世界，例如，他所定义的宗教只是"一个象征符号体系，它所做的是在人们中间建立强有力的、普遍和持久的情绪及动机，依靠形成有关存在的普遍秩序的概念并给这些概念披上实在性的外衣，它使这些情绪和动机看上去具有独特的真实性"（格尔茨，1999：109）。可以看到，在这个定义中，宗教为人们提供的象征系统是整体性的，"普遍和持久"的，并无"理性"与"非理性"之分。前文已述，在韦伯的宗教发展史中，自然主义巫术、象征主义巫术与宗教之间的区分实际上并不明晰，即使是为研究计以"理想类型"并将其进行人为区隔，或许亦可以代之以解释学的方法来阐释与弥合。我们并非想借此消解韦伯研究宗教在现代社会变迁中的作用的努力，而毋宁是更赞成一种在尊重地区主体性的"深描"基础上刻画不同现代化路径的"多元现代性"理路。

在韦伯看来，世界的"除魅"并不是只到宗教体系化为清教为止，更会进一步以清教式的现世之外的"非理性"带动现世之内的"理性化"，直至"我们这个时代的宿命，便是一切终极而最崇高的价值，已自公共领域隐没，或者遁入神秘生活的一个超越世界，或者流于个人之间直接关系上的一种博爱"（韦伯，2010b：193）之地步。但在范笔德笔下，韦伯称之为西方理性典型的"资本主义"，实际也时时受到"非理性"返魅的挑战（范笔德，2016：122，137），这无疑是一种对"理性—非理性"分野来自事实的质疑。而当我们沿着韦伯所阐发的宗教发展史细致考察韦伯的"巫术"概念时，也发现其概念建构中存在以理性与非理性之分为代表，包括对"神"概念的倚重在内的可待商榷的立足于近代科学和西方文化背景的界定，加之前文已述的方法论、研究视角选择，使其对中国宗教的论断毋宁是立足于新教伦理的一次进化论式的"回看"。那么我们当何为呢？笔者认为，不仅不必"再次找到了崇仰西方的理由，而且这一次肯定要比'五四'走得更远，一直下潜到德先生和赛先生埋在地表下的根基处，去把崇仰进一步发展成信仰乃至迷信"（刘东，2001：164），更可力图通过对这片韦伯笔下"巫术的乐园"的解释和阐发，增益于起自西方，带有诸多内在预设的宗教社会学理论。

参考文献

〔德〕范笔德：《亚洲的精神性：印度与中国的灵性和世俗》，金泽译，社会科学文献出版社，2016。

〔英〕弗雷泽：《金枝：巫术与宗教之研究（上）（下）》，徐育新、汪培基、张泽石译，中国民间文艺出版社，1987。

〔美〕格尔茨:《文化的解释》,韩莉译,译林出版社,1999。

〔英〕赫丽生:《古希腊宗教的社会起源》,谢世坚译,广西师范大学出版社,2004。

刘东:《理论与心智》,江苏人民出版社,2001。

〔英〕马林诺夫斯基:《文化论》,费孝通等译,中国民间文艺出版社,1987。

孟慧英:《西方民俗学史》,中国社会科学出版社,2006。

〔法〕莫斯、于贝尔:《巫术的一般理论 献祭的性质与功能》,杨渝东、梁永佳、赵丙祥译,广西师范大学出版社,2007。

〔英〕普理查德:《原始宗教理论》,孙尚扬译,商务印书馆,2001。

苏国勋:《理性化及其限制》,商务印书馆,2016。

〔英〕泰勒:《原始文化》,蔡江浓译,浙江人民出版社,1988。

〔法〕涂尔干:《宗教生活的基本形式》,渠东、汲喆译,商务印书馆,2011。

〔德〕韦伯:《古犹太教》,康乐、简惠美译,广西师范大学出版社,2007a。

〔德〕韦伯:《经济与历史 支配的类型》,康乐、简惠美译,广西师范大学出版社,2010a。

〔德〕韦伯:《新教伦理与资本主义精神》,康乐、简惠美译,广西师范大学出版社,2007b。

〔德〕韦伯:《学术与政治》,钱永祥等译,广西师范大学出版社,2010b。

〔德〕韦伯:《印度的宗教——印度教与佛教》,康乐、简惠美译,广西师范大学出版社,2005a。

〔德〕韦伯:《支配社会学》,康乐、简惠美译,广西师范大学出版社,2004a。

〔德〕韦伯:《中国的宗教 宗教与世界》,康乐、简惠美译,广西师范大学出版社,2004b。

〔德〕韦伯:《宗教社会学》,康乐、简惠美译,广西师范大学出版社,2005b。

Parsons, Talcott

1964. "Evolutionary Universals in Society," *American Sociological Review* 29 (3): 339 – 357.

van der Veer, Peter

2012, "Market and Money: A Critique of Rational Choice Theory," *Social Compass* 59 (2), Jun: 183 – 192.

斯宾诺莎对上帝的理解：
一种进化论的宗教社会学进路

〔德〕霍斯特·J. 赫勒 著　王希佳 译*

摘要：本篇译文翻译自德国社会学学者赫勒教授的新著《人类要感谢宗教什么？——比较文化的宗教社会学》第一章。全书从进化论的宗教社会学着眼，分析不同历史时期、不同人类文化族群的"神圣化"（Heiligung）观念与方式，探讨神圣化与信仰群体的关系，认为群体中的多数定义"彼岸"与神圣存在的样态，不同宗教的宗教实体取决于信仰群体的想象。在本章的内容中，作者旨在阐明斯宾诺莎的上帝观，将其方法运用在对进化论的宗教社会学的探讨中，认为斯宾诺莎是现代宗教社会学的先驱。

关键词：斯宾诺莎　上帝形象　神圣化　进化论的宗教社会学

一　导言

本文译自赫勒教授于 2018 年 3 月 7 日独立出版的著作《人类要感谢宗

---

* 霍斯特·J. 赫勒（Horst J. Helle，中文名又译作"何磊"），德国慕尼黑大学社会学系荣休教授，从事社会学研究近 60 年，尤其对西美尔的宗教社会学用力颇深，亦多从事以宗教社会学为立足点的中西文化的比较研究，代表作有《理解社会学与符号互动理论》（*Verstehende Soziologie und Theorie der Symbolischen Interaktion*，Stuttgart：B. G. Teubner，1977）、《格奥尔格·西美尔的社会思想》（*The Social Thought of Georg Simmel*，L. A.：Sage，2015）、《中国：许诺还是威胁？——文化比较》（*China：Promise or Threat? —A Comparison of Cultures*，Leiden：Brill，2016）等。

王希佳，哲学博士，北京大学哲学系（宗教学系）博士后。

教什么？——比较文化的宗教社会学》（*Was verdankt die Menschheit ihren Religionen？Religionssoziologie als Kulturvergleich*）。该书的侧重点为人类对其宗教的贡献、人性对神圣存在所贡献的人类理解与想象。全书共分五章。第一章"进化论的宗教社会学"，着重介绍了斯宾诺莎对上帝的理解；第二章"狩猎与食用动物的神圣化"，追踪早期社会中猎人的宗教信仰、比较不同古代社会的动物献祭行为，兼及对神话、考古学、萨满教的论述；第三章"母性的神圣化"，指出对丰饶女神的崇拜弥补了狩猎时代的杀生与争战行为带来的社群动荡，保证社群的存续，并描述了古代埃及、苏美尔、阿卡德、以色列早期社会母性崇拜的衰落；第四章"一神教中男性生育力的神圣化"，阐释亚伯拉罕、撒拉和割礼的圣约及以色列民族的父权与一神教；第五章"人与人之间关系的神圣化？"。该书向西方读者介绍了中国道教中的神圣观念，并与基督教进行对比。由于该书第一章是全书方法论的总领，本文就是对该书第一章的翻译。

二 进化论的宗教社会学

1. 关于彼岸（Jenseits），我们可以获知什么？

那是我第一次漫步在韩国一所大学的校园里。远处，一尊很大的基督塑像映入眼帘，提醒了我韩国是亚洲基督徒占人口比例最高的国家之一。随着我走近那座塑像，我突然意识到，耶稣是"韩国人"。他的面部特征，也可能让人觉得他是中国人或是日本人。在一次美国之旅中，我数次见到代表基督形象的金发蓝眼的耶稣。但耶稣不仅是一位信仰中的人物，也是一位众所周知的历史人物，人们知道他在何时、何地、与何人一起生活。由此不可置疑的信息可知，他不可能看起来像是亚洲面孔或金发碧眼的。

同其他关涉宗教信仰的彼岸存在相比，这是一个例外；因为在大多数的情况下，人们对其信仰和崇拜的神或神圣者的想象空间并非如此狭窄。至少不像在面对耶稣时那样，将想象空间缩小为曾确有过这一神圣者在大地上的历史性存在。尽管如此，并非每个人都能自由地去具象化或是以一种个人的方式去认知他所认为的不朽者。数量庞大的成员群体一起定义了如何去想象彼岸世界的存在。这种古老的践行也印证了耶稣在韩国是亚洲面孔，在挪威则是金发的。这考虑到信众希望神圣者是"我们的人"，并且尽管他带有彼岸的属性，仍在各方面都属于"我们"。

在社会学对宗教的关注中，根据这些经验的另一种选择是人们只会想象他们所信仰的对象，因此，要么这种想象的内容并非真的存在而只是想象的产物；要么必须心怀感激地接受此岸之人构建的作为紧急解决方案的神圣形象，因为任何被当作彼岸实体所给出者尽管存在，其对于此岸之人卑微的认知官能也是永不能及的。因此，在此岸各个宗教的实体是什么，就取决于信仰群体的想象。

2. 斯宾诺莎对上帝的理解

关于神圣人物及其行为的虔敬表现与一个可能存在但不可直接历验的彼岸实体之间的关系，斯宾诺莎的著作为 17 世纪的人们提供了一个不可思议的大胆方法：斯宾诺莎设想了一位十分清楚人类理解局限的上帝，因而他允许人们根据其时代和已然受限的能力去想象神圣存在。因此，耶稣时而看上去像亚洲人，时而看上去像北欧人，这是经过了上帝许可的。但是除了耶稣这一特殊情况外，在一般宗教中是以下这种情况：人们实际上仍不能如其所是地理解神圣存在（如果神圣存在确实"存在"的话），因为人们不能洞察到具有超越性的实体，这种超越性的实体对于生者而言始终是触不可及的、无可辨认的。但是人类在这个世界中的敬虔行为指向着他，并因此在这个世界中创造了属于人自身的、特殊的经验性的实在。斯宾诺莎从他思想中的这一世俗的实在启程，而成为现代宗教社会学的先驱。

当他于 1632 年 11 月 24 日出生在阿姆斯特丹时，"三十年战争"（发生在 1618～1648 年由神圣罗马帝国的内战演变成的一次大规模的欧洲国家混战，是历史上第一次全欧洲大战。当时的荷兰站在德意志新教诸侯，瑞典、丹麦等新教国家的一方，战争以神圣罗马帝国一方的哈布斯堡王朝战败并签订《威斯特伐利亚和约》而告终）已在欧洲肆虐了十四年。这场战争是为强力推行真正的宗教而进行的激烈斗争，这让处在该时代的人们很难不重视宗教的问题。戴着一个西班牙名字的磨镜片儿的哲学家斯宾诺莎（Spinoza，实际上是"Espinoza"，意为"多刺的"）终其一生都居住在荷兰。作为一个犹太人，即便他因思想而与他所从属的阿姆斯特丹的犹太会堂发生激烈冲突并在 1656 年被社群驱逐、被市政官员赶出了会堂时，他也没有移居别国。

斯宾诺莎在他的著作中揭示，上帝自身在对话中与人类交往，将这种世俗的实在作为接近人类的契机。随之他所展示的思考结果，从传统神学的角度看更是惊人又恼人的：斯宾诺莎对在犹太－基督的信仰传统中非常神圣的、上帝递给摩西刻有"十诫"石板的事件评论道："最终，上帝从天而降显示自己，摩西相信上帝住在天上而登上山顶与他说话，如果他认为在别处遇见上帝更容易，那就没有必要上山了。"（Spinoza，1976）这一令人消除疑虑的简洁引文，揭示上帝只在山上向摩西显现的原因是摩西不能想象到上帝出现在别处。因此，上帝爱护着摩西信仰能力的局限性！

这种评论方式已然引起了与斯宾诺莎大部分同时代人的恐慌。对他作为异教徒的谴责是基于一种误解，其实斯宾诺莎并没有否认摩西在山上遇见了上帝。只是对于为何这一事件发生在山上，他采用了一种容易让人感到冒犯的证明方式："因为人们相信上帝栖居在天堂。"所以上帝并不是自己要来到山顶，然后凭借他的全能引导凡人摩西，而是考虑到了摩西及其整个民众群体的想象力，"因为他们相信上帝栖居在天上"。根据斯宾诺莎对阅读圣经的指引，上帝让他自身处在天地之间的中途，于是与摩西在山顶上相遇。

斯宾诺莎所描述的上帝与人联系的方式，同样适用于上帝与先知——被他用来作为启示的承担者——的联系，上帝通过先知将重要的消息传达给民众。斯宾诺莎确信，上帝不仅考虑到了在他的选民中通常具有的想象力，甚至也考虑到被称作"先知"的个人的想象力：

> 关于（二者的）想象，其差异是：如果先知是个有鉴赏力的雅士，他就会以一种有品位的方式领会上帝的旨意。而如果他是个神经大条的人，他所领会的神意亦会大略粗率。同样的情况在通过异象而来的启示中也是真实的：如果先知是一个农民，那么公牛、母牛等就会向他显现；若他是一名士兵，那么就有军队指挥官和部队向他显现；若他是一名朝臣，他就会看到宝座之类的东西。最终，预言也会根据先知们不同的视角而有所不同：相信奇诡星象学的三博士（参见马太福音第 2 章），因看见东方升起的一颗星而获得了基督降生的启示。（Spinoza，1976）

再往下几页，斯宾诺莎总结了他的反思：

> 先知，根据他们多样的气质，更适合这样的而非那样的启示……所有这一切表明这种考量是正确的，即上帝不使用任何特定的言说风格，而仅仅是根据先知的受教育程度与能力，展现出或是文雅的、或

是激情的、或是严肃的、或是未经雕琢的、或是漫无边际的、或是暗昧不明的言说。(Spinoza，1976)

斯宾诺莎对《圣经》的这种解释导向，为《圣经》寻到了一种在其时代难以被人们接受的阅读空间，由之而来的是上帝的形象：上帝不以他自身神圣的言语风格讲话，而是运用使信仰他的人感觉亲切的、为其信仰群体所熟悉的语言。语言不仅指表达方式，交流的整个隐喻都适应了上帝所接触到的人的想象。在这样做的过程中，也解决了有时以开玩笑的口吻提出的问题，即上帝的"母语"究竟是什么。

从这些和其他的一些引文中，我们已能读出斯宾诺莎的无神论（Atheismus）倾向。从他作为批评者的视角来看，甚至从今天的角度看，他真的缺乏对《圣经》的敬畏吗？——不该认为他敢于冒这个险。但他的方法是否会导致不信，这一问题在我看来很重要——这其实是关于上帝形象的问题。如果人们认为上帝是独裁君主模式之后的绝对统治者，那么他的意志是自主的，并且不受其他被他独自构想和实现的主体的影响。然后只有在虚弱无力的情况下，人们才不得不以实证论的方式无条件地服从于这一最大可能地近似客观实在者，唯一的上帝就是这样被设定的。在这样做的过程中，为信仰而奋斗的个人会抓住或错过一个业已存在的实体，这一实体已然存在并完全独立于他出于上帝的思想与行为。如果人们渐次思考这个问题，就会发现不同的宗教和教派，或多或少都是试图寻找神圣实体的、成功或失败了的冒险。

当斯宾诺莎在这种上帝形象的背景下写作时，摩西上山是因为他只在那里期盼上帝。先知们以其熟悉的画面去言说上帝，而独裁形象的上帝的追随者听到了这些：斯宾诺莎解释了何为人类的神圣观念，同时否认了上帝。这是一个误解：斯宾诺莎可以将神圣隐藏在彼岸，同时能对凡人的信仰明察秋毫。大多数斯宾诺莎的同时代人无法做到这一点；而我们今天的情况也没有太大的改变。

然而接下来，我们探究的首要问题不是宗教如何为其追随者所信仰，而是如何找到一种成功的探究宗教社会学的方法。我们进一步追随斯宾诺莎的思想足迹：如果被信仰的是一位参与人的想象情境的、具有理解力的上帝，摩西上山去，因为他期盼着上帝在那儿，而上帝也确实在那儿，与他一道，因为他照顾到了摩西的想法。先知或其他启示的承担者，以他们先前个人的经历言说这一形象，但上帝可以通过这样的隐喻揭示他自身，尤其是因为他会参与与人类的对话！以这种方式来看，斯宾诺莎的观点绝不是对上帝本身的否定，而是对一个专制独裁的上帝形象的否定。

这一对斯宾诺莎的意图的解释与如下引文相符：

> 由此，我已很清楚地表示了上帝使其启示适应于先知的理解力和洞察力，而先知也仅仅是能知通过冥思之事，而对关系到爱与生命的事，他不需要知道任何东西，事实上也一无所知并持有对立的观点。因此，没有人会想要去向先知寻求关于自然和精神事物的知识。所以我得出这样的结论：我们有义务在构成启示的目的与核心处相信先知；在其他方面，我们可以自由地相信自己所偏好的东西。（Spinoza，1976）

无疑，斯宾诺莎的言论的意旨不仅是大胆的，也是富有争议的，即便在它们形成 400 年后的今天仍是这样。

不被其同时代人理解为斯宾诺莎的个人生活带来了悲剧性的后果：斯宾诺莎被从阿姆斯特丹驱逐出来，去荷兰的其他地方工作，从 1670 年起在海牙工作。1663 年他出版了题为《论笛卡尔的〈哲学原理〉》的论文，七年后他于 1670 年匿名发表了《神学政治论》，这为他招来了更大的敌意。然而，他作为一名卓越哲学家的声誉传遍了欧洲，海德堡大学于 1673 年向他递出哲学教职的橄榄枝。但是他拒绝了这一邀请，可能是他担心对手对他的敌对行为会扩大，而他不想对给予他教职的大学造成损害。

他的核心著作《伦理学》，在其生前无法发表。这部著作在他去世后的 1677 年 11 月出版。最早的德语译本出现在 1744 年。对斯宾诺莎著作的讨论贯穿了几个世纪，包括一部费迪南德·滕尼斯（Ferdinand Tönnies）的题为《斯宾诺莎发展史研究》的论文（Tönnies，1883）。1905 年，奥托·本奇（Otto Baensch）的德译本《伦理学》出现。本奇由以下文句开始他的介绍："斯宾诺莎的哲学是从生命与世界的视角看，对 17 世纪思想的最为令人印象深刻的总结。"（Spinoza，1905）我们从那些引领了斯宾诺莎（生平思想）的信件中可见，他最迟从 1665 年就开始了对《伦理学》的写作。一段时间以后，他似乎完成了这部著作，因为在 1675 年他开始按照惯例将作品的一部分念给他的朋友听。

对斯宾诺莎的敌对远没有我们想象得那么轻微。关于出版《伦理学》

有多难，斯宾诺莎本人对其处境有所描述：

> 当我在打印书稿时，随处都有一种谣言，说我写的一部关于上帝的新书即将出版，说我试图证明根本没有上帝，而这个谣言普遍流行起来，使得某些神学家，或许就是谣言的制造者，趁机向奥兰治（Orange）王子和当局提起关于我的诉讼。而且听说，一些习惯于养尊处优的愚蠢的"迦太基人"，为了避嫌，不停地在各处嘲笑我的观点和著作，他们到现在也没有停止这样做。当我从一些值得信任的人（这些人同时也是告知我随处都有神学家在反对我的人）那里得知这些情况时，我就决定要推迟我已备好的出版物，直到我看到会发生什么为止。（Spinoza，XXIIf）

斯宾诺莎最终放弃，且在其有生之年不愿用本名发表他的主要作品，正如他自己声称的那样。直到他 1677 年 2 月 21 日在海牙去世后，他的朋友才给出了《伦理学》的版权。这本书于 1677 年 11 月出版，但不会在标题页上提及作者的名字。这正是斯宾诺莎所希望的。

由于前几个世纪对斯宾诺莎在作品中传播无神论哲学的破坏性的判断，他的著作至今未能复原。现在很清楚的是，对其无信仰的判断是基于对其方法的误解，因而这是毫无根据和不公正的。这一点可以从他 1670 年的《神学政治论》的节选中看出。

在界定宗教社会学的问题与方法时，斯宾诺莎所说的是十分重要的：斯宾诺莎在宗教社会学中"升级了"人们制造的观念内容，使这些观念内容具有其自身实体的尊严。它们不只是个体的梦与一腔热情，它们直接就是一种实在，尤其因为斯宾诺莎确信上帝自身也参与这些观念。它们作为人类的观念，只要是在宗教的范围内，就能成为宗教社会学要研究的对象。

毕竟有一点很清楚：可以肯定的是，不仅仅是那些已经成为物质的，可以称量、上色的，可以烧掉、可以来回扔的，甚至可以当头一击的才能被说成"实在"。因此，人们不应认为神圣者唯有在此世具体化了才能成为真实的。这与不能创造上帝形象的指示相应。斯宾诺莎对"十诫"的意义解释如下：

> 它仅仅教导上帝存在并且我们应该只信仰和崇拜他，而犹太人不

应脱离对他的崇拜，教导他们不能制造上帝的形象，因为无人见过上帝的形象，他们不能制造任何上帝形象的代表，那只不过是代表了另一个他们所见的被造物。所以如果他们在那一形象下崇拜上帝，他们所想的并不是上帝，而仅仅是代表那一形象的东西，最终他们对其提供了本应属于上帝的荣誉与崇拜。（Spinoza，1976）

与那种客观主义的立场截然相反的是，根据对于实在（der Realität）的物性（die Dinglichkeit）之设定，斯宾诺莎看到，恰恰是在禁止偶像之后，出现了对最高实体的伪造。神圣者是无人得见、无人会声称能够使其可见的存在。然而，如果这一圣洁者存在，他并非作为一个"东西"，而是作为一个观念！而本该仅仅归给真理的荣誉必不能提供给一个真的偶像。所有这一切，在我看来，并非斯宾诺莎的"无神论"思想（gottloses Denken），而是隐含着对于一种特定的上帝观念的拒绝。如何命名与之相反的立场是不重要的，我用专制的上帝形象或客观化思想来命名。让我们在接下来的段落里重申这一客观化的思维方式，以便更深刻地阐明斯宾诺莎方法论的独特性。

如果上帝完成创造之事以后，他几乎是彻底旁观着人类对之如何处理，那么人类的观念是人类自身主观的冒险。因为考虑到人类对其观念的主动性，会想象出一些闻所未闻的事情，上帝随后让他自身参与这一对话——从这一立场看就是荒谬的。人的观念将会变得不真实，而只是或多或少成功地思考了真实，它们是幻想和梦。然而，对于宗教社会学家而言，信徒的观念恰是其职分之内的研究对象。

斯宾诺莎熟知有人试图将《圣经》中在人的想象中发生的事件解释为梦境进而认为这些事件是虚妄的，他认为这种解释是荒谬的。斯宾诺莎写到"历代志上"第 21 章关于大卫的一个戏剧性事件，上帝通过派遣一位持刀的天使向大卫宣泄他的愤怒：

> 可以确定的是，迈蒙尼德和其他一些人认为，在这段历史（历代志）中及在以相同的方式呈现的历史故事中，天使出现的例子（如玛诺和以其子作为献祭的亚伯拉罕等）只能在睡梦中发生，因为从来没有人睁着眼睛看见过天使。但这只是饶舌。这些人唯一关心的是从《圣经》中证得亚里士多德的诡辩和他们自己的杜撰，我认为这种作法是极其荒谬的。（Spinoza，1976）

这是关于实在的不同理解。可以从他措辞的严厉程度看出，斯宾诺莎显然不是一个擅长外交辞令的老练之人。他心灵的本质通过以上所选的引文已经展示得十分清楚。我们因此可以考虑这一由斯宾诺莎提供的方法是否应该及如何被运用在宗教社会学上。

3. 神圣观念的进化

一旦斯宾诺莎使上帝通过参与人的想象与人相遇这一点变得清晰，这一思想不仅是显而易见的甚至也可能是强制的——上帝必须在任何时候对任何人都这样去做。对于石器时代的人们而言是这样的：他们的想象以一种特殊的方式被其为了生存的艰难斗争而赋予个性，他们是狩猎者和采集者，或许也想象过上帝（在他自身的许可之下）以食用动物的形式呈现——如他们所想象的，上帝把自身交给人去吃，免得石器时代的人们饿死。

现在，如果将进化的观念用在"上帝"观念的进化上，得出上帝之前是动物而逐渐进化为"上帝"的结论，那是毫无意义的。这样的进化论最多是对于无神论的议题有效，但是对于宗教社会学而言没什么意思。如果在进化中所改变的并非客观的实在，而只是斯宾诺莎的实在，亦即人们的良心、思想与想象，那么这样的进路就在文化关系的语境下为社会学的工作提供了许多机会。这里将尝试由此设想而理解的进化论的方法。

科学的进化论与查尔斯·达尔文的名字紧密相连，伴随着对人类以龟速由动物世界进化成今日的达尔文主义者这一无神论方法的指责。而在此有达尔文主义在社会哲学和早期社会学中的多种客观主义的变体，特别是教师和铁路工程师赫伯特·斯宾塞（Herbert Spencer, 1820 – 1903），波兰律师和后来的格拉茨教授路德维希·贡普洛维奇（Ludwig Gumplowicz, 1838 – 1909），以及制表大师与皇室军官古斯塔夫·拉岑霍费尔（Gustav Ratzenhofer, 1842 – 1904）。今天，最初的方案被表述为"综合进化论"或"新达尔文主义"，其中生活形式的演变由遗传变异的偶然出现与高级选项的选择相结合来解释。通过这一切，预定的程序没有任何共同之处。本文的读者都不会——我充满信心地希望——将我们的方法与早期社会达尔文主义关于宗教与文化演化的观点混为一谈。

过去和现在对斯宾诺莎不公正的指责可能也会针对我们在本文所采用的方法论——通过指出这种强加的渐进式发展与神性无关，而是出于人性的理解，这种危险已被避免。人们不仅可以假设，还可以真的满心希望，这种思维方式当真与历史进程相对应：由此人们真的可以完善其对神的想象。但我在此想运用的方法甚至是彻底脱离了真实相关的问题。

这是因为，理解社会学要归功于马克斯·韦伯提出的理想类型这一思想建构的工具。这是一种获取知识的工具，不需要通过证明其与经验现实中的某些事物相对应来证实其合法性。相反，这种理想类型仅凭其适合获取崭新的、有用的洞见而合法化。在此，这种启发式工具就是进化论的方法。

所以我们已避开上述危险，即（1）非难我们是在预设一位演化的上帝；（2）断言我们的方法依赖于人类想象在历史中事实上的线性发展，故而我们还要处理对演化论方法的第三种批判，尽管这已在参照启发式建构的特征时隐含地完成，即关于（3）指责演化论的路径会使发展的方向完全出自偶然。

在接下来的文章中，我们将有望展现较不复杂的宗教发展阶段如何成为更复杂的宗教阶段的基础，在更复杂的阶段出现或至少在被宗教传统接受之前，必须存在更简单的条件，即并不缺失任何东西，因为演化的形式是将"神圣化"的观念放在一个要求更高的背景中，这样就整体而言，随机的有效性就不存在。

我们通过"神圣化"来理解——就像马克斯·韦伯通过"超凡魅力"（Charisma）、涂尔干通过"神圣"（Sakralen）来理解一样，这些现象被作为善与实在的最高增长而被经历，其特质完全无法用理性来解释，唯有通过奉献（Hingebung）境界才能与之相遇（Wolff, 1968）。

参考文献

Helle, Horst. J.

2018. *Was verdankt die Menschheit ihren Religionen? Religionssoziologie als Kulturvergleich*, 2018 München, pp. 4 – 19.

Spinoza, B.

1905. Einleitung, in：*Ethik.*, translated and with an index by Otto Baensch, Leipzig：Meiner, pp. IX, XXIIf.

Spinoza, B.

1976. *Theologisch – Politischer Traktat*, ed. G. Gawlick, Hamburg：Felix Meiner Verlag, pp. 44, 34, 36, 46, 20.

Tönnies，F.

1883. "Studie zur Entwicklungsgeschichte des Spinoza，" in *Vierteljahresschrift für wissenschaftliche Philosophie*，VII.

Wolff，K. H.

1968. *Hingebung und Begriff*，Neuwied：Luchterhand.

专题：宗教与变迁

社会合作视角下的宗教演化与社会变迁：以经济伦理变迁为例[*]

彭　睿[**]

摘要： 从社会合作视角来看，早期经济系统主要是礼物交换模式，礼物经济模式所形成的均衡并没有脱离整体均衡。近现代社会的经济系统，可以被理解为横向合作（商业或市场）和纵向合作（企业内部权力）所构建的一种局部均衡。与此对应的经济伦理变迁，是与社会合作伦理类型变化、整体均衡变迁关联在一起，由此也存在多样性与路径依赖。韦伯解释了，西方近现代经济伦理作为一种"局部均衡"，如何从"整体均衡"中分化和独立的原因与过程。然而，中国社会存在宏观和微观两个层面经济伦理变迁，两种变迁都始终与各自"整体均衡"保持着密切关联，两者最终也走向了融合。其中，微观层面的经济伦理表达与象征，经历从社稷神到城隍神再到全国性大众普遍神的变迁过程。

关键词： 宗教社会学　社会合作　宗教演化　社会变迁　经济伦理

一　引言

尽管涂尔干把宗教的本质牢牢地定义在社会性上，但是在总体上，他

---

　*　本文系国家社会科学基金项目"中西方宗教伦理与经济伦理之关系的比较研究"（19BZJ012）、与江西省高校铸牢中华民族共同体意识研究中心重点项目"宗教中国化的历史经验及其在新时代的应用"（JXZLZXZD006）的阶段性成果。

**　彭睿，哲学博士，南昌大学江右哲学研究中心、人文学院哲学系副教授。

是把宗教与社会之关系处理为一种静态关系（涂尔干，2011）。就宗教和社会的动态关系研究而言，马克思和韦伯可谓实际的开创者。基于社会批判的视角，马克思认为经济基础对于上层建筑具有决定性作用，并且，经济生产活动和上层建筑之间是一种动态演化的关系。在马克思看来，宗教作为一种上层建筑，其变迁是由经济变迁（或生产力变迁）来决定的，但在变迁过程中，宗教也成为制约生产力的桎梏（马克思，2009a，2009b）。[①] 对此，在技术、制度和社会变迁意义上，诺思将马克思视为把技术的限制和约束与人类组织的限制和约束结合在一起的先驱（North，1990：132）。韦伯在研究宗教与社会关系时，则预设了个体行动需要有意义和目的，并据此采取理性行动（韦伯，2010c：93 - 114）。进而，韦伯以资本主义精神与新教伦理之关系为参照，探讨了世界诸宗教与经济（及其社会方面）之关系（韦伯，2010a，2010b，2010c，2010d，2010e）。当然，韦伯在系统阐述宗教作为一种独立的因素而对整个历史活动的影响作用时，他亦强调，在人类活动的各种领域中，宗教通过自身的制度化，只是决定人类行动的一个因果性要素（奥戴、阿维德，1990：21 - 23）。总体上，韦伯认为宗教变迁与社会变迁两者之间是一个相当复杂的动态关系，并非一个简单的决定论。特别是，在宗教和社会分层关系这一问题上，韦伯曾得出两个重要结论：一方面，在社会地位与对不同宗教世界观的接受倾向之间，存在着一种显而易见的明确的联系；另一方面，社会分层并不能严格地决定宗教观，比如，同为中下阶层，城市手工业者和小商人与农民就表现不同的宗教接受倾向（韦伯，2010b；奥戴、阿维德，

[①] 马克思在《〈政治经济学批判〉序言》（1859）中，对经济基础和上层建筑的理论作了精辟的表述："人们在自己生活的社会生产中发生一定的、必然的、不以他们的意志为转移的关系，即同他们的物质生产力的一定发展阶段相适合的生产关系。这些生产关系的总和构成社会的经济结构，即有法律的和政治的上层建筑竖立其上并有一定的社会意识形式与之相适应的现实基础。物质生活的生产方式制约着整个社会生活、政治生活和精神生活的过程。不是人们的意识决定人们的存在，相反，是人们的社会存在决定人们的意识。社会的物质生产力发展到一定阶段，便同它们一直在其中运动的现存生产关系或财产关系（这只是生产关系的法律用语）发生矛盾。于是这些关系便由生产力的发展形式变成生产力的桎梏。那时社会革命的时代就到来了。随着经济基础的变更，全部庞大的上层建筑也或慢或快地发生变革。"（马克思，2009b：591）马克思在《〈黑格尔哲学批判〉导言》（1843 年）中阐述道："宗教里的苦难既是现实的苦难的表现，又是对这种现实的苦难的抗议。宗教是被压迫心灵的叹息，是无情世界的感情，正像它是无精神活力的制度的精神一样。宗教是人民的鸦片。"（马克思，2009a：4）

1990：113 - 114）。不难看出，在宗教变迁和社会变迁之关系上，马克思倾向于从社会层面（或阶级）来分析，而韦伯倾向于从个体层面来讨论，由此，两人得出了不同的结论。

或可以说，宗教与社会之关系问题研究，存在个体理性和集体（社会）理性两种视角，并由此形成了不同分析框架和结论。在这个意义上，20 世纪以来的功能主义及功能主义之后的宗教社会学研究，或都可以被视为弥合个体和社会两个视角差异的努力（帕森斯，2012；默顿，2015；卢曼，2003；亚历山大，2003）。然而，宗教（或宗教伦理）往往是同时表述个体理性和集体理性的。但是，功能主义及其之后的宗教社会学理论在同时解释个体理性和集体理性上，或多或少存在一定的局限性。这意味着，上述理论尚很难内生性地解释宗教，即这些理论无法同时对宗教的内涵（本质或功能）、宗教的多样性、宗教的演化提供一致性解释，进而也就很难深刻解释宗教与社会之关系（彭睿，2016）。

我们曾借助于现代经济学中的博弈论（game theory）和交易费用理论（transaction cost theory），尝试构建一种或可称为"社会合作"或"社会合作伦理"的分析工具，以解释宗教与社会之关系（彭睿，2016）。本文将借助该工具，进一步尝试解释宗教变迁与社会变迁之关系。一个社会通常包括了家庭与婚姻、经济、政治等诸多社会系统，但出于方便论述的需要，本文将以经济伦理变迁为例来探讨中国宗教演化和社会变迁之关系。

二　社会合作视角下的宗教演化和经济系统
及其经济伦理之变迁

（一）社会合作与社会合作伦理的简要说明

博弈论解释了人们为何会从"囚徒困境"走向"合作"，这是博弈论的伟大成就之一（张维迎，2013：128）。若不考虑"合作策略"（即博弈策略）的多样性，可简单地认为，达成"合作"也就是个人理性和集体理性获得了统一。这启发我们，可以将"合作"概念进行适当扩展以引入宗教与社会的分析之中。经济学通常只讨论共时性（synchronic）的合作，宗教意义的"合作"则可以拓展为包含历时性（diachronic）和共时性的"社会合作"，即人与自然合作、代际合作、纵向合作、横向合作和个体自合作等五种社会合作类型。从而，在宗教意义上，人类活动是一个包含历时性和共时性的"社会合作体系"，人类社会是包含历时性和共时性合作的"社会合作共同体"。

交易费用（交易成本）理论则启发我们将宗教伦理与减少不同社会合作的交易费用关联起来，从而，宗教伦理（体系）可以转换和分解为若干"社会合作伦理"。由于存在交易费用，在均衡意义上，在一个足够长的观察周期中的五种社会合作的成本（费用）应该是相等，即能够达成"社会合作的均衡"。与之对应，宗教伦理也需要构建出一种"社会合作伦理的均衡"，即对各种社会合作伦理地位与重要性的差异应给予一致性和整全性解释（彭睿，2016）。

经过上述适应性转换，我们可以为宗教社会学提供一种"社会合作"或"社会合作伦理"的分析工具。该分析工具包含两个核心方面（见图1）。

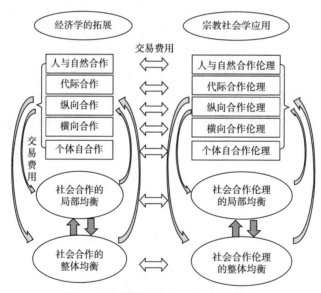

图1 现代经济学视角下的宗教与社会

（1）社会活动层面的社会合作及其均衡，即把人类活动分解为包含历时性和共时性的五种社会合作类型，这些社会合作因为交易费用的存在而达成"社会合作的均衡"。其中，包含全部社会合作类型的"社会合作的整体均衡"，是社会整体意义上的个体理性与集体理性的统一或均衡，是社会最优和帕累托最优，[①] 这表现为社会整体制度。此时，诸如婚姻家庭、经济、政治、宗教组织等社会系统，则是由若干但不是全部社会合作类型而达成的"社会合作的局部均衡"。这些局部均衡一旦定型，意味着达成了社会系统中的局部集体理性，就表现为婚姻和家庭制度、经济制度、政治制度、宗教（组织）制度等具体社会制度。[②]

（2）宗教伦理层面的社会合作伦理及其均衡，即把宗教伦理转换和分解为五种社会合作伦理，各种社会合作伦理也将达成"社会合作伦理的均衡"。宗教的形而上神哲学是针对所有"社会合作伦理"类型及"社会合作伦理的整体均衡"的集约性解释或意义系统，为所有"社会合作伦理"和"社会合作伦理的整体均衡"提供一致性、自洽性和整全性的形而上解释。宗教的神哲学与宗教伦理体系也为各社会系统的"社会合作的局部均衡"提供"社会合作伦理的局部均衡"支持，这就表现为婚姻和家庭伦理、经济伦理、政治伦理、宗教组织伦理等社会伦理。

在社会合作（伦理）视角下，宗教的内涵和功能被转换为各种"社会合作伦理"及其不同层面的"社会合作伦理的均衡"，这是与"社会合作及其均衡"一一对应的。对博弈论来说，博弈策略（即合作策略）及其均衡还存在多样性问题，为此，演化博弈论是进一步讨论合作策略及其均衡的稳定性与适应性问题。在演化博弈论看来，均衡本身也是均衡的路径，[③]这也就解释了每种社会制度具有自己的路径依赖（path - dependence）。在此，演化博弈论的相关思路是可以被用来解释宗教伦理（及其体系）的多样性及其路径依赖，也即"社会合作伦理"与"社会合作伦理的均衡"演化机制。这意味着，在社会合作（伦理）视角下，宗教的内涵和功能、宗

---

① 一般来说，均衡一般基于个人理性而达成的最优解，帕累托最优是社会整体层面使用的概念。在传统经济学中，只认为完全竞争市场下的均衡是帕累托最优的；而现代经济学由于可以将产权和制度等因素纳入讨论，因此，均衡通常也可被视为帕累托最优。由于宗教（伦理）是直接表述集体理性的，出于论述方便，本文将均衡、集体理性、社会最优和帕累托最优等概念互换使用。

② 在此，我们将宗教和宗教组织（或宗教制度）区别开来。宗教（尤其是神哲学）是提供所有社会系统的伦理支持和解释；而宗教组织（或制度）是宗教的制度化，只是社会诸多系统中的一个。

③ 正如宾默尔所说的，（在演化博弈论看来）"所选择的均衡是达到均衡的均衡过程的函数"，见 J. W. Weibull, *Evolutionary Game Theory*, Cambridge, Massachusetts：MIT Press, 1995, p. x（中译本：《演化博弈论》，王永钦译，上海人民出版社，2006）。

教的多样性、宗教的演化是可以同时获得解释的。

也就是说，"社会合作"和"社会合作伦理"将有助于打开宗教与社会关系的"黑箱子"，可以成为宗教社会学的静态和动态分析的有力工具。借助该工具，研究者可以极大地避免主观意识（如"西方中心主义"或"东方中心主义"）带来的干扰，能够以一种更为客观和科学的视角来解释宗教—社会形态的多样性和变迁路径（彭睿，2016）。当然，也需指出，各种社会合作及其均衡与各种社会合作伦理及其均衡，它们之间还存在相互影响关系，因此，真实情况应远比图1显示的更为复杂。

（二）社会合作视角下的经济系统与经济伦理之变迁

在社会合作（伦理）视角下，社会共同体的存在与延续是通过社会合作及其均衡来实现的，宗教（体系）的功能则是为社会合作及其均衡提供自洽性和整全性的伦理解释与支持。在此，社会合作体系（制度）与宗教伦理（体系），两者是一一对应的和协同演化的。首先，随着社会发展，社会合作类型是不断扩展的，各种社会合作的重要性（或成本—收益水平）也处于变动之中，与之对应的社会合作伦理及其整体均衡也是变动的。其次，随着社会合作共同体的扩大，合作类型日益丰富，以及宗教神哲学和宗教伦理日益明确和完善，社会共同体中的一些社会系统及其对应的伦理，会逐步分化出来。这就表现为相对独立的婚姻家庭、政治、经济和宗教组织等制度与伦理。最后，随着各种社会合作的成本—收益水平变化，与整体均衡一样，各社会系统的局部均衡也将会变动。也就是说，社会合作（伦理）类型、局部均衡与整体均衡三者是关联在一起的，是相互嵌入的，是同时演化的。

其中，经济系统（经济伦理）在人类社会中一直存在，但其作为一种独立系统而出现——构成"社会合作（伦理）的局部均衡"，是与社会合作（伦理）类型扩展的产物，也是与"社会合作（伦理）的整体均衡"表达和构建变迁相关联的。

在人类早期社会，"礼物交换"履行了重要的经济与社会功能，可被视为早期自然经济时代的经济系统。事实上，这种经济模式占据了人类历史的大部分时间。相对于近现代市场经济（或资本主义）中的"商品"而言，"礼物"具有很强的人格属性，也具有很强的自然属性或灵性。而且，"礼物交换"也意味着某种债权和债务关系的产生和延续，意味着权力和义务的转换（莫斯，2002：22 - 23；古德利尔，2007：5；萨林斯，2009：117）。因此，"礼物交换"不仅仅是与物品本身的使用价值相关，还与诸如自然崇拜和权力等社会价值与需求相关。这在越早期社会，越是如此。

从社会合作视角来看，"礼物交换经济"（或"礼物经济"）模式是"人与自然合作""代际合作""纵向合作""横向合作"等社会合作构成的一种"社会合作的（局部）均衡"。但需指出，不同历史阶段的"礼物交换"，其内涵和与整体均衡之关系是变化的。在初民社会，"人与自然合作"和"代际合作"是最重要（甚至近乎全部）的两种社会合作类型。几乎只依赖这两种合作就可以构建出当时社会的"社会合作的整体均衡"。当然，那时的"礼物交换"也只是包含这两种社会合作类型。因此，也就不难理解，"礼物"通常包含有灵性、亲属关系、世代传承的意义（莫斯，2002：25 - 27；古德利尔，2007：216 - 217；萨林斯，2009：117）。"礼物交换"形成的均衡几乎重合于"整体均衡"，远不是一种"局部均衡"。在这个意义上，初民社会氏族或部落图腾信仰系统，既是"社会合作伦理的整体均衡"象征，也是"礼物交换伦理"之"均衡"象征。

之后，随着"纵向合作"重要性的提升，权力等级出现了，尤其是产生了国家与王权，此时的礼物交换也就包含了"纵向合作"（权力）色彩。比如，周代的"贡赋"和后来的"朝贡（贸易）制度"就显著体现了王权含义。应该说，此时的礼物交换与政治制度是有所区别的，但显然又是混同在一起的。换言之，权力等级（尤其是王权）出现之后的礼物交换的经济系统，虽然初步具有了"局部均衡"雏形，但仍和其他社会系统（尤其是政治系统）混同在一起，而且各社会系统的"局部均衡"也都没有显著脱离整体均衡。

当然，"礼物交换"始终具有一定的"横向合作"含义。只不过，在"礼物交换"经济模式中，"横向合作"功能不是显性的，而且"横向合作"的主体通常并不是个体（个人），而更多是某种集体（比如氏族、部落、宗族、国家等）。这也造成了，"礼物经济"中的"横向合作"并不能成为社会共同体内部的主导性社会合作类型，而只是依附于或掩盖于其他社会合作类型之中。

可见，早期的"礼物交换"在社会中具有重要功能，这与现代社会中的礼物通常只是具有人们交往中的象征意义，是显著不同的。作为一种经济模式，"礼物交换"及其"礼物交换伦理"是深嵌于社会的整体系统的，并没有完全分化成为一个独立的经济系统（与经济伦理），尚不能构成独立的"局部均衡"。在这个意义上，礼物交换也可以说从来没有退出过历史舞台。在社会系统分化不充分的地方与社会，或者当现代社会面对重大危机或市场不充分时，礼物交换经济（与礼物交换伦理）仍继续或可以重新发挥重要作用。

在近现代社会，随着社会发展，社会合作类型日益丰富，尤其横向合作重要性不断上升而呈现为一种独立的社会合作类型后，经济系统是可以由"纵向合作"（企业）与"横向合作"（市场）单独构建出"均衡"的。① 从而，经济系统作为一种"局部均衡"也就逐步从社会共同体的"整体均衡"分化和独立出来。这也经常被称为市场经济或资本主义经济。在这个意义上，经济学的建立正是经济系统日益成为独立社会系统的产物。但即使如此，作为一门学科，经济学对经济系统的认知其实也存在一个过程。

在 16～17 世纪，随着地理大发现和其他社会方面的发展，商业与贸易的重要性显著提升，导致重商主义（理论）盛行。17 世纪中叶开始由威廉·配第、亚当·斯密和李嘉图等人开创了古典（政治）经济学，让经济研究从流通领域拓展到生产领域，即转向了以商品价值研究为核心。但 18 世纪末之后，经济学又转向以研究市场和价格为核心，这也就是马克思所驳斥的"庸俗经济学"（马克思，2009c：98）。直到 1936 年科斯（Ronald H. Coase）开创性地研究企业的性质之后（Coase，1937），西方经济学才逐步把市场和企业都视为个体或要素之间不同的契约安排（Coase 1988：115-6），从而经济系统可被解释为企业和市场之间一种"均衡"（科斯定理）。此后，经济学进一步深入对经济系统变迁与制度和技术变迁之关系的研究，也即新制度经济学（North，1990）。从社会合作角度来说，重商主义只是关注"横向合作"（商业和贸易）。古典政治经济学是同时关注到了"横向合作"（市场和贸易）和"纵向合作"（企业和生产）。18 世纪末的经济学又转向强调"横向合作"（市场与价格），将企业视为一个自动实现的生产主体。科斯则重新让经济学回到"横向合作"和"纵向合作"

---

① 著名的科斯定理认为，在没有交易成本的情况下，只要当事方权利界定清楚，不管最初权利界定如何，资源配置都会达成均衡，即帕累托最优；或者是，在完全竞争的条件下，私人成本将等于社会成本（Coase，1988：14）。或也可以说，企业和市场两种交易费用之间的均衡将决定企业和市场的边界。

研究并重上。新制度经济学则充分意识到，经济系统与其他社会制度乃至整体社会制度之间是有着密切关联的。①

不难发现，经济学对经济系统的曲折认知过程，是源于社会合作类型、局部均衡和整体均衡之间存在的复杂关系。因此，转换到社会合作伦理及其均衡的视角，近现代社会的经济伦理，虽然可以被简单称为"市场经济伦理"或"资本主义经济伦理"，但其实可以存在多种解读。对于认同重商主义和"庸俗经济学"的人们来说，他们容易认为经济伦理仅仅是商业伦理或市场伦理（即横向合作伦理）。只有在古典（政治）经济学和科斯开启的现代经济学那里，人们才会意识到，经济伦理包含企业伦理（纵向合作伦理）和商业或市场伦理（横向合作伦理）两个方面，两个维度的合作伦理所形成的某种"（局部）均衡"才能被称为经济伦理。当然，在新制度经济学那里，人们则会进一步认识到，经济伦理只是整体（宗教）伦理系统中的一种"局部均衡"；经济伦理与其他社会系统的伦理以及整体（宗教）伦理体系，是有着密切关联的。

如此看来，人们对于现代社会中的经济伦理，其实存在着若干不同的认识。这也必然导致，在探讨人类早期"礼物交换伦理"如何演化为"市场经济伦理"时，将会面临更多挑战。毋庸讳言，从礼物经济发展到市场经济是一个相当复杂的历史变迁过程。一方面，这个变迁过程体现社会合作伦理类型、局部均衡与整体均衡三个层面的复杂变化；另一方面，经济学意义上的均衡和均衡的变动（也就是帕累托最优和帕累托改进）是存在多样性的，因此，与之对应的宗教演化和经济伦理变迁也必然存在多样性（彭睿，2016）。

三　宗教演化与经济伦理变迁：来自中国历史样本之观察

（一）韦伯的相关讨论

显然，礼物交换伦理与资本主义（或市场经济）经济伦理两者间存在巨大差异。礼物交换伦理包含了更多样的社会合作伦理类型，且没有完全

---

① 在这个意义上，诺思把马克思视为新制度经济学先驱（North，1990：132）。

从"社会合作伦理的整体均衡"中分化和独立出来。如果说，现代社会中的经济系统是一种由企业和市场两个维度构成的独立系统，[①] 那么，与之对应的经济伦理则是两种合作伦理形成的"局部均衡"。一是纵向的企业伦理，这体现在领导力、服从、忠诚、执行力等方面；二是横向的商业或市场伦理，这体现在平等、诚实、自由、公正等方面。两种维度的社会合作伦理都旨在降低各自的交易费用。因此，在社会合作伦理及其均衡看来，韦伯对新教与资本主义的亲和性关系的解释（韦伯，2010a），其实是阐释了新教如何表达与支持纵向合作伦理和横向合作伦理，以及如何推动这两种社会合作伦理达成一致并构建出一种"局部均衡"。这种"局部均衡"也就是资本主义经济伦理（或资本主义精神）。这种资本主义精神（或经济伦理）推动着（或回应着，或对应着）经济系统从社会整体中分化和独立出来，从而形成"理性的资本主义"。

具体来说，基于西方宗教—社会背景，韦伯认为，新教伦理与理性资本主义具有密切关系，主要体现在：一方面，新教的"天职观"（Calling）和禁欲主义精神，让劳动分工和盈利成为一种正当（与道德无关）；另一方面，理性资本主义的生产组织过程是一个逐渐"祛魅"（entzauberung）的过程（韦伯，2010a；吉登斯，2013：155 – 170）。从社会合作（伦理）视角来看，韦伯上述观点可理解为：一是新教伦理的天职观和禁欲主义，是将纵向和横向的两类劳动（即社会合作）都视为某种同质性的劳动与分工，这就让"纵向合作伦理"和"横向合作伦理"具有一致性和正当性解释，从而可以对企业内部（雇主与雇员）和外部市场伦理（商品交易）提供同等的支持。二是"祛魅"弱化了传统社会中的"人与自然合作伦理"和"代际合作伦理"对企业和市场的影响。由此，在新教伦理的影响与推动下，近现代西方的经济伦理构建，并不需要（或者弱化了）"人与自然伦理"和"代际合作伦理"的参与，而是通过企业内部的"纵向合作伦理"和外部市场的"横向合作伦理"就可以达成一种"社会合作伦理的局部均衡"，即构建出资本主义精神（或资本主义经济伦理）。也就是说，作为一种"局部均衡"的资本主义经济及其经济伦理，此时可以从传统社会的整体均衡中逐步分化和独立出来，构成一种单独的社会系统与社会伦理。

---

① 如上讨论的，准确来说，是古典（政治）经济学和现代经济学的观点。

应该说，韦伯对基督新教与资本主义之关系的观察是敏锐和富有洞见力的。然而，韦伯没有充分认识到，作为"局部均衡"的经济系统与作为"整体均衡"的社会，两者之间还存在更为复杂的内在关系；也没有充分认识到，不同宗教—社会形态的"整体均衡"及其变迁还存在多样性与路径依赖。因此，韦伯把西方近现代经济系统从社会整体中分化与独立的过程，普遍化为理性经济模式和现代性命题，进而以此审视世界诸宗教与经济（或社会）之关系，这种做法存在很大的局限性，也必然遭到诸多质疑。比如，韦伯在《中国的宗教》中认为，中国没能成功发展出"理性的资产阶级资本主义"，其主要原因在于缺乏一种特殊的宗教伦理作为不可或缺的鼓舞力量或亲和性力量（杨庆堃，2010：330）。但事实上，中国历史上一直有着自己的经济模式与经济伦理，也明显存在自己的变迁过程，只不过其变迁没有朝向韦伯意义上的资本主义。在这个意义上，考察中国经济系统及其经济伦理的变迁路径和路径依赖，是非常必要的。这将有助于我们从宗教—社会的多样性视角，重新审视宗教—社会之复杂关系。

不难理解，中国早期社会的经济活动也是以"礼物交换"为主导模式的。甚至在现代中国，礼物经济模式依然还发挥着重要作用（阎云翔，2000；杨美慧，2009）。当然，随着社会发展，中国在不同历史阶段都曾出现过经济繁荣，既发展出不同的经济模式，也有着相对应的经济系统和经济伦理构建。因此，我们有必要去考察和梳理中国社会中经济伦理变迁之路径和逻辑。

我们期望，通过解析中国经济伦理之复杂而独特的变迁过程，更好地理解社会合作伦理类型、局部均衡与整体均衡之间的复杂关系。因此，接下来对中国经济伦理变迁的分析，我们将按照"横向合作伦理""纵向合作伦理""局部均衡"的顺序依次展开。值得注意的是，与西方经济系统通常是自下而上构建不同，中国经济系统一直明显存在微观和宏观两个层面。这增加了考察和梳理的难度。

（二）中国社会中的横向合作伦理及其演变

前面已述，初民社会（氏族与部落社会）主要是"人与自然合作"和"代际合作"，"礼物交换"模式也只包含这两种合作类型，"礼物交换"形成的均衡几乎等价于"整体均衡"。但随着王权国家的建立，尤其是周代中国已经进入成熟的定居农耕社会，建立了相当成熟的王权与社会制度，其先祖后稷也被视为农业神。此时，"纵向合作伦理"（嫡长子的家长制与王权）被显著纳入中国社会之中，并一直延续着。但与此同时，中国社会中的"横向合作伦理"及其象征的构建与发展，其过程则非常复杂，不但呈现微观和宏观方面的不同，而且明显分为几个阶段。

1. 周代的社稷神与来自墨家的冲击

周代王权社会制度的核心是宗法制和分封制。[①] 分封制下的微观经济制度，总体是一种以宗族共同体（诸侯和大夫）为基础的自给自足的农耕经济。但在宏观国家层面，经济系统是一种"贡赋制度"（周自强，2007：727–747），即以分封制（诸侯与大夫等宗族共同体）为基础的礼物交换模式。这两种经济模式中均显著包含了"纵向合作"（嫡长子与王权）。但是，宗法制和分封制下的"横向合作"，不管是微观还是宏观层面，其成本—收益效果并不显著，重要性也相对较弱，还不是一种显性的社会合作类型，或者说，它是让位于或依附于其他社会合作类型的（尤指纵向合作）。因此，周代社会中最重要的社会合作类型是"人与自然合作""代际合作""纵向合作"，"整体均衡"也是由这三种合作类型来构建的。此时的（微观与宏观）经济系统也是上述三种社会合作类型构成的"局部均衡"。可见，周代经济系统的"局部均衡"几乎等价于"整体均衡"。不但如此，由于显性社会合作类型只有三种，周代经济系统的"局部均衡"与政治系统、家庭婚姻系统等"局部均衡"之间的界限，也必然是模糊的。因此可以看到，周代尽管制定了政治、婚姻宗族、经济等方面制度，表明这些系统是可以识别的，但是它们又是高度混合在一起的，并非完全独立，最终都指向了宗法制和分封制。转换到宗教伦理角度来说，尽管周代存在种类繁多的"礼"（与"乐"），但是这些都被统称为"礼乐文化"，是"礼道"。

但是，我们并不能说，周代社会（甚至更早社会）中不存在"横向合作"。事实上，不但微观的宗族共同体内部存在"横向合作"，比如，男耕女织式的协同生产和集市贸易；而且宏观层面的地方诸侯之间或不同家庭或宗族之间，也存在"横向合作"，比如，周代是同姓不婚，这种异姓之间的婚姻明显具有横向合作成分。但仔细考察，微观和宏观层面的"横向

---

① 王国维把周代不同于殷商的制度归结为三点，一是立子立嫡之制，二是庙数之制，三是同姓不婚之制。

合作"也存在差别。由于强调维护王权，宏观层面的、无差别的、市场经济意义的普遍性"横向合作"，其作用并不突出，各级之间的礼物交换几乎完全依附于王权和等级分封制度，是一种"贡赋经济"，其行为主体是天子、诸侯（分封）、大夫（采邑）等各级贵族。而在微观的地方与社区层面，商品市场是存在的，其行为主体的个体色彩突出，而且还设立了官员来管理。故《周礼·地官》云："大市日昃而市，百族为主；朝市朝时而市，商贾为主；夕市夕时而市，贩夫贩妇为主。"

也就是说，周代社会的"横向合作"尽管是存在的，但其功能并不十分显著，总体上还依附于其他社会合作类型，不能作为一种独立的社会合作类型，而且更多局限于地方与社区，不具有宏观意义和普遍主义特征。事实上，周代的"横向合作"功能被直接包裹于"整体均衡"（整体福祉）之中，尤其被包裹于地方性"整体均衡"之中。在宗教制度上，地方和社区整体福祉的象征是社稷神。也就是说，社稷神之中隐含了地方性横向合作伦理与功能。

社神和稷神最初是源自"人与自然合作"伦理（和功能），后来社神和稷神合而为社稷神，成为地方（尤其是诸侯）的象征。社神是土神，源于对土地的崇拜；稷神是谷神，是对谷物的崇拜。周代的帝王与诸侯都有自己领地内的社稷神，这些社稷神又逐步地与上古人物联系在一起。这些充当诸侯社稷神的上古人物与诸侯在等级上是对应的，有些可能是该诸侯的远祖（比如楚人是祝融神之后），因此，诸侯祭祀的这些（社稷）神灵也是祭祖的延续和延伸（李申，1999：36－37；丁山，2011：45－48）。由此，社稷神逐步具有了"人与自然合作""代际合作""纵向合作"多种功能和伦理，成为地方（诸侯）的象征，指向地方的整体福祉（即地方的整体均衡）。在这种"整体均衡"中也就包含了地方性或社区性的"横向合作"。

随着"横向合作"（也包括"纵向合作"）的重要性不断上升，周代的社会合作体系逐渐不能适应时代需要。从社会合作角度来说，春秋战国的"百家争鸣"是各学派就各种社会合作（伦理）及其均衡问题而展开的大讨论。不难看出，法家特别强调王权的"纵向合作"，道家非常关注"人与自然合作"，儒家承继了传统而强调"纵向合作"与"代际合作"，而墨家则非常关注"横向合作"。

由下层武士阶层发展而来的墨家，擅长机械和工匠，强调"兼爱"，认为天帝爱人，天帝的意志是一切人要彼此相爱。墨家并不讳言"利"，主张功利主义，认为"义，利也"，即主张义和利是一致的，并从功利主义角度来证明兼爱的正确。值得注意的是，墨家亦主张国家政治权威和制裁来实行兼爱和尚同，墨家团体的内部纪律也极为严格，团队首领被称为"钜子"，对所有成员具有决定生死的权威（冯友兰，1996：44 - 53）。可以说，墨家代表了一种中下非农阶层的社会合作理念，强调平等和互利，突出"横向合作（伦理）"。表面上看，墨家非常强调绝对权威的"纵向合作伦理"，是与其重视"横向合作伦理"相矛盾的。但墨家同时强调"横向合作"和"纵向合作"，符合现代经济学对经济系统"均衡"的论述。即经济系统的"均衡"是由"纵向合作"和"横向合作"来构建的。①

墨家这种超地域性和普遍性的"横向合作伦理"主张，对当时传统社会产生了巨大冲击。孟子为此曾言："杨朱、墨翟之言盈天下，天下之言，不归杨则归墨。"（《孟子·滕文公下》）然而，墨家尽管强调王权或国家层面的"纵向合作"，但显然更强调团体内部的"纵向合作"，两者还存在如何协调与统一解释的问题。另外，墨家忽视了以礼乐文化和血缘关系为基础的宗法制度的"代际合作"。尽管墨家也诉诸天帝和鬼神，但总体对"人与自然合作"过于忽略。总体上，墨家彰显了"横向合作"和团体内部"纵向合作"，但相对弱化"代际合作"和"人与自然合作"，且对王权的"纵向合作"不能完全调适，因此，其"均衡"偏重于经济系统。这对以宗族为核心的农耕社会来说，更符合专业团体利益的墨家理念在当时是过于"现代"了。因此，尽管墨家提倡的"横向合作伦理"对传统社会一度产生了巨大冲击，但最终趋于寂落。

2. 汉代之后的城隍神与来自佛教的冲击

在"百家争鸣"中，儒家对社会合作伦理及其均衡的解释是最全面的。首先，儒家极其强调对传统伦理体系的继承，这主要是纵向合作和代际合作。其次，儒家还提出了与现实社会相适应的伦理解释，如儒家的无等级差别的教育（"师道"）是对血缘性代际合作的突破，而董仲舒"天人感应"又着力于把"人与自然合作"纳入儒家体系。最后，儒家的一个显著特征是把"整体均衡"视为实体性存在（"天"），把维护共同体的整体福祉视为天职（"天下观"）。正是基于这些，儒家最终在汉代获得了官

---

① 参见前文注释的科斯定理。

方宗教地位，即"独尊儒术"。此后，历代官方儒教所设立和完善的各种祭祀制度，如郊祀和封禅、皇室的宗庙祭祀、对天地百神的祭祀、祭孔、对忠烈名臣的祭祀、民间祠堂等（李申，1999），都可被理解为对纵向合作、代际合作和人与自然合作等提供伦理的支持，也即"神道设教"。不难发现，在庞大的儒教伦理体系中，其对横向合作伦理的支持力度却是非常小的。比如，在儒家"五伦"关系中，"朋友"的横向关系最强，但阐述得最少。又如，现代社会中的夫妻、兄弟关系通常被视为横向关系，在儒家则更倾向于论述为纵向关系。事实上，儒教的"横向合作伦理"仍主要是通过地方社会的整体福祉（整体均衡）来体现的，这表现为非血缘性的城隍神（或土地神与社区神）构建。

秦汉帝制以后，逐步消除了山川社稷神与地方的血缘关系，使得这些神灵又回到了早期的自然神属性上（李申，1999：37）。随着地方社会中的社会合作类型不断丰富，人格神有利于表达更丰富的合作伦理，从而出现了人格化的城隍神（或者是土地神与社区神）。城隍（或社区神）原本属于地方信仰，最初是自然神，汉代开始逐步由人鬼充当（亦有认为是隋唐开始），功能也扩张为包罗保护本地居民、祛灾除患、惩治恶鬼、安抚厉鬼、惩恶扬善、督官慑民等，从而成为地方与社区整体福祉的新象征。之后，为适应皇权政治需要，城隍在宋代被纳入国家祀典，并在明代进一步被确定为全国性祭祀体系（郑土有、王贤淼，1994：75 - 124）。可见，城隍神从最初地方性自然保护神，逐步转变为包含各种社会合作功能的人格社会神，成为地方整体均衡的象征。借助于整体福祉，城隍神其实也包含了地方社区的"横向合作"功能与伦理。尤需指出，充当城隍神的人鬼通常与当地官员和百姓并无血缘关系，或者说血缘性关系不是其重点，而是一种超越了地方宗族的神祇构建。因此，中国社会中的横向合作伦理功能，就从被包裹于（通常构建为具有血缘性关系的）社稷神之中，转换到了被包裹于非血缘性关系的城隍神之中。这种变迁尽管仍局限于地方微观层面，但显然已具有了一定的普遍意义。

在宏观层面，随着社会与技术发展，跨地域或普遍性"横向合作"的成本—收益水平得到推升，重要性得到凸显，宏观层面的普遍意义（或市场意义）的"横向合作伦理"呼之欲出。此时，对普遍性"横向合作伦理"构建和争论的主角，则是儒、释、道三种主流宗教。总体上，儒教受制于其"差序格局"（费孝通，2011：15）和皇权政治伦理，普遍性"横向合作伦理"始终受到某种抑制。这表现在，历代均有"重农抑商（工）"的政策倾向。而立足于传统社会由道家发展而来的道教，则倾向于把"横向合作"（通常是陌生力量）视为引发"非正常"社会秩序的原因。对"非正常"或"非常态"的横向力量（如瘟神、厉鬼），道教认为这是社会的一个合理部分（即道的变化之一种），无法真正消除（或战胜）。道教符箓祈禳仪式通常是运用神力将其现为原型或驱出边境，以消灾度厄、治病辟邪，实现特定社区（一般为熟人社区）的安宁与福祉（李丰楙，2010：12-13；傅勤家，2011：92-93）。可见，道教对"横向合作"总体上是一种积极防护的思维，很难有效构建出普遍意义的"横向合作伦理"。事实上，在早期帝制时代，对中国社会的"横向合作伦理"构建力度和冲击最大的，反而是来自印度的佛教。

佛教尽管讲"空"，但在具体实践中，一切方便法门，普度众生，是需要有神论来构建其社会合作伦理的。故在实践中，中国主流佛教最终选择了"妙有"之涅槃佛性说，而没有选择以无自性来表述诸法性空的性空般若学（太虚，2010：77-80；赖永海，2012：272-277），乃是因为前者有助于构造具体的社会合作伦理。因此，只有依赖于"妙有"而不是"真空"，只有依赖于具体所指的"心"和"性"而不是抽象本体的佛性，佛教才能更好地与社会合作伦理关联起来，得以传播。

实际上，佛教在中国早期传播是以神通（神魔）为主，其流行之教理行为，与当时中国黄老方技相通，故在汉代也被视为道术之一种（汤用彤，2015：95），这是指向"人与自然合作"。另外，早期佛教也曾激烈抵抗过中国的皇权，甚至某些极端思想在下层社会发展还引发了一系列沙门举旗造反事件（马西沙、韩秉方，2004：44-48），这是指向"纵向合作"。但是，佛教的神通在下层容易和巫术混在一起，成为吸引民众的一种手段，容易泛滥（张践，2012：716-718）；其举旗造反更冲击了皇权政治。这些也让佛教容易遭到政府打压。此外，佛教的出家修行方式，也与强调孝道的中国宗法伦理（即血缘性"代际合作"）有所冲突。因此，佛教在其中国化过程中，逐渐弱化了对神通的关注（人与自然合作），并在"纵向合作"和"代际合作"上逐渐顺从于中国"皇权"和"孝道"（张践，2012：551-579）。但即使如此，佛教在"横向合作（伦理）"方面对中国传统社会带来的影响和冲击，却在唐代达到了顶峰。

道生（355~434）首倡的"一切众生悉有佛性"是中国佛性思想的主

流（赖永海，2012：2），禅宗六祖慧能（638～713）则将佛教进一步推向平民化。佛教的这些思想与做法，对打破儒教礼法等级制度，尤其对社会的横向关系发展，具有积极意义。许理和（Erik Zürcher）分析认为，《高僧传》中的僧人大多来自底层，这是由于寺院或僧团在当时发挥了重要的学术和教育机构功能，对出身低贱的人们产生了巨大吸引力。可见，佛教在打破中国固有阶层方面有着特别的贡献（许理和，2003：7–10）。谢和耐（Jacques Gernet）分析了5～10世纪佛教与经济之间的关系。首先，佛教对人与人之间平等的肯定，布施和慈善活动，僧众和寺院的工商业活动和借贷活动，加之宗教税收优惠政策，这些都让佛教对经济活动有着促进作用，甚至产生了三阶教无尽藏这类实力雄厚的金融事业。其次，佛教经济势力的扩大逐步影响到了整个社会。尤其，在寺院经济经营中形成了佃农和农业工人阶级，并朝着雇主与雇员关系、个人利益和货币经济方向发展，这对传统社会结构是一个巨大的冲击，从而引发了对佛教运动的反作用力。最后，随着佛教团体的财富积累，尽管其有慈善行为，但更明显倾向于追求寺庙的豪华和开销，这在上层社会更是如此。因此，"一种被称为重商主义的新思想状态在唐代得到发展，它恰恰出现在佛教信徒的富裕家庭中，而且还是在僧侣们最为受宠的时代。由于过分追求各自的利益，其古老的关系体系被摧毁，导致了各个阶级的孤立。大家同时也承认它破坏了宗教运动的基础"（谢和耐，2004：3–5，294–299，305）。

佛教在教育上对底层人的吸引和佛教组织对经济发展的推动，体现了佛教所主张的人人平等和普遍性"横向合作伦理"。当然，这也为传统社会带来了冲击，并最终遭到政府打压。此时，面对这种挑战与困境，佛教面临着两种应对策略。一是思考如何进一步主动完善和构建"横向合作伦理"乃至重新构建"整体均衡"，让佛教伦理体系能与传统社会全面接轨和协调。比如，当个体经济组织发展出纵向合作结构（雇主和雇工关系）时，如何与传统社会的官方纵向结构（皇权政治）和宗法制的纵向结构（父权或族权）之间取得一致性？又如，个体经济成功时，如何与世俗社会的整体福利相关联（即关注社会的整体均衡），而不仅仅是用于铺张与奢靡的外表？然而，或由于佛教的固有神哲学倾向为"空"，或由于其"横向合作伦理"对传统社会冲击的反作用力过大，佛教最终做出了另外一种选择，即主动退缩。百丈怀海（？～814）制定了《百丈清规》，主张小团体的禅林模式，强调寺院内部上下一致，完全平等，僧众生活平均，所有僧众共同参加劳动，反对用巨额资金建立佛像，并进一步发展为自耕而食的农禅模式。这些制度表明，佛教选择了放弃其经济活动（与横向合作相关），也彻底放弃了构建全国性宗教组织的努力（与纵向合作有关），以适应传统农业社会。在这个意义上，《百丈清规》被认为是佛教从组织形式上完成了中国化进程的标志（张践，2012：778 - 782；谢重光，2009：283 - 290）。

也就是说，佛教在一个极其关键的时期，放弃了为世俗社会构建普遍性"横向合作伦理"的努力。至此，佛教在其中国化过程中，依次弱化或放弃了"人与自然合作""纵向合作""代际合作""横向合作"等伦理构建，最后固守于"个体自合作伦理"，而这也成为其优势社会合作伦理（彭睿，2018）。最终，佛教的"轮回"和"因果报应"对中国民众的影响之大无出其右，其"超度灵魂"仪式在中国葬礼上具有某种支配性的地位（卜正民，2008：108 - 113）。特别是，大乘佛教的成佛之目的又在于普度众生（即"自度度人"），这种超越生命周期的社会性的"大爱"还契合了中国传统思维中在社会中实现自我价值的理念。

3. 宋代以后通过大众神祇进行的融合

作为成熟的经文宗教，儒、释、道三教都试图为中国社会提供完备的社会合作伦理。但是，经过漫长的相互竞争与融合，三教逐步形成了各自的优势伦理。其中，儒教的优势伦理逐步体现在"代际合作"（孝道与师道）、"纵向合作"（忠）和社会性的"个体自合作"（成仁与成圣），道教集中于"人与自然合作"（斋醮和祈禳），佛教集中于"个体自合作"（成佛与涅槃）（彭睿，2018；2019）。从而，唐宋以后的中国社会，是由儒、释、道三教提供了"菜单式"社会合作伦理，并在官方儒教组织和担纲下，以三教各自优势伦理共同构建了"社会合作伦理的整体均衡"，即"三教圆融"。

然而，一方面，随着佛教的退缩，儒释道三教的优势伦理均没有显著包含普遍性"横向合作伦理"，因此，官方和主流社会形成的"三教圆融"也无法体现与包含普遍性"横向合作伦理"；另一方面，"三教圆融"在加强皇权政治的同时，有利于"大一统"社会的巩固与稳定，进而有利于跨地域的经济交流与发展，这有效激发出民间社会对跨越地域的普遍性"横向合作（伦理）"的需求。面对这种矛盾，唐宋肇始（尤其宋以后），中国社会逐步形成了一种独特的"横向合作伦理"构建方式。这就是微观民间社会和宏观官方儒教共同推动的大众神祇敕封运动。其中，以关帝和妈祖敕封最具代表性。

关帝（关公、关羽）信仰和妈祖（天后）信仰起初是地方民间信仰，主要源自对"厉鬼"或"非正常死亡"的祭祀（或崇拜）。在祭祀过程中，这些神祇被日益赋予了更多功能，逐渐具有了地方社区的城隍或社区神的性质与功能，成为地方与社区的整体均衡（福祉）象征，这其中也就包含地方性"横向合作伦理"功能。从社会合作角度来看，关羽信仰和妈祖信仰之所以能从地方社区走向地域并走向全国，是因为他们自身品性之中容易构建出普遍意义的"横向合作伦理"，比如关羽之"义"和妈祖之"慈"。在这个意义上，民间崇拜中最具"横向合作伦理"构建潜质的神祇，最容易发展为区域性进而全国性崇拜，也最容易发展为包含所有社会合作伦理功能的普遍神或全能神（但不是至上神）。这也是韩森所观察到的，宋代民间神祇的传播是与商业和贸易（即"横向合作伦理"）有着密切关系的（韩森，1999）。

与墨家和佛教的"横向合作伦理"显著不同的是，通过大众神祇信仰来构建的"横向合作伦理"与传统社会并不抵触，而且还得到了极大弘扬。因此，宋代之后，源于地方民间的关帝和妈祖神祇，逐步地成为全国最显赫的行业神、财神、商业神和会馆神，他们的庙会经济也特别繁荣。不但如此，自宋代始，关帝和妈祖还获得了历代王朝长达千年的持续敕封，他们既被纳入官方祀典，享有越来越高等级的祭祀，也在民间享有越来越多的供奉，成为极受尊崇的全国性崇拜。

宋代之后的大众宗教（这里指大众普遍神崇拜）的兴起和兴盛，要归功于它们是一种非常特殊的构建，即通过"三教圆融"来凸显了儒、释、道所共同忽视的"横向合作伦理"。不难理解，唐宋以降的儒、释、道三教分别确立了各自优势合作伦理后，那些发轫于地方民间的大众神祇为了获得功能扩张的稳定性和传播性，通常会（主动地或被动地）分别援引儒、释、道的优势社会合作伦理与神学资源来塑造自身形象。而儒、释、道出于各自竞争需要，也乐意主动为这些神祇提供神哲学支持，比如，通过授予封号将其纳入自己的神祇体系。从而，这些大众神祇信仰中的"人与自然合作伦理"通常来自道教，"代际合作伦理"和"纵向合作伦理"来自儒教，"个体自合作伦理"则来自佛教（部分也有儒教）。值得注意的是，大众普遍神信仰中最具特色的"横向合作伦理"，尽管最初源于神祇自身某种（些）特质，但其最终神学支持也来自主流宗教。比如，关帝之"义"最终塑造来自儒教、妈祖之"慈"获得了佛教的支持。① 通过援引主流宗教，大众神祇中原本囿于地方性的"横向合作伦理"也就逐步被拓展为普遍性的"横向合作伦理"。

也就是说，宋代之后的大众宗教是通过"三教圆融"来构建的，为中国传统社会提供了普遍性"横向合作伦理"支持，从而弥补了主流宗教的相对不足。此时，大众普遍神（大众宗教）作为独立全能神，尽管他们也与儒、释、道一样为社会提供所有类型的社会合作伦理，但他们的神哲学付诸阙如，因此，人们更把"横向合作伦理"看作它们的优势伦理。需要指出的是，大众宗教是具有多样性的。这种多样性表现在，"横向合作伦理"作为大众宗教的优势伦理，不但其最初来源是不同的——源于不同地域的大众神祇中的不同品性，而且其最终的神学支持也是不同的。

（三）中国社会中的纵向合作伦理及其演变

奥尔森（M. Olsen）证明，个体存在机会主义和集体行动存在"搭便车"问题，将导致个体理性并不能自动达成集体理性（即帕累托最优），因此，随着团体规模的扩大，组织结构和组织内部权力（即纵向合作）的出现是获得集体理性的必要条件（奥尔森，2011）。也就是说，伴随着集体行动的规模扩大，权力和"纵向合作伦理"的出现是必然的，否则容易陷入社会合作的失序，导致社会福祉的下降。因此，随着社会发展和分工日益增加，一个社会必然会出现形形色色的各类组织，这些组织也必然会出现对权力结构和"纵向合作伦理"构建与维护的诉求。

在西方社会，唯一性和排他性的基督宗教提供了包括"纵向合作伦理"在内的全部社会合作伦理。尽管，基督宗教认为，教会之外的世俗政府（与一般社会组织）可以存在"纵向合作（伦理）"，即主张"上帝的归上帝，恺撒的归恺撒"；但是，基督宗教显然也强调，教会组织在"纵向合作伦理"上更具神圣性与有效性。因此，这也导致了中世纪教会染指于（或扩张到）世俗社会的权力，引发教会与政府（与一般社会组织）在世俗管辖权上的冲突，即教权和政权的冲突。直到新教时代，西方社会的政教冲突才开始有利于世俗政府（与世俗组织）。尤其是，韦伯所强调的

① 另，江西的许逊崇拜中的"容"与"忍"来自道教。

新教伦理的"天职观"，为世俗社会与组织的"纵向合作伦理"提供了更坚实的伦理基础。

中国社会则不同。中国皇权（王权）制度源于早期宗族制度，即天子（和诸侯）在事实上是统无数之大宗。也就是说，王权政治与宗族共同体中的"纵向合作伦理"（权力合法性）均来自传统的血缘性代际合作，即世袭制和宗法制。特别是在早期，纵向合作和血缘性代际合作甚至是合一的，这充分体现于周代的宗法制与分封制。秦制取代周制后，血缘性代际合作和纵向合作仍旧合一，并保留于微观层面的宗族或家庭之中，这也即"孝道"、"父父子子"、父权与族权。但是，国家层面的皇权纵向合作伦理则更突出"君君臣臣"伦理，即"忠"。尽管儒家对"忠"与"孝"做出某种融通和一致性解释（如《孝经》），但现实中依旧大量存在"忠孝两难全"困境。可见，家族（或宗族）层面与国家层面的"纵向合作伦理"，其实是存在一定张力的。但毋庸讳言，两者之中，皇权政治是首要的和压倒性的。

从均衡角度来看，宏观层面的皇权政治可被理解为"纵向合作"和"代际合作"的"局部均衡"。在皇权政治中，皇权（领导者）始终是血缘性代际承续（合作）的，但官僚阶层（执行者）则经历了从血缘性代际承继到开放性代际承继的变化，即早期的"门阀士族"政治在唐宋以后转变为"科举取士"。显然，晚期帝制中打破了血缘关系的科举制度更有利于巩固皇权政治，也即让政治系统的"局部均衡"更稳定。由于在儒释道的"菜单式"社会合作伦理格局中，儒教优势伦理是"纵向合作伦理"和（血缘性和开放性）"代际合作伦理"，也即"忠君""孝道""师道"，这正是皇权政治获得"局部均衡"所需要的合作伦理类型；因此，三教之中的儒教伦理与皇权政治最具有亲和性，以至于实现了政教合一或祭政合一（任继愈，1999；张践，2012：37－43）。由此，中国社会中的皇权"纵向合作伦理"，既在宗教领域也在世俗社会中，占据了至高地位，甚至具有排他性和唯一性地位。比如，只有天子才有祭天的权力。此时，由于父权（或族权）与皇权具有共性，即都具有血缘性代际合作特征，在皇权政治下的微观层面的家族和宗族共同体中，其"纵向合作伦理"依旧可以与血缘性"代际合作伦理"高度合一。另外，在地方微观层面，皇权政治伦理也体现在城隍体系的构建。因此，城隍神作为地方整体均衡象征也包含皇权政治中的"纵向合作伦理"内容。

随着一般性社会组织（如商帮、行会、商号、结社、会党等）的出现，其成员通常并不具有血缘关系，而且也总是跨地域性的关系，因此，这些社会组织所需要的纵向合作伦理与权力关系，并不能完全等同于家族、社区和皇权政治的纵向合作伦理。但是，由于国家层面的皇权和微观层面的父权或族权，一直是中国社会中的显性和主导性（甚至排他性）的"纵向合作伦理"，这也就造成了，一般性社会组织很难自行构建出一种独立的具有普遍性的"纵向合作伦理"，通常只能是借助于大众普遍神来援引皇权与父权或族权。这就表现为，一般性社会组织的内部"纵向合作伦理"在宏观层面是不能与皇权政治相冲突的，在微观层面则通常比照为类家族的权力结构。比如，师生与师徒关系以及雇佣关系通常比拟为父子关系；同门与同党关系则为兄友弟悌关系。

如此看来，民间和官方共同推动的大众神祇敕封运动，除为社会提供普遍性"横向合作伦理"外，另一个显著功能是，有效化解了一般社会组织与传统皇权政治和家族制度之间，因"纵向合作伦理"异质性而带来的张力。在这个意义上，大众神祇的敕封运动，一方面，是官方儒教主动将皇权纵向合作的"忠"和代际合作的"孝"输入大众神祇形象之中；另一方面，是地方社会与民间组织主动向中央政府寻求"纵向合作伦理"合法性来源，即表达对皇权政治（和宗法制度）的认同。

（四）中国社会中的经济伦理："局部均衡"构建与变迁

依上所见，中国社会中的横向合作伦理构建与发展，主要表现于微观层面。这在周代主要体现于具有血缘性关系的社稷神，在早期帝制时期主要体现于非血缘性的城隍神（或土地神与社区神），而在晚期帝制时代则主要体现于全国性的大众普遍神。其间，周代末期有来自专业团体墨家的冲击，唐代有来自宗教团体佛教的冲击。尽管表面看这两种冲击都失败了，但从演化视角来看，上述冲击其实都被历史适当地吸收了。比如，非血缘性城隍神吸收了墨家对血缘性横向合作的冲击，跨地域的大众神祇也吸收了佛教人与人平等的横向合作观念。

中国社会中的纵向合作伦理，最初源于血缘性代际合作（父权和族权），之后在国家层面发展为皇权政治。由于皇权与父权（与族权）具有亲和性，它们是中国社会中宏观与微观层面的显性纵向合作伦理，因此，一般社会组织的纵向合作通常沿用皇权和父权（或族权）的纵向合作伦理。此时，在纵向合作伦理方面，能够有效沟通与化解皇权政治和一般社会组织之间张力的，乃是民间与官方共同推动的大众神祇的敕封运动。

在现代社会中，经济伦理是横向合作伦理和纵向合作伦理的局部均衡。以这个角度来观察，由于中国的横向合作伦理和纵向合作伦理均是变迁的，与之对应的中国经济伦理构建也必然是变迁的。另外，与西方所不同的是，大一统中国社会还存在中央官方宏观层面和地方民间微观层面两种经济系统与经济伦理。两种经济伦理走向融合与一致的过程，也是中国经济伦理变迁的重要内容。

周代的"天"或"上帝"是最高神，是整体社会（"天下"）之整体均衡的象征。此时，全国性的官方经济活动主要是天子与诸侯之间的"贡赋"税收（周自强，2007：727 - 747）。这种官方经济系统与伦理可以被理解为，在"天"之整体均衡下的"纳贡"形式的礼物交换与伦理，其包含的横向合作成分非常少。在经济伦理意义上，周代末期的"礼坏乐崩"也就是官方的礼物交换经济系统崩溃了。但对地方而言，社稷神是地方性整体均衡象征，主要体现"人与自然合作""代际合作""纵向合作"，但作为一种地方整体福祉象征，其中包含地方性横向合作。此时，不管是中央还是地方的经济伦理（"局部均衡"），它们经常是由"人与自然合作""代际合作""纵向合作"三种伦理来构建，庶几等同于"整体均衡"，也经常与政治系统、婚姻系统的"局部均衡"混同在一起。

早期帝制—门阀士族政治时期，"天"作为整体均衡象征越来越被悬置，现实中的皇权政治作为纵向合作和血缘性代际合作的局部均衡（政治系统）实际履行了全社会"整体均衡"的功能，皇权通过垄断祭天而成为"整体均衡"实际象征。此时，官方经济系统倾向于中央政府（或皇家）专营或专卖，如盐和铁（齐涛，2011：247 - 282）。官营经济直接体现皇权的纵向合作，其横向合作内涵是很少的。此时，在地方民间经济系统，其横向合作伦理功能被包裹于非血缘性城隍神之中。当然，国家把城隍们进行行政等级化管理，也体现了纵向的皇权政治伦理。总体上，地方的民间经济伦理作为一种"局部均衡"，被包裹于象征地方整体均衡的城隍神构建之中。

晚期帝制——"三教圆融"与科举制时期，官方进一步将城隍系统行政等级化，这可以被理解为官方努力将地方的整体均衡整合为全国性系统，从而试图人为构建出"整体均衡"。不难看出，这种"整体均衡"其实忽略了（跨地域的）团体福祉，如商会、行会等。这种"整体均衡"的构建基础是儒释道"三教圆融"，即"三教圆融"意义上的"整体均衡"。因此，这种构建方式并不能有效满足民间社会对超越地域性经济伦理的需求。一是"大一统"社会本身有助于全国性市场的形成，这必然推动民间经济逐步走出地域限制而形成全国性市场。二是皇家专营经济缺乏效率，自身难以为继，因此，民间商帮还逐渐成为官方经济的主要雇佣对象，如漕运、盐业。三是在官方主导的"三教圆融"中，缺乏普遍性横向合作伦理的内容，无法满足现实需要。在这个意义上，肇始于唐宋（尤其是宋代），由民间和官方共同推动的大众神祇敕封运动，越来越体现对普遍性经济伦理构建的重要意义。

首先，这些大众普遍神的构建方式相当特殊，他们融合了儒、释、道各自优势伦理，具有完备的社会合作伦理内容，从而成为包含普遍性横向合作伦理的"整体均衡"的显著象征。这种"整体均衡"，完全不同于官方和主流社会以"三教圆融"方式构建出的"整体均衡"。"三教圆融"之"整体均衡"是直接构建于三教基础之上，其既相对缺乏"横向合作伦理"，又极其倚重儒教"纵向合作伦理"（皇权），这导致均衡的建立和维护的社会成本（即交易费用）是比较高的。不但如此，"三教圆融"之"整体均衡"不仅忽略了团体福祉和个人福祉，还更加强调国家福祉和地方福祉。与之不同，大众神祇意义上的"整体均衡"，既包含三教各自优势伦理又包含普遍性"横向合作伦理"，是更为简洁的（即低成本的）的"整体均衡"构建，可以同时表达个人福祉和团体、地方、国家等多层面的集体福祉。①

其次，大众普遍神经由官方敕封，意味着官方正式认可这些神祇中的社会合作伦理及其均衡。尤其是，当关帝上升到"天帝"、妈祖上升到"天后"之后，官方和民间两种"整体均衡"几乎达成了一致，即大众普遍神成为官方和民间两种"整体均衡"融合的象征。

最后，大众神祇之中既包括普遍意义的横向合作伦理，也包括皇权政治的纵向合作伦理与宗族共同体中的父权或族权，因此，这些大众神祇信仰内部可以构建出经济伦理（局部均衡）。只不过，作为"局部均衡"的经济伦理始终被包含于大众神祇的"整体均衡"之中。

---

① 有关大众神祇的更多讨论，将另文展开。

举例来说，截至清末国家祀典，在俗神之中，首先是孔子，其次为关帝，再次为天后妈祖（徐晓望，2007：237）。其中，孔子祭祀是官方主导和只有儒生参加的，属于官方系统，并不属于大众宗教。至清末，在经历千年敕封后，关羽累计封号为"忠义神武灵佑仁勇威显护国保民精诚绥靖翊赞宣德关圣大帝"，计 26 个字，接近于历代皇帝中的最长谥号（胡小伟，2005：522；汪受宽，1995：6）。妈祖累计封号为"护国庇民妙灵昭应弘仁普济福佑群生诚感咸孚显神赞顺垂慈笃祐安澜利运泽覃海宇恬波宣惠导流衍庆靖洋锡祉恩周德溥卫漕保泰振武绥疆嘉佑天后"，多达 64 个字，远超一般定例，堪称中国历史之最（徐晓望，2007：315）。通过对关帝和妈祖最终敕字的分析，我们可以清晰地观察到各种社会合作伦理、局部均衡和整体均衡的表达。

表 1 和表 2 显示，关帝和妈祖敕字中直接表达了所有社会合作伦理及其整体均衡。这其中也就包括了普遍性横向合作伦理和皇权纵向合作伦理。也就是说，关帝和妈祖均是集所有社会合作伦理于一身的"整体均衡"象征。

表 1　关帝最终封号所指向的社会合作伦理类型及均衡

	敕字	人与自然合作	代际合作	纵向合作	横向合作	个体自合作	均衡
关帝	忠义		√	√	√		
	神武	√		√			
	灵佑	√					√
	仁勇		√	√		√	
	威显	√					
	护国			√			√
	保民			√	√		
	精诚					√	
	绥靖				√		√
	翊赞			√			√
	宣德		√				
小计	11	3	3	6	3	4	5

说明：本表主要根据敕字的字面解释来确定社会合作伦理类型。有些敕字包含多种社会合作伦理含义。

表2　妈祖最终封号所指向的社会合作伦理类型与均衡

	敕字	人与自然合作	代际合作	纵向合作	横向合作	个体自合作	均衡
妈祖	护国			√			√
	庇民			√	√		√
	妙灵	√					
	昭应	√					
	弘仁		√		√	√	
	普济				√		√
	福佑群生				√		√
	诚感咸孚					√	
	显神赞顺	√					
	垂慈笃祐				√	√	
	安澜利运	√			√		
	泽覃海宇	√			√		
	恬波宣惠	√			√		√
	导流衍庆	√			√		
	靖洋锡祉	√			√		√
	恩周德溥		√				√
	卫漕保泰			√			√
	振武绥疆			√			√
	嘉佑			√			√
小计		19	8	2	5	10	3	10

说明：同表1。

　　但是，关帝和妈祖神祇构建是一种"三教圆融"构建，他们内含的各种社会合作伦理，包括他们最具特色的普遍性横向合作伦理，均来自主流宗教，其神哲学阙如，也没有发展出自己的宗教组织。这意味着，对于这些全能神，不同个体和不同群体可以有着自己不同的理解（Watson，1985）。其中，由于包含横向合作伦理和纵向合作伦理，两位神祇自然也就可以为商人团体构建出经济伦理（"局部均衡"）。当然，关帝和妈祖作为经济伦理的象征，是完全被包含在他们的整体形象（"整体均衡"）之中的。也就是说，他们走全能神，也是经济系统中的行业神、会馆神。后者被包含于前者之中。

四　中国经济伦理变迁之特征与效应

由于中国社会是以农耕定居为主体的，并始终保持大一统构建与叙事，中国经济系统（伦理）不可避免地分为了宏观层面和微观层面两种经济系统。两种经济系统与伦理，同时演化与变迁，并逐步走向融合。中国经济伦理的漫长变迁过程，揭示了中国宗教—社会的诸多演化特征。

（一）中国经济伦理变迁之特征

简单说来，中国经济伦理及其变迁具有四个重要特征。

一是在中国大一统社会格局下，经济伦理存在着官方宏观和地方民间微观两种叙事系统。两种经济伦理的变迁，不相同但又相互关联。首先，两者都随着社会合作类型变化而变迁，尤其在后期，更是随着纵向合作伦理和横向合作伦理变化而变迁。其次，官方和民间两种经济伦理均始终被包裹于各自"社会合作伦理的整体均衡"之中，并且各自的局部均衡与整体均衡的演化一直同步进行，也就是说，不管在官方宏观层面还是民间微观层面，都十分强调集体理性（即"整体均衡"）。

二是官方"整体均衡"的象征是"天"或"上帝"，具体通过皇权政治的"祭政合一"来表达和实现。这导致了，官方整体均衡中一直凸显皇权纵向合作伦理而相对忽略横向合作伦理，从而，官方经济伦理对横向合作伦理的接纳也是一直相对滞后的。尽管如此，官方宏观经济系统还是经历了从礼物交换到专营经济，再到市场经济的变迁过程。与此同时，民间微观层面的整体均衡象征，则经历从地方性社稷神到地方性城隍神（与社区神），再到全国性大众普遍神的过程。不难看出，微观层面的整体均衡和经济伦理，较早体现了对横向合作伦理与功能的重视。其横向合作伦理经历了，从地方血缘性横向合作伦理到地方非血缘性横向合作伦理，再到全国性和普遍性横向合作伦理的变迁过程。值得注意的是，历史上墨家和佛教冲击之后，宋代以后的中国社会，通过不断升级的大众神祇的敕封，最终关帝和妈祖分别上升为"天帝"和"天后"，从而官方宏观和民间微观两种"整体均衡"达成一致和融合。此时的大众普遍神，既满足了个体理性的需要，又是地方、团体和国家等诸多层面的整体均衡（集体理性）象征，同时还是经济伦理（局部均衡）的象征。

三是晚期帝制时期发展出的大众普遍神，是一种"三教圆融"构建，与传统社会具有亲和性，是中国社会内生的经济伦理象征。需指出，中国大众普遍神并不具有唯一性，而是呈现出多样性，他们的内涵并不完全相同。前面已述，"横向合作伦理"作为他们的优势伦理，其最初品性和最终神学支持都是不同的。除此之外，正如表1和表2所显示的，关帝和妈祖的构造，虽然都覆盖了所有社会合作伦理，但是他们所包含的各类伦理类型的权重却有很大差别。比如，关帝形象中的"纵向合作伦理"成分最重（敕字有6次），而妈祖形象中的"横向合作伦理"和"人与自然合作"成分更重。两者之间的这些不同特征与内涵，分别对应了大陆经济和海洋经济。在这个意义上，尽管对单个大众普遍神来说，均实现了宏观和微观整体均衡的合一，但是对中国整体社会而言，诸多大众普遍神的存在意味着可以容纳多样性的宏观与微观的整体均衡的合一。这也说明，我们其实很难用某一特定大众神祇来代表中国整体社会。也正因为如此，尽管诸多大众普遍神可以被视为整体均衡象征，但是人们对大众神祇的认知，却相对集中在他们的横向合作伦理和经济伦理上。也就是说，尽管关帝和妈祖具有完备的伦理功能构建，但是人们更多是将其视为财神、商业神、行业神和会馆神，护佑着个人、团体、地方、国家的经济与财富。

四是从表面上看，官方系统（包括整体均衡与经济系统的局部均衡）的变迁一直落后于地方民间系统，具有某种滞后性或保守性。但是，官方系统的滞后性，恰恰也抑制了民间社会因走得过快，而可能带来的社会系统过于独立和分化的严重后果（正如墨家和佛教冲击所显示的），是保证各种局部均衡（甚至地方整体均衡）不偏离全社会的整体均衡的重要力量或机制。应该说，直到宋代以后，地方民间和中央官方才逐步找到了以敕封大众神祇的方式来实现两者的合一。在这个意义上，官方儒教发挥了维护社会整体性和统一性的重要作用。从而，在官方与地方民间两个层面的社会合作伦理类型、局部均衡与整体均衡三者复杂互动和演化的历史过程中，中国社会能够有效应对各种冲击，在维护住社会共同体统一的同时，既可以获得发展，又能够容纳多样性。

（二）中国经济伦理变迁之效应

中国经济伦理不但有明确的构建，而且有自身的演化逻辑。中国经济伦理的复杂变迁过程，也是中国宗教—社会形态演化的缩影。在此，中国经济伦理变迁与中国宗教—社会形态演化具有内在协同效应。

首先，中国经济伦理变迁过程有力塑造并维护了中国"多元一体"宗教—社会形态。

比如，早期的社稷神构建，对当时血缘性宗法环境而言，有利于构建中央和地方之统一关系。同样，城隍体系的构建，有利于将中央和地方关系构建于非血缘性基础之上。当然，大众普遍神的敕封运动对于中国"三教圆融"与"多元一体"宗教格局更具有重要意义。

（1）大众普遍神发端于民间信仰，并很快成为地方社区神或城隍，与传统社会有天然的亲和性。最终，在民间和官方共同推动下，他们得到持续敕封，封号等级不断上升，由此从地方走向了全国。与之相比，对墨家和佛教来说，由于他们分别来源于专业团体和宗教团体，对中国社会的亲和性并不充分，这应是他们没能持续成功的重要原因。

（2）大众普遍神作为一种"三教圆融"构建，集合了儒、释、道优势伦理，尤其还特别彰显了儒、释、道相对忽视普遍性"横向合作伦理"。他们经过官方敕封，其实是为中国社会提供了普遍性"横向合作伦理"支持。尽管这些"横向合作伦理"最终神哲学资源是来自主流宗教，但不妨碍人们将其视为优势伦理。最终，宋代以后，儒、释、道与多样性大众宗教一起，为中国社会提供了更完备的"菜单式"社会合作伦理，并继续以儒教为组织者和担纲者，在"三教圆融"的基础上进一步形成了"多元一体"的宗教格局。

（3）经由敕封运动的大众神祇，还有效包含了与传统皇权政治和宗法制度相适应的"纵向合作伦理"。因此，大众神祇可以通过"横向合作伦理"和"纵向合作伦理"构建出一种"经济伦理"的"局部均衡"，从而成为经济系统（如经济团体，乃至一般社会组织）的象征。①

（4）经由官方敕封，大众普遍神信仰成为官方和民间共同认可的大众宗教形态，从而极大区别于通常只有指向特定类型的社会合作伦理与功能

---

① 比如关帝还是兵神（军队团体），妈祖则是水师之军神。

的"淫祀"，也极大区别于异质于主流社会的"民间教派"（或"秘密宗教"）。① 在这个意义上，经由敕封的大众普遍神信仰，是中国大众宗教的典型形态。他们在社会合作伦理类型上成为"横向合作伦理"象征（比如财神与商业神），在"局部均衡"上成为经济系统之经济伦理象征（比如行业神与会馆神），同时他们作为全能神还是"整体均衡"象征（即地方社区和帝国的保护神）。也就是说，多样性的大众神祇在社会合作类型、局部均衡与整体均衡三个层面有效嵌入并丰富了中国宗教—社会形态。

其次，中国经济伦理的变迁过程，有利于中国社会在保持统一性和整体性的同时，包容经济系统的多样性，比如地域多样性和经济活动的多样性。在此，我们也能解释中国（晚期）社会中的经济活动呈现的一些特点。

（1）大众神祇中横向合作伦理的来源是多样性的，这也意味着神祇数量可以很多，而经由官方敕封（即约束）的神祇毕竟是有限的，因此社会中依旧存在大量没有经过政府敕封的各式各样的神祇（与信仰）。其中有些是政府默许的，比如各行各业的行业神（李乔，2013）；有些是异质于皇权并受到政府严厉打击的，比如各种秘密宗教（民间教派）或秘密会社（马西沙、韩秉方，2004；戴玄之，1991）。但无论如何，中国经济活动和经济组织（如行会、会馆、商号、庙会等）均与大众宗教或神祇有着密不可分的关联，② 其背后根源在于主流三教对横向合作伦理的相对忽略。

（2）经济伦理存在多样性且被包裹于整体均衡之中，这虽然有利于维持大一统，但也意味着，经济活动中的"纵向合作伦理"和"横向合作伦理"，还混合着"人与自然合作伦理"和"代际合作伦理"。一方面，作为商业神和会馆神的大众神祇也具备"人与自然合作"和"代际合作"的伦理与功能。比如，关帝和妈祖信仰都存在各类灵签，这表明他们能够审判一切。另一方面，大量的其他功能神（如指向"人与自然合作"的神祇）也经常会出现在经济活动场合中（如会馆、庙会）。从而，中国经济

① 对淫祀而言，它们的功能通常相对地单一。但这些功能在儒释道都有（充分）的表达，因此，三教要么将它们视为"淫祀"或"淫祠"，要么对其给予选择性的吸纳。对民间教派而言，尽管它们通常也融合了三教优势伦理（有时是融合两教），也有自己的横向合作伦理功能构建（如男女平等和互助互济）；但民间教派通常具有明确的至上神构建（如无生老母），也有尽管不是很成熟的神哲学体系（如救世），并建有自己的宗教组织与制度。因此，民间教派是异质于官方儒教主导的"三教圆融"模式，因此它们始终受到官方严厉打压，总处于非公开状态，故也被称为"秘密宗教"。

② 甚至，关帝也是秘密宗教与会社（也是一种社会组织）的重要神祇（欧大年，1993：10）。

系统对各方神祇有极大的包容性，经济活动中的宗教色彩（甚至巫术色彩）相当浓厚。

（3）由于传统社会微观层面的"纵向合作"和"代际合作"通常混同在一起，不管是儒教政府认可的（或默认的）一般性社会组织（如行会、会馆、庙会），还是不认可并打压的地下组织或秘密会社，组织的内部结构都不可避免地借鉴了中国理学的"泛家族主义"的价值系统。许多本来没有血缘联系的群体也利用血缘纽带的外观作为整合手段，成为一个"虚拟宗族"（庄吉发，2002：475 – 476）。比如，师徒模拟的是父子纵向合作，结拜兄弟模拟的是血缘性的横向平行关系。

（4）中国传统经济固然是自给自足的小农经济，但是，在来源多样性的经济伦理支持下，中国社会的市场性经济活动不但大量存在，而且总体是有效的。这表现在：其一，在自然经济的基础上，中国国内不仅形成相当的市场经济规模，也形成相应的市场经济格局和秩序（施坚雅，1998）。其二，在全球贸易中，中国获得了巨大顺差（弗兰克，2008）。其三，更为重要的是，中国历史上并没有出现西方的经济殖民现象。

（5）由于缺乏一种一致性和普遍性横向合作支持，加之皇权政治一直承担了"社会合作伦理的整体均衡"组织者和维护者的角色，从而会导致皇权纵向合作伦理对横向合作伦理产生某种替代或压制，以及压制一般社会组织内部的独立的纵向合作伦理的发展。其结果是，尽管经济系统发展始终没有偏离"整体均衡"的格局，但是一直存在"重农抑商（工）"倾向，从而延缓西方意义上的企业组织和市场经济的出现。另外，这也会导致中国经济的内卷化或过密化（involution），即过剩劳动力集中于有限土地（黄宗智，2000a；2000b）。以至于，20 世纪 30 年代在广东还形成了一种毁灭性的地租体制，地租高达收获量的 71%，而学田的转包则可能高达五层之多（魏斐德，2014：185）。此外，皇权的专营（或特供）经济从来没有退出历史舞台，以及中国和附属藩国还一直保持着具有礼物经济性质的"朝贡"贸易体制，等等。

结　语

从社会合作及其均衡视角来说，相对于婚姻家庭、政治等其他社会系统而言，经济系统或是最容易从"整体均衡"中分化出来和有效构出独立的"局部均衡"。在这意义上，可以解释，为何经济学在人文社会学科中总表现得"最科学"。然而，"最科学"并不意味着我们已经完全科学地认识了经济系统以及经济模式的演化，许多探索仍将继续。尤其在社会合作类型、局部均衡与整体均衡之间的复杂关系上，不同宗教—社会形态还呈现多样性和各自的路径依赖。如何科学地认识这种多样性与路径依赖，这对于全球一体化的当今世界来说，是极其重要的。

事实上，尽管韦伯以西方文明之子自居，但是韦伯对于西方的现代性和工具理性不无忧虑（韦伯，2010f）。从社会合作及其均衡来看，韦伯忧虑的深层原因在于，社会系统（尤其是经济系统）的独立和分化不但将会破坏原有的整体均衡，而且可能还无法重建出一种新的整体均衡。在这个意义上，马克思对资本主义走向它自身反面的批判，是非常深刻的（马克思，2009c）；而涂尔干呼吁人们回到社会整体层面并倡导社会团结，也极富有历史洞见（涂尔干，2000）。20世纪以来，面对西方社会因现代性带来的各种困扰和灾难（如环境、经济危机和战争），许多西方学者沿用涂尔干的路径到"简单社会"去寻找解决方案（列维－斯特劳斯，2006）。其背后的一个很重要的原因是，"整体均衡"是"简单社会"最显著的特征之一，或者说，"简单社会"由于社会合作类型稀少而最容易达成"整体均衡"。

然而，中国社会作为一个"复杂社会"——复杂程度甚至超过西方社会，同时也是一个"文明社会"，其微观和宏观层面都十分注重"整体均衡"，经济系统（经济伦理）与整体均衡在变迁过程中一直保持密切关联和相互协调。这意味着，中国宗教—社会历史具有丰富、独特、有效的内涵。因此，若能够从社会合作视角，平等和统一地看待中国与西方的宗教—社会，就可揭示中国宗教—社会形态的复杂内涵，进而启发我们进行更多思考。

第一，在社会合作的视角下，文明（即社会合作共同体）是多样性的，任何一个文明体的演化与路径都具有内生性，有着自身"整体均衡"的路径依赖。在此，一个社会中的各类社会合作和"局部均衡"（及其变迁）都关联并服从于"整体均衡"（及其变迁）。这可以提醒我们，在文明交流和融合中，如果只是借鉴或引入单个社会系统（如政治或经济系统），而忽略了社会合作类型及其整体均衡层面的有效融合或整合，则仍旧可能面临失败。比如，唐代佛教寺院经济在中国的失败。另外，当一个文明体遭遇内部挑战或外来文明的冲击时，也应在其"整体均衡"框架下给予回应和吸收，从而演化出新的"整体均衡"。也就是说，一个有生命力的文明在面对内部和外部变化或冲击时，需要在（官方和民间）社会合作类型、局部均衡和整体均衡三个层面相互协调和适应。与此对应，对外来文明来说，这也就必然存在一个本土化适应或修正过程。

第二，从西方经验上升为普遍理论的视角，容易误认为中国社会的演化或变迁是落伍的，比如，中国经济系统（经济伦理）并没有完全分化和独立出来，没有完成韦伯所说的"祛魅"而成为"理性"资本主义。但是，从社会共同体的"整体均衡"视角来看，这种表述可能是武断的和不谨慎的。首先，从整体均衡的多样性和路径依赖来看，我们并不能断定，一个文明体演化路径只能朝向另一个文明体所已经呈现的境况。其次，当世界各种文明体已经充分形成了一个更大规模的、前所未有的人类命运共同体时，意味着一种全新的"整体均衡"才应该是未来的共同图景。因此，各种文明应该相互学习和借鉴其优势部分，以各自的路径依赖和"整体均衡"而朝向这种新的全球性"整体均衡"的构建——尽管其最终面貌究竟如何以及如何获得，尚无法准确预测。在这个意义上，在朝向新的全球性"整体均衡"的漫长过程中，各文明体的内生性路径和步调的不一致，以及由此带来的不可预期的冲突，也正是当今世界所面临的主要困境与挑战之一。

第三，从社会合作及其均衡的视角来看，西方的现代性问题的根源在于，各社会系统独立和分化后无法有效达成新的"整体均衡"。在此，注重社会合作类型、局部均衡与整体均衡三者协调的中国历史样本，或将显示出特别重要的普遍性价值。就经济系统（伦理）而言，中国历史上成功地化解或吸收了内部的墨家冲击和外部的佛教冲击，并在宋代之后，以大众普遍神的特殊构造完成了经济系统与整体均衡的协调。当然，近代以来的中国社会又面临着来自西方文明（特别是基督新教）的巨大冲击，如果中国社会能够继续按照自身内生性路径有效化解和吸收这种冲击，并构建出新的社会合作伦理体系及整体均衡，那么，这个过程的意义将是非凡的。

第四，从社会合作及其均衡的视角来看，工具理性容易指向具体类型的社会合作和局部均衡，而价值理性会更指向整体均衡。相对于婚姻家庭与政治等社会系统，经济系统是最容易分化和独立出来的"局部均衡"，因此，经济学在人文社会学科中总表现得"最科学"（工具理性），并以

"经济学帝国主义"态势介入其他社会系统和整体社会的研究。但是，即便是新制度经济学已着手研究经济系统与社会整体之间的复杂关系，但总体仍是以经济的局部视角展开的。而中国经济系统（伦理）的变迁历史表明，社会合作类型、局部均衡与整体均衡之间存在复杂的互动和协调关系，仅仅从经济视角解释有着很大的局限性。在这个意义上，对经济与社会之关系的研究不应该忽略马克思的政治经济学和涂尔干的整体社会的视角。因此，在一个更广阔的视野下，西方和中国历史样本都具有双方互相可借鉴的意义。

最后，毋庸讳言，本文的许多论述非常不充分，存在简单论断之嫌，仍需另文专门论述。此外，本文方法和探讨只是尝试性和探索性的，其论证严重依赖于一些未经充分证明的前置假设。比如，各种社会合作之间的替代性是否存在、如何存在，关涉到社会合作的整体均衡或局部均衡能否构建、如何构建，这对本文结论至关重要但我们不能给出有力证明。因此，我们期待，今后有机会进行更深入研究。

参考文献

〔美〕奥戴、阿维德：《宗教社会学》，刘润忠等译，中国社会科学出版社，1990。

〔美〕奥尔森：《集体行动的逻辑》，陈郁等译，格致出版社、上海人民出版社，2011。

〔加〕卜正民：《为权力祈祷：佛教与晚明中国士绅社会的形成》，张华译，江苏人民出版社，2008。

蔡少卿：《中国秘密社会概观》，江苏人民出版社，1998。

陈宝良：《中国的社与会》（增订本），中国人民大学出版社，2011。

〔美〕戴蒙德：《枪炮、细菌与钢铁：人类社会的命运》，谢延光译，上海译文出版社，2006（2014年重印）。

戴玄之：《中国秘密宗教与秘密会社》，台湾商务印书馆股份有限公司，1990。

丁山：《中国古代宗教与神话考》，上海书店出版社，2011。

杜继文主编《佛教史》，江苏人民出版社，2007。

费孝通：《乡土中国·生育制度·乡土重建》，商务印书馆，2011。

冯友兰：《中国哲学简史》，北京大学出版社，1996。

冯友兰：《中国哲学史》（上、下），商务印书馆，2011。

〔德〕弗兰克：《白银资本：重视经济全球化的东方》，刘北成译，中央编译出版社，2008。

傅勤家：《中国道教史》，商务印书馆，2011。

〔法〕古德利尔：《礼物之谜》，王毅译，上海人民出版社，2007。

〔美〕韩森：《变迁之神：南宋时期的民间信仰》，包伟民译，浙江人民出版社，1999。

〔荷〕许理和：《佛教征服中国：佛教在中国中古早期的传播与适应》，李四龙、裴勇译，江苏人民出版社，2003。

胡小伟：《关公信仰研究系列》（共五卷），香港科华图书出版公司，2005。

〔美〕黄宗智：《长江三角洲小农家庭与乡村发展》，中华书局，2000b（2006年重印）。

〔美〕黄宗智：《华北的小农经济与社会变迁》，中华书局，2000a。

〔英〕吉登斯：《资本主义与现代社会理论：对马克思、涂尔干和韦伯著作的分析》，郭忠华、潘华凌译，上海译文出版社，2013。

赖永海：《中国佛性论》，江苏人民出版社，2012。

李丰楙：《神化与变异：一个"常与非常"的文化思维》，中华书局，2010。

李乔：《行业神崇拜：中国民众造神史研究》，北京出版社，2013。

李申：《中国儒教史》（上、下卷），上海人民出版社，1999。

〔法〕列维－斯特劳斯：《结构人类学（1－2）》，张祖建译，中国人民大学出版社，2006。

〔德〕卢曼：《宗教教义与社会演化》，刘峰、李秋零译，中国人民大学出版社，2003。

马克思：《〈黑格尔哲学批判〉导言》，《马克思恩格斯文集》（第一卷），人民出版社，2009a，第3~18页。

马克思：《〈政治经济学批判〉序言》，《马克思恩格斯文集》（第二卷），人民出版社，2009b，第591~592页。

马克思：《资本论》（第一卷），《马克思恩格斯文集》（第五卷），人民出版社，2009c。

〔英〕马林诺夫斯基：《巫术、科学、宗教与神话》，李安宅译，中国民间文艺出版社，1986。

〔英〕马林诺夫斯基：《西太平洋上的航海者》，张云江译，中国社会科学出版社，2009。

马西沙、韩秉方：《中国民间宗教史》，中国社会科学出版社，2004。

〔法〕莫斯：《礼物：古式社会中交换的形式与理由》，汲喆译，上海人民出版社，2002。

〔美〕默顿：《社会理论和社会结构》，唐少杰等译，译林出版社，2015。

〔美〕欧大年：《中国民间宗教教派研究》，刘心勇等译，上海古籍出版社，1993。

〔美〕帕森斯：《社会行动的结构》，张明德等译，译林出版社，2012。

彭睿：《从社会合作视角试探道教在多元一体宗教格局中的功能与变迁》，《世界宗教文化》2019 年第 5 期。

彭睿：《退却、出新与融合：试探社会合作视域下的佛教中国化》，《世界宗教研究》2018 年第 6 期。

彭睿：《现代经济学在宗教社会学中应用之刍议》，载金泽、李华伟主编《宗教社会学》（第四辑），社会科学文献出版社，2016。

齐涛主编《中国古代经济史》（第 2 版），山东大学出版社，2011（2016 年重印）。

秦宝琦：《中国地下社会》（第一卷：清前时期秘密社会），学苑出版社，2009。

卿希泰主编《中国道教史》（共四卷）（修订版），四川人民出版社，1996。

任继愈：《序》，载李申《中国儒教史》（上、下卷），上海人民出版社，1999，第 1 ~ 7 页。

〔美〕萨林斯：《石器时代经济学》，张经纬、郑少雄、张帆译，三联书店，2009。

〔美〕施坚雅：《中国农村的市场和社会结构》，史建云、徐秀丽译，中国社会科学出版社，1998。

太虚：《佛学常识》，中华书局，2010。

汤用彤：《汉魏两晋南北朝佛教史》，商务印书馆，2015。

〔法〕涂尔干：《社会分工论》，渠东译，三联书店，2000。

〔法〕涂尔干：《宗教生活的基本形式》，渠东、汲喆译，商务印书馆，2011。

汪受宽：《谥法研究》，上海古籍出版社，1995。

〔加〕王大为：《兄弟结拜与秘密会党：一种传统的形成》，刘平译，商务印书馆，2009。

〔德〕韦伯：《古犹太教》，康乐、简惠美译，广西师范大学出版社，2010d。

〔德〕韦伯：《经济与社会》（第一、二卷），阎克文译，上海人民出版社，2010c。

〔德〕韦伯：《新教伦理与资本主义精神》，康乐、简惠美译，广西师范大学出版社，2010a。

〔德〕韦伯：《学术与政治》，钱永祥等译，广西师范大学出版社，2010f。

〔德〕韦伯：《中国的宗教：儒教与道教》，康乐、简惠美译，广西师范大学出版社，2010e。

〔德〕韦伯：《宗教社会学　宗教与世界》，康乐、简惠美译，广西师范大学出版社，2010b。

〔美〕魏斐德：《大门口的陌生人：1839 ~ 1861 年间华南的的社会动乱》，王小荷译，新星出版社，2014。

〔法〕谢和耐：《中国 5 ~ 10 世纪的寺院经济》，耿昇译，上海古籍出版社，2004。

谢重光：《中古佛教僧官制度和社会生活》，商务印书馆，2009。

徐晓望：《妈祖信仰史研究》，海风出版社，2007。

〔美〕亚历山大：《新功能主义及以后》，彭牧等译，译林出版社，2003。

阎云翔：《礼物的流动：一个中国村庄中的互惠原则与社会网络》，李放春、刘瑜译，上海人民出版社，2000。

杨美慧：《礼物、关系学与国家：中国人际关系与主体性建构》，江苏人民出版社，2009。

杨庆堃：《韦伯〈中国的宗教〉的导论》，载〔德〕韦伯《中国的宗教：儒教与道教》，广西师范大学出版社，2010，第 328～365 页。

余英时：《士与中国文化》，上海人民出版社，2013。

余英时：《中国近世宗教伦理与商人精神》，九州出版社，2014。

张践：《中国古代政教关系史》，中国社会科学出版社，2012。

张维迎：《博弈与社会》，北京大学出版社，2013。

郑土有、王贤淼：《中国城隍信仰》，上海三联书店，1994。

周自强主编《中国经济通史（秦汉卷）》，经济日报出版社，2007。

庄吉发：《真空家乡：民间秘密宗教史研究》，台北文史哲出版社，2002。

Coase，Ronald H.

1937. "The Nature of the Firm," *Economica* 4：386 – 405.

1959. "The Federal Communications Commission," *Journal of Law and Economics* 2：1 – 40.

1960. "The Problem of Social Cost," *Journal of Law and Economics* 3：1 – 44.

1974. "The Lighthouse in Economics," *Journal of Law and Economics* 17（2）：357 – 376.

1988. *The Firm*, *the Market*, *and the Law*, Chicago, Illinois：The University of Chicago Press.（中译本：〔美〕科斯：《企业、市场与法律》，盛洪、陈郁译，格致出版社，2009）

North，Douglass C.

1990. *Institutions*, *Institutional Change and Economic Performance*, Cambridge, New York：Cambridge University Press.（中译本：《制度、制度变迁与经济绩效》，杭行译，格致出版社、上海人民出版社，2008）

Watson，James L.

1985. "Standardizing the Gods：The Promotion of T'ien Hou（'Empress of Heaven'）along the South China Coast，960 – 1960," in David Johnson et al. eds.，*Popular Culture in Late Imperial China*, Berkeley：University of California Press，pp. 292 – 324.

Weibull，J. W.

1995. *Evolutionary Game Theory*, Cambridge, Massachusetts：MIT Press.（中译本：《演化博弈论》，王永钦译，上海人民出版社，2006）

灵性的后现代转向[*]

灵性的后现代转向[*]

乌　媛^{**}

摘要：现代灵性的全面发展过程与"现代"向"后现代"的过渡处于同一时期，因此灵性的发展不可避免地要受到后现代思想的影响。现代灵性与后现代主义融合或转向的内容，最为突出地表现在对自我的定位、对神圣者的认识、对"女性"的重视和对科学的态度等方面。灵性的后现代转向，既是受到外在影响力所主导的自我"构建"的一部分，同时也是灵性寻求自身发展必然要做出的调整。

关键词：灵性　现代灵性　后现代主义　后现代转向

"转向"是现代灵性发展过程中的一个关键词。灵性（spirituality）^①的后现代转向，是灵性自身发展的一个转向。在现代灵性的主要理念和内容中，我们都可以看到后现代主义的影响。

一　现代灵性与后现代主义

（一）"现代"和"后现代"

"后现代"一词的使用是相对于"现代"的范畴来说的，人们在论述

---

* 本文系江西省社会科学"十三五"规划项目"推进我省宗教参与养老服务创新发展研究"（18ZK07）阶段性成果。

** 乌媛，哲学博士，江西宗教问题研究中心、宜春学院宗教文化研究中心讲师。

① 本文讨论的灵性主要指从19世纪开始发展起来的，并在20世纪60年代迅速兴起的一系列以灵性为主要表现形式的信仰和实践的集合体，因此将其称为"现代灵性"。

"后现代"时常常用后现代性、后现代主义或后现代精神等说法。后现代理论是在批判现代性的基础上发展起来的，这种批判涉及多个领域，"后现代"作为一种理念已经渗入经济、政治和社会生活的各个方面了，发展为以批判和超越"现代性"为目的的"后现代主义"思潮。

对后现代主义的界定并不会比对"灵性"的界定更容易。后现代主义被认为具有"不可通约性"和"不可翻译性"（高宣扬，2005：2）①、不可表达和非表达的特质、多元性、多学科和跨领域的综合性和交叉性、思想队伍的复杂性、非同构性、同现代主义以及同传统文化的交错性和对立性、自由创作的不确定性原则及其多种可能性等特征，这些特征使得后现代主义更具模糊性而增加了术语界定的难度。

作为后现代主义生长于其中并对之进行批判的"现代性"，则主要是指自启蒙运动以来的资本主义历史及其基本原则。"现代性"作为一种思考和行为模式以及生活方式同资本主义政治、经济、文化和整个社会制度紧密相关。作为哲学意义上的现代性，注重理性及主体性、追求自由，并经历了从宗教社会向世俗主义的转变，现代性对宗教采取的主要是一种"祛魅"的态度。后现代主义是随着现代性的发展而成长起来的文化矛盾体。19世纪三四十年代资本主义全面繁荣的时候，现代性的内在矛盾开始凸现。资本主义现代性内在的矛盾性，孕育了批判和背叛其自身的精神力量和文化力量，而后现代主义就是其中的重要组成部分（高宣扬，2005：103）。后现代主义既是对自由资本主义的反思，又是对后工业社会（信息时代）的呼应。

后现代主义针对现代性的基本观念进行了批判，如对启蒙精神的批判，在后现代主义者看来，原本以"理性"为旗帜意图使世界清醒、用知识代替神话的思想运动，却导致了新的神话。西方现代性"以对社会的总体性设计，造成了操纵、压制个体的意愿与行为的结果。它宣扬的'主体性'突出的是人的能动性、中心性、先验性，将人视为自然的主人、世界的中心，导致的是对自然的掠夺"（陈嘉明等，2001：12）。除此之外，现代性的宏大叙事方式与其对普遍性、总体性与本质主义的观念的追求，也

---

① 这是在后现代主义形成和产生过程中，由后现代主义者及其启蒙者所提出的新概念，被用来揭示传统理论不同历史阶段思想观念体系之间的非同质关系及其不可化约性，传统文化和传统语言丧失了对"后现代主义"说明的正当性和有效性（高宣扬，2005：2）。

成为后现代对其进行批判的重要内容。特别是在宗教问题上，后现代主义开始反思启蒙运动以来对宗教的批判并试图用"理性"取代宗教的做法。早期后现代主义者仍试图寻找宗教的某种替代物，而后来的后现代主义者则开始对宗教在社会中的作用进行更深入的思考，企图重建一种"后现代宗教"，而非简单的替代。

（二）现代灵性与"后现代"的关系

作为历史范畴的"后现代"，它同"现代"的时间分界是在 20 世纪的 60 年代（高宣扬，2005：28）。20 世纪 60 年代标志着现代主义的最后一个高潮（库比特，2008：119）。虽然有此时间界限，但并不表示从这时起"后现代"彻底取代了"现代"，而是说这个时代所发生的诸多事件，成为"现代"向"后现代"过渡的标志。20 世纪 60 年代是西方政治、经济和文化发展的顶峰时期，同时又是现代性危机全面矛盾爆发的时期，在欧美等地区发生了各种反文化运动。在这种背景下，灵性依附于新兴宗教兴起、新时代运动爆发以及灵知主义开始复兴等。

现代灵性的全面发展过程与"现代"向"后现代"的过渡处于同一时期，因此灵性的发展不可避免地要受到后现代思想的影响。同时，各种新兴宗教以及新时代运动本身就是反文化、反现代性的结果，依附于此发展起来的现代灵性难免也带有"反现代性"的倾向。后现代观念作为与现代性相对的一种思潮，在现代灵性的发展期为其注入了对现代性批判的因素。特别是新时代运动，它本身就被看作一场后现代运动。戴维·里昂（David Lyon）观察到了新时代运动的后现代本质，他认为新时代运动与后现代语境下所讨论的当代社会所浮现的特征有着非常亲密的关系；希拉斯等人则将新时代与后现代消费者社会联系起来（Huss，2012：83）。新时代运动的出现和发展宣称了"现代"的结束，"后现代"的开始。它力求与西方文化传统和基督教信仰分道扬镳，肯定并吸纳了多种神秘主义因素；它追求一种综合或折中主义，倡导"互补""协同""系统"等原则；同时也重视人与自然的和谐关系，推崇绿色和平、生态平衡观念。新时代运动被认为是"代表着对工业化社会的一种清算和反思，以及对文明进程所带来的自然损害与破坏的不满和抗议"（戴康生，1999：290）。

现代灵性的发展过程，也是后现代理念不断渗入其中的过程，特别是以大卫·雷·格里芬（D. R. Griffin）为代表的建设性后现代主义，较为形象地传达出了现代灵性的后现代意涵。建设性后现代主义具有创造性、多元论、倡导对世界的关心等向度，因而改变了人们对后现代主义的"解构""摧毁"的固有印象。而我们从对现代灵性内容的探析中也不难发现，现代灵性的很多理念与格里芬等人所倡导的重"关系"、有机论和新的时间观（如强调对过去和未来的关心）都有着共通性。这种共通性不能说是偶然或巧合，而更应该被看成后现代理念与现代灵性相互作用、渗透和整合的结果。可以说，现代灵性在其发展过程中越来越带有"后现代"的味道。甚至有学者认为，"灵性"这一术语已经成为西方后现代的一种标识（Johnston，2003）。现代灵性是否转变得彻底到能够完全被表述为"后现代灵性"还有待深入探究，但是不容否认的是，现代灵性的血液里已经有越来越多的后现代成分了。

二　转变内容

"后现代"与"现代"二者之间并没有明确的分界点，它们之间的关系也不是后现代彻底取代了现代而成为新的主导，而是在一种重叠和交叉的复杂关系中，后现代对现代性所导致的一些问题进行批判和反思，在认同现代性为人们的生活带来进步的同时，对其内部固有的矛盾及其对现代社会发展所带来的恶果进行批判。如同现代与后现代的关系一样，现代灵性的后现代转向也不是在某一时刻突然出现的，而是贯穿现代灵性发展进程。现代灵性一方面受到现代性思维的影响而逐渐成形，并拥有独立身份，另一方面它自20世纪60年代开始迅速发展又与后现代思潮的涌起相伴随。因此，现代灵性兴起和发展的过程，同时也是它受到后现代主义思潮影响而不断发生转向的过程。现代灵性既有现代性思维的影子，又越来越带有强烈的"后现代"味道，这些转变、融合的内容，最为突出地表现在以下几个方面。

（一）对自我的定位

人文主义是西方传统文化的核心思想。这种传统奠定于古希腊时期，经过文艺复兴而发展成为以个人自由解放为基本目标的现代资本主义的人文主义，成为西方近现代文化的核心和基础，同时也是由启蒙运动所发展起来的现代性的基本组成部分（高宣扬，2005：121）。这种对个人自由的追寻，不仅成为近现代各种科学知识和技术发展的思想基础，也贯穿于所有的社会制度、组织原则和政策之中。现代人文主义是以建构个人的主体地位为中心目标的，个人的主体性在资本主义的推动下不断地强化和膨胀，对"自我"的理解也随之由群体主义转向个人主义。现代性催生了主体性意识，产生了现代的自由、平等、博爱等价值观念，个人的独立性和自主性得到了极大的强调，这些也构成了现代资本主义社会产生和发展的思想基础。然而，伴随着个人主体性的提升，还有资本主义越来越完善的制度化和法制化所带来的限制，个体的独立性以及社会关系受到外在制度和结构的制约。工业化社会发展所带来的"集中化"使个人的社会关系越来越受制于"大型工厂、国民经济、大城市和民族国家等仅涉及人们生活的极抽象部分的大型非人格化群体"（格里芬，2011：30）。这样一来，尽管"自我"回归到个体，却又不得不带有强制规则下的被动性。

在这种背景下发展起来的现代灵性，一方面吸纳了现代性的个人主义特征，特别是对个体的自主性和独立性的强调；另一方面，虽然现代灵性受到现代性思想的影响，对前现代的权威和制度模式进行了批判，但是对个体所受到的现代性制约也同时采取了应对策略，那就是对个体存在于社会中不可能摆脱的"关系"有了新的理解。个人主义作为现代性的核心理念之一，它特别强调个体相对于他人的独立性和重要性。从哲学意义上说，个人主义并不认同"自我"的关系性事实，而是否认人本身与其他事物有内在的关系。就像笛卡尔将实体看成无须凭借任何事物只须凭借自身就成为其自身的东西一样，"自我"也是同样的存在。正是在这里，现代灵性避开了现代性的笼罩，发生了后现代转向，对个体、自我以及关系等问题有了新的理解。

这些新理解其中之一就是现代灵性对"个体"的重新定位。现代灵性有着深厚的宗教根源，然而它的发展又是基于对传统制度性宗教的批判。现代灵性反对宗教对灵性资源的垄断、制度化的存在对信仰者的束缚以及将个体视为有罪的、依赖性的存在，并且也不再将高高在上的神作为追寻的对象。"个体"的地位在这里得到了极大的强调，包括其能力、在信仰语境中的地位、自主性等。个体不仅有能力追求并把握超越性，同时也能超越自我与神圣者对话，甚至能够成为灵性真理的最终裁决者。后现代主义所重视的"创造性"体现在现代灵性对"个体"的理解中，个体不再只是作为社会产品的社会存在物，而是能够对其所处的环境做出自主反应的具有创造性的存在。这在一定程度上成为对现代性所带给个体的那种无形束缚的理想化反击。

另一个是现代灵性对自我的"关系性"理解。现代性将个人与外在世界的关系视为外在的、偶然的和派生的，而后现代主义则强调内在关系，强调个人与他人、他物的关系是内在的、本质的、构成性的。以格里芬为代表的建设性后现代主义者直接将"自我"定位为"关系中的自我"（self-in-relation）。他们反对将人看作一种实体的存在，而是关系的存在，每个人都是关系网络中的交会点。这种关系性（或主体间性）甚至成为构成"自我"的一个部分，就如格里芬所说："个体与其躯体的关系，他（她）与较广阔的自然环境的关系、与其家庭的关系、与文化的关系等，都是个人身份的构成性的东西"（格里芬，2011：38）。这也是利奥塔所说的"自我并不是一座孤岛"，人是一种建构性的存在，因为"人是处于复杂的社会关系网络之中、处于特定政治体制与文化教育环境中的"（陈嘉明等，2001：12）。

现代灵性在强调个体重要性的同时，也重视把"关系性"观点纳入自己的体系中来。这既是对现代个人主义走向极端的一种反思，也是通过自我的"关系"定位将个人的自主性放置于非强制性约束的关系网中。现代灵性的"关系性"特点在其不断发展中表现得愈发明显。这种关系的转变中包括了多层面的内容，如自我与神圣之间的关系，人与自然、宇宙、世界的关系，人与人之间的关系，女性和男性之间的关系等。现代灵性在纵向上强调个体与神圣者、宇宙和自然的关系；横向上强调个体与社会、他人的关系；相对于个体本身则强调身—心—灵之间的整体关系。"关系性"已经贯穿于现代灵性的理念当中，成为其后现代转向的最重要表征。

（二）对神圣者的认识

前现代时期，特别是中世纪的时候，神学是构成整个文化体系的核心，因此教会成为真理的最终裁断者，并垄断了人们对"神圣"的基本认识。"神圣"是同上帝联系在一起的，上帝是一种超自然的、至善至美的完满存在，它高高在上，人们对它的认识和体验是有限的。

到了现代社会，上帝的独一性和至上性，以及宗教及其垄断的"神圣"资源都受到了各种各样的冲击。泛神论直接将神泛同于宇宙万物；自然神论则认为上帝在创造出宇宙万物并为其制定好规则之后就退居幕后；而无神论更是彻底否认了神的存在。宗教及其所追寻的"神圣"在现代世界逐渐失去了其原有的中心地位。"生活在很大程度上是在没有上帝的情况下度过的。宗教在它得以生存的程度内越来越被局限于私人事务；事实上，在公共生活领域中，上帝彻底地消失了"（格里芬，2001：25）。取而代之的是现代性对科学及其实证原则的推崇和追求，科学发展所带来的技术进步和实际利益更加剧了这样的趋势。科学占据的位置虽与"神圣"还有些距离，但是却登上了探知真理的制高点。

后现代主义没有按照惯有的套路，用一种新的权威取代旧的权威，而是直接否定了权威本身。在后现代观点中，宇宙本身所具有的开放性，使得任何一种结果都不存在必然的保证。"不确定性"成为后现代眼中唯一最确定的事情（高宣扬：2005：19）。这一原则深深地影响着现代灵性的发展，并最终导致其对灵性真理、神圣者本身的认识开始转向后现代。在后现代主义的观念中，没有什么是确定无疑的，没有什么是先天存在的，因此现代灵性已经不能像中世纪的宗教或是现代社会所尊奉的科学权威那样，给予人们以明确的信仰和确定的知识。灵性所追求的真理也并不是放在那里等人们去拿的，而是一种被构建的、等待人们发掘和探索的存在。人们所追寻的信仰真理究竟是什么，它们不是给定的、确定无疑的或是永恒的，而是要依据主体及其所处的关系情景去判断。这也决定了"寻找"成为现代灵性寻求真理过程中最为核心的概念，并成为灵性真理构建性的一种动态表现。

现代灵性追求的神圣者也越来越带有后现代的味道。现代灵性发展初期受到现代性观念的影响，将其对神圣者观念的理解建立在反对传统制度性宗教以及代表着至高无上真理的"上帝"之上。现代灵性最初完全反对传统宗教将神看作宇宙的造物主，但在其发展过程中逐渐开始接受神圣者的"造物主"身份。但是，这种创造并不是外在的、单方面意义上的创造，而是一种内在的力量。神圣者从内部激发自我，促使个体以最理想的方式创造自己，它通过给予人类以超越性的目标而非一种推动力让个体开始追求灵性。现代灵性中个体与神圣者的关系，试图摆脱依赖性的关系，而逐渐走向连通、沟通和交流的模式。

与不确定性原则紧密相连的是后现代构建性观点，这反映在现代灵性的转向过程中，一方面是上面提到的个体自我所进行的构建，即对灵性真理的"寻求"，这种寻求过程包含着自我采取的各种灵性实践活动、灵性体悟以及自身对能够把握到的灵性真理的认知；另一方面则是由宇宙万物构成的关系网对灵性真理的构建。这种构建体现在由联系所带来的不同因素的复合性，也就是个体在追寻灵性真理的时候，大到宇宙这个整体概念，小到自然万物，个体与此发生关系的形式会影响其认识。整个宇宙被看成一个相互联系的整体，处于这个整体中的任何一个环节都不可能是一成不变的，一种因素的变化就会影响与其相连的其他事物。这种观点也为现代灵性用自己的方式回应现代社会存在的问题提供了支持。

基于关系性原则，所有的实体都与神圣者以及其他事物分享着"内在的关系"，这些部分相互交融、互相渗透，在相互影响的过程中成为彼此的组成部分，可谓"你中有我，我中有你"。这种由"关系"而连通起来的世界万物，也都分有了神圣者的"神圣"特性，所以现代灵性发展至今，我们可以看到它基于万事万物的联系性而对自我、自然、宇宙及其相互关系进行了特别强调。这里面渗透着后现代有机主义（organism）所谓的"家园感"，也就是说人们并不感到自己是栖身于充满敌意和冷漠的自然之中的"异乡人"，而是"把其他物种看成是就其自身经验、价值和目的的存在，并能感受到他们同这些物种之间的亲情关系"（格里芬，2001：38）。尽管现代性中的个人主义的起点是以一种个体自由的新身份与过去脱离关系，但是随着个人主义走向极端，加之实利主义的助阵，工业化所带来的生态破坏与那种"人定胜天"的自我膨胀不无关系。现代灵性对于自然的神圣化，深深地渗透着后现代主义的元素，这种与神圣、自然和他人的亲密感表达了现代灵性对于社会问题的反思，同时也是一种"灵性式"的应对办法。在某种程度上，现代灵性的这种转向为人类的可持续发展提供了一种可供参考的思考模式和心态。

（三）对"女性"的重视

后现代主义本身常常被看作一种女性化的生活方式。这种女性化的方式，与传统文化所塑造的方式不同，它超越了传统的二元对立和以男性为文化中心的生活模式，而转向追求一种"无中心、无规则、无父权中心主义道德原则，无逻辑中心理性原则以及追求'永远区分化'的生活方式"（高宣扬，2005：74）。"女性"在后现代的语境里越来越多地被作为一种象征，它所有表达的是一种"从容不迫、静中有动和随机应变"的生活方式，体现了"人生对于生活的'引而不发'和'后发制人'的态度"（高宣扬，2005：74）。

而在现代灵性的范畴中，"女性"有着更为宽泛的意义。一是指性别上的女性；二是指"女性"本身所具有的象征意义；三是指每个人都具有的一种潜质，或是一种力量的表征，与第二种的象征意义具有重合之处。无论从现代灵性的基本理念来看，还是从具体灵性实践和活动来看，女性都占据着十分重要的位置。受到后现代主义的影响，现代灵性的女性观不仅具有多种表现形式，同时也伴随着现代灵性的发展而不断深化和成熟。

1. 作为性别的"女性"

灵性自脱离宗教而成为一种具有独立身份的"现代灵性"之时，就以反对宗教对灵性真理的垄断、制度性的专断、因循守旧的模式而迈出第一步。各种灵性实践提供了一种更容易被女性接受的、自由的、多样的，甚至由女性来主导的信仰方式。因此在整体性的灵性实践中，女性比男性更易受到吸引而参与其中。这与女性在社会生活、宗教信仰等方面所处的地位有着重要关系。在社会中，女性既要面对工作的竞争，也要担当起家庭中的角色。然而，后现代女性并不满足于工作和家庭所给予自己的身份，她们开始探寻更深层次的自我定位。对于女性这种自我拓展的需求，无论是以男权为中心的社会还是传统的制度性宗教都无法满足。现代性试图结束男女之间由性别所产生的分离，但它所采用的办法却是"使妇女普遍地具有不生育的（nonregeneration）过度男性化气质"（格里芬，2011：86）。而以基督教为代表的西方制度性宗教，也不能为女性提供一种适宜的环境去追寻个体性的探索，因为它更倾向于神化家庭以及女性的关怀和自我牺牲的角色（Woodhead，2007：121），而非为其提供真正的"自我"追寻。

现代灵性为女性的更深层追求所提供的，不仅是将制度性宗教中所包含的父权制、阶层制、男性至高神等基本内容抛弃，也是一种由女性主导的灵性氛围。女性及其身体不再与"不洁""罪恶"相关，现代灵性肯定女性的美、健康和自我身份之间的联系，同时也肯定"身体"作为通向更深层的精神和灵魂的重要途径。从 20 世纪 60 年代开始，女性所面临的角色和身份的冲突要比男性所面临的复杂得多。灵性实践为女性提供了更适宜的信仰机会和灵性气氛，也为其寻找、平衡甚至重新构建自我身份提供了途径。现代灵性的理念和实践活动被女性用来提高和发展一种自我身份的存在感，以及在传统的身份之外重新构建一种新的、更为强大的自我感，这种由自我导向的身份建构，成为女性用以平衡社会和家庭生活中角色冲突的有力工具。

2. 作为隐喻的"女性"

现代灵性对女性的关注，不再局限于为女性提供更多自由的信仰空间，或是为女性实践者提供协调自我身份的方式，同时更加关注"女性"作为一种隐喻或象征所要传达出的精神。在这种象征意义上，"女性"不再只是性别意义上的，对"女性"的重视也不只是要对社会中的男女两性关系进行调整，而是通过对"女性"的强调，引出其隐含着的重要内涵。

现代灵性的各种实践活动包括新时代运动、新兴宗教等，女神或神的女性特征广泛出现于各种大小灵性信仰群组。现代灵性吸取了后现代女性主义的很多元素，其中一个表现就是古代的（或前现代的）女神形象取代传统的基督教的以父亲形象存在着的上帝而成为新的精神替代物。而后，随着现代灵性越来越多地受到后现代主义的影响，这种女神形象也离确定性的女性形象越来越远，逐渐泛化为一种隐喻而成为现代灵性所要传达的时代精神。科学以一种男性化的形象成为新的世俗统治，人们对于灵性的追求被放置到私人领域，与此同时，"现代性还把精神私人化为日趋萎缩的女性象征，然后把它击得粉碎"（格里芬，2011：86）。而现代灵性对女神形象的再次强调以及对女性的神化，则是对于这种"萎缩"趋势的有力回击。

女性代表的隐喻精神与现代灵性的核心内涵是具有同一性的，现代灵性所追求的理念与女性隐喻有着天然的联系，特别是后现代女性隐喻被现代灵性吸收之后，更加促进了现代灵性向后现代精神迈进。

首先，现代灵性中对于女性力量的神化，是对传统女性在社会生活和文化上被压制的一切力量、价值和智慧的释放和再培育。现代灵性中对女性的神圣化，实际上也是"所有那些在贬低妇女的过程中被贬低了的东西——差异、情感、肉体、自然、宇宙的神圣化"（格里芬，2011：122）。而这些被贬低的内容，却是现代灵性的基本理念中最为推崇的东西。宇宙被看作一个由万事万物联系起来的整体性关系网，在其中，自然和个体都具有神圣的特征。构成宇宙之整体的每个部分，都具有亲密不可分的关系，每一部分的存在都有其价值，这也形成了现代灵性追求多元化的特征，不仅认同每个人追求灵性真理的个异性，同时也鼓励灵性实践方式的多样性。而且，在传统宗教中被排斥的"肉体"也在现代灵性中有了自己存在的方式。就身体来说，灵性、精神、信仰不再同它相对立，"因为宇宙每时每刻都在我们的肉体当中得到展现"（格里芬，2011：123）；就情感和欲望来说，情爱、性和感性也成为追求灵性的途径之一。

其次，女性的神圣化代表着对女性地位的认同，同时也是对"自我"的隐喻。现代灵性是在现代性背景下产生并发展起来的，它受到现代性思想的影响，对个体的地位极为重视，"个体""自我"等概念构成现代灵性的核心概念。与现代个人主义逐渐走向极端化的"完全以个体为中心"的趋势不同，现代灵性的"自我"不仅具有自主性，同时又是关系中的"自我"，它的价值是通过与其他事物的联系来实现的。神化的女性具有与其他事物相联系、非原子性、个性，但又能自我决断的特征，这正是现代灵性的"自我"所追求的"能够在关系中保持而不丧失其力量"（格里芬，2011：122）的极好表征。女性的神圣化相对于"自我"的价值不仅体现在为其提供象征性表达，对于女性的"神化"也是通过对女性的地位的提高来为后现代主义所追求的"差异"提供论据的。神圣化的女性否定了男性中心主义，在现代灵性所构建的宇宙体系中，不存在以"男性"为中心的单一体制，而是无论男性还是女性，都通过宇宙的整体性以及彼此之间的联系而具有平等的地位。后现代主义对于"差异"的追求在此得到体现。在灵性的世界中，"差异"才具有价值，男女之间不会因为各自所具有的不同特征而形成一种"高—低"式的区分。

3. 作为一种气质的"女性"

现代灵性中的"女性"，也代表一种潜质或力量。相对于男性所对应的"阳性"（masculine）来说，女性在这里代表着"阴性（feminine）"气质。阳性气质主要是指"更加逻辑性的、理性的、分析的、连贯的、有组织的构造和左脑的心理特质"，而阴性气质则是指那种"更加关系性的、直觉的、神秘的、想象的、艺术的、创造的、感情的、流动的和右脑的心理特质"（艾尔金斯，2007：118）。现代社会中存有这样的问题：人们过于偏向或强调阳性气质，并且忽略和背离阴性气质，这就使得男权社会结构得以长期维持。阴性气质在后现代主义中被强调，甚至后现代生活方式本身就被看作女性化的生活方式。这种对于阴性气质的强调在现代灵性的内容上得到了全面的体现，无论是从其关于神圣者、宇宙、自然或是自我的相关理念中，还是具体的灵性实践活动中，都体现着现代灵性对于关系性、直觉性、神秘性，以及创造性的追求。因此，我们也可以说，现代灵性本身具有的以及发展所朝向的"阴性"气质，正是导向其后现代转变的内在原因。

值得强调的是，所谓的"阴性"和"阳性"气质的说法，并不是将男性和女性以不同的方式再次加以划分，或是通过对"阴性"的强调和对"阳性"的贬低而实现另一种单一性的结构，以此作为"阴性"气质实现的方式。这样的做法无疑是另一种形式的"男权中心"，这正是后现代女性主义以及现代灵性所反对的。实际上，"阴性"和"阳性"两种气质并不只是体现在女性或男性身上，而是无论男女，每个人身上都同时具有的两种特质。尽管现代灵性所追求的主要是一种"阴性"气质，但是这并不代表对"阳性"气质的拒绝。正如现代灵性所追求的整体—关系理念一样，对于形成完整的"自我"来说，阴性气质和阳性气质都是不可或缺的组成部分。

后现代主义所追求的，并不是将男女的位置简单互换一下，而是男—女之间的新的合作形式，即对"来自男人对他的扎根于自然之中的女性影子（shadow）① 的恢复"，以及对"来自妇女对她们在历史上展现出来的男性影子的发现"（格里芬，2011：86）。对于男性—女性之间关系的协调以及建立一种新型的两性关系，将成为现代灵性在后现代转向过程中必须回应的问题。

（四）对科学的态度

在后现代主义的影响下，现代灵性的很多理念也包含着对科学的批判性因素。随着现代灵性的不断发展，后现代因素的不断渗入，它对科学的态度也并不只是集中在"批判"的角度，而是有了更深入的看法。现代灵性开始利用最新的科学发现来证明或表达自己的理念，也有灵性学者借灵

---

① 这个术语是荣格的象征性的词汇而非严格的生物术语，它所要表达的意思与文中所说的阴性—阳性气质相似。

性的名义调和科学和宗教的关系等。

现代灵性对科学的态度的转变也是它发生后现代转向的一种反映。首先，现代灵性的基本理念是与科学所反映出的某些态度相对立的，这就导致了现代灵性首要地以批判科学为主。这里所批判的，不只是科学技术本身，更多的是对资本主义现代性影响下的人们对科学的态度，以及科学影响下的世界观、价值观方面所存在的问题。现代灵性对科学的批判态度并不是十分明确，或者说是隐含式批判。

现代灵性受到后现代主义反对一切"权威"理念的影响，既反对制度性宗教中独一的、至上的神的形象，也反对现代社会将"科学"奉为新的权威。现代灵性肯定真理的构建性和多样性存在方式，因此它鼓励个体通过多样的方式去"追寻"真理，而非接受既定的知识；它也认同每个人所认识到的真理的差异性，因为个体所处的环境及各种因素，特别与其相连的关系网，这些都使得个体所认识到的真理并不是完全一样的。科学知识也不例外，而且科学知识并不能解决所有问题，因此科学知识并不能成为评判一切的标准。

现代性的特征和基本理念影响着科学技术的发展。现代灵性的后现代转向必然要面对科学发展所带来的一系列问题，最突出的有两个：一个是科学与实用主义的结合导致的人—物（物质）关系成为首要关系；另一个就是科学技术（特别是应用性的科学技术知识）的发展使得人以一种征服者的姿态对自然施以强制性力量。

其一，西方现代性不仅追求理性，也注重实利，科学的发展也遵循着实用主义和功利主义的原则。这种实用性的原则导致的结果之一，就是一切以实际结果为准则，"结果"成为评判一切的依据。西方资本主义的迅速发展，离不开科学技术的不断进步，但是在不断追求进步的过程中，不可避免地产生了一系列恶果。在后现代视角看来，实用主义使得人与物（这里更偏向于物质利益的意思）之间的关系成为首要关系，而人与人、人与社会、人与自然之间的关系则成为次要关系。与此不同，后现代主义则将人与宇宙、人与自然、人与人之间的关系放在首位，现代灵性的整体—关系性思路恰好是对现代科学成为资本主义追逐实利的反驳。特别是现代灵性将这种整体性关系放置于过去—现在—未来连续的视界中，借助于前现代的某些资源，用以批判现代的问题，同时又关注未来的发展，与过于追求实利而导致"只顾眼前，不管将来"的做法形成了极大的反差。而且，对于人类社会的发展，现代灵性试图去改善和填补现代性所带来的"信仰空虚"，认为应该将灵性追求视为真正的发展，而非实用主义所带来的以物质财富的增长作为发展或进步的标准。应该说，在这点上，现代社会的社会和科学发展都应借鉴现代灵性的这种整体性和关系型的发展观。

其二，现代科学技术的发展极大地提高了人们的生活水平以及改造自然的能力，伴随而来的，是"自我"极端化所带来的相对于自然的优越性。现代性思想影响下的现代自然观，更多的带有一种强制性力量的意味。与现代灵性对自然的神化完全不同，科学技术的发展使现代社会更强调"对于自然界的征服和改造，并把对于自然界的征服当成扩大人类自由和提高人类主体性的主要表现，同时也当成扩大实际功利的途径"（高宣扬，2005：145）。科学对自然的这种征服欲可以被看成格里芬所说的"掠夺性的伦理学"，自然所具有的生命力和内在价值被忽略甚至被抛弃，人类欲望的满足才是首要的、唯一的。在与英国物理学家伦纳德·蒙洛迪诺（Leonard Mlodinow）进行灵性与科学两种视角的论战中，美国灵性学者迪帕克认为："宗教让人们在对神灵的崇拜中迷失自己，而科学在自然面前则有失敬畏，科学越来越倾向于认为自然是一种敌对力量，需要战胜它，才能给人类带来福祉。现在我们就为此付出了沉重的代价"（蒙洛迪诺、乔普拉，2012：4）。当今社会存在的各种生态破坏、环境污染、核危机等现象，就是人类一味追求经济快速发展，无视、贬低自然所带来的恶果。

现代科学的发展将人与自然之间的亲密关系切断了，而后现代主义和现代灵性则用尽全力去连接并建构一种新的人与自然的关系。一方面对个人主义极端化发展所导致的"膨胀的自我"进行重新设定。现代灵性的"自我"，既有独立性、自由的地位、决断能力、自主性等，也是一种关系性的"自我"，其存在是依赖于它所在的关系网中的各种因素的相互协作和相互影响。人与自然都是整体的部分，二者不存在征服与被征服的关系，而是亲密的、相互依存的关系。另一方面现代灵性直接将自然"神化"，赋予自然以神圣的特质、内在的生命力和无可取代的价值。同时自然也是自我灵性追求的旅途中重要的灵感来源，并在自我达到超越之时通过神圣者与之相连。

在这些方面，现代灵性继承了后现代生态观、有机论等诸多内容，在最初批判科学的基础上，进而对科学所导致的一系列问题进行反思，从而不断地充实、完善自己的内容。这也是现代灵性得以发展的重要原因。

与此同时，随着现代灵性的不断转向，它对现代科学的态度也并不局限于否定和批判，而是有了更多与科学相处的方式。如很多灵性学者开始引入科学知识取得的最新成果，用以解释、表达现代灵性的基本理念。此外，现代灵性对科学也开始做出"整合"的努力，特别是针对宗教和科学的关系，灵性在其中扮演了一种调和、整合的角色。

威尔伯在其著作《灵性复兴：科学与宗教的整合道路》（2000）中就做了这样的尝试，他意图将现代的科学与前现代的宗教放置在后现代的脉络当中，将其统合在整体性的"灵性"之下。在这种观点中，科学和宗教之间存在冲突，但也存在共有的特点，而这个连接点就要靠"灵性"来实现。宗教要在后现代语境中重建其尊严，就必须强化其灵性部分。科学精神的加入将有助于灵性体验更务实，更贴近"理性化"的现代心灵；而科学对灵性的接纳，也会拓展科学的眼界，跳出工具理性、实用主义的漩涡，从而使得知识和体验与生命的整体性建立起更加亲密的关系。

在讨论科学与灵性作为两种世界观之间未来的关系时，迪帕克也有着类似的观点。他认为科学与灵性之间的战争是没有必要的，因为"墨守成规的科学即将摇摇欲坠"，而"抛弃了传统宗教教义的新灵性学"即将登上舞台。尽管灵性在这里显示出一种胜利者的姿态，但是迪帕克随后也说到，这并不代表灵性学战胜了科学，而是灵性学让科学得以延伸（蒙洛迪诺、乔普拉，2012：267）。

当然，用灵性整合科学只是当代灵性学者们的一种尝试和美好愿望。灵性是否能够担当起整合科学的重任？这样的想法以及相关理论和实践的发展，将会面临各种质疑和挑战。尽管如此，现代灵性从一种适应性和接受性的角色转向主动者，应该说还是值得肯定的。

结　语

现代灵性的发展是一件很有趣的事情。从 20 世纪 60 年代开始迅速发展起来的现代灵性，在其发展之初就受到了现代性思想的深刻影响，从其内容来看不难发现它身上的现代性烙印。同时，这个时期又是后现代思想发展起来的节点。现代灵性的发展有着反传统、反前现代生活的影子，然而，其本身所具有的现代性特征又是后现代主义所要批判的对象。从发展之初，灵性就有着批判和被批判的双重内容。然而，也正是这种看似矛盾性的特点，使得现代灵性的发展一直紧跟时代潮流，按照现实所需不断调整自身，基本上与社会、思想发展处于同步阶段。

后现代主义的发展是基于对现代性内部所产生的矛盾以及由此带来的一系列社会、文化和生态危机的反思，它试图提供一种更具希望的见解。正如格里芬所表达的：后现代主义试图建立一种新的世界观以及与此相应的精神，通过产生新的利益、价值、方法和实践，人们可以从根本上改变世界的进程而无须求助于灾难性的革命（格里芬，2011：37）。从这种意义上来说，现代灵性的后现代转向就背负着这种对"新精神"的召唤和需求。

那么，我们是否就应该将"现代灵性"称为"后现代灵性"？

从表现形式上，现代灵性被看作一系列实践形式和思想观念的集合和标签，它所包含的灵性实践形式各种各样，无所不包。不仅是形式上存有不同，所追求的内容以及理论完善度也有着差异。这里所讨论的现代灵性的后现代转向，是相对于其普遍具有的理念及其总体性发展趋势所说的。这种转向是否能适应于每种灵性实践方式，或是每种灵性实践是否都反映出这种趋势，我们都无法给出准确的答案。除了自我对灵性的构建，灵性也是社会构建的产物。这种"构建"过程受到了来自各个方面因素的影响，现代性、后现代性、二者的矛盾和交融等因素都影响着现代灵性的发展走向。现代性理念深嵌于现代灵性之中，当现代性受到后现代主义的批评质疑的时候，现代灵性必然会做出相应的反应。因此，现代灵性的后现代转向，既是受到外在影响力所主导的自我"构建"的一部分，同时也是灵性寻求自身发展必然要做出的调整。

"后现代灵性"是现代灵性的一种转向或是发展趋向，它代表着现代灵性不再只是简单地适应社会、顺应外在因素的主导，而是开始有了"后现代"式的批判和反思精神，并把眼光投向于未来的视界。我们可以将其理解为现代灵性本身的"自我"意识的觉醒。它部分地成为事实，部分地仍处于美好的愿景当中。因此，这里仍然采用了"现代灵性"的说法，将"后现代灵性"放置于现代灵性的发展和转变过程中，不是将其看成完成时，而是进行时。

参考文献

〔美〕艾尔金斯（David N. Elkins）:《超越宗教——在传统宗教之外构建个人精神生活》，顾肃、杨晓明、王文娟译，上海人民出版社，2007。

陈嘉明等:《现代性与后现代性》，人民出版社，2001。

戴康生主编《当代新兴宗教》，东方出版社，1999。

高宣扬:《后现代论》，中国人民大学出版社，2005。

〔美〕格里芬（D. R. Griffin）编《后现代精神》，王成兵译，中央编译出版社，2011。

〔英〕库比特（Don Cupitt）:《我们的头顶是天空——日常生活的宗教》，王志成、王蓉译，宗教文化出版社，2008。

〔英〕蒙洛迪诺、〔美〕乔普拉:《世界之战：科学和灵性如何决定未来》，梁海英译，中信出版社，2012。

〔美〕威尔伯（Ken Wilber）:《灵性复兴：科学与宗教的整合道路》，龚卓军译，台北张老师文化事业股份有限公司，2000。

Huss, Boaz

2012. "The New Age of Kabbalah: Contemporary Kabbalah, the New Age and Postmodern Spirituality," in Paul Heelas, ed. *Spirituality in the Modern World : Within Religious Tradition and Beyond*, vol. III, New York: Routledge.

Johnston, William M.

2003. "The Spirituality Revolution and the Process of Reconfessionalisation in the West", *Pacifica* 16.

Woodhead, Linda

2007. "Why So Many Women in Holistic Spirituality? A Puzzle Revisited," Kieran Flanagan and Peter C. Jupp, eds. , *A Sociology of Spirituality*, Aldershot: Ashgate Publishing Limited.

宗教变迁·社会秩序变迁·政府宗教事务管理方式转型

——以中国宗教事务管理法治化为例的分析

闵　丽[*]

摘要：构建尊重和保障公民宗教信仰自由权利的法律制度，是法治国家治理宗教的主要方法和重要标志；中国宗教事务管理法治化建设目标是在社会现代化、宗教样态多元化背景下提出的，有其历史必然性和必要性；深入研究中国宗教事务管理法治化建设中关键要素的发育程度及其水平，具有重要的现实意义。

关键词：宗教变迁　社会秩序变迁　宗教事务管理方式转型

十八届三中全会、四中全会先后提出的"推进国家治理体系和治理能力现代化"这一改革总目标，以及"新形势下全面推进依法治国""建立科学的法治建设指标体系和考核标准"等治国方略，为我国政府宗教工作树立了全新的价值标准和管理目标。这表明，运用法治思维和法治手段管理宗教事务，已成为执政党对待与处理宗教问题的基本立场和主要方法。在这一背景下，探讨社会发展、宗教演进和国家宗教事务管理法治化三者之间的联动关系，诠释我国宗教治理法治化建设的必然性、必要性及其关键要素等一系列问题，具有重大的理论价值与现实意义。

---

[*]　闵丽，四川大学道教与宗教文化研究所教授，博士生导师。

一　中国宗教事务管理法治化的内涵与本质特征

在中国宗教事务管理法治化建设进程中，存在着一个必须廓清的思想认识问题，即法制化与法治化的本质区别，否则难以准确理解政府宗教事务管理法治化的真实意蕴与意义。所谓法治化，是指以民主为前提和基础，以依法办事为核心，以制约权力为关键的社会管理机制建构过程。从法理学视角看，"法制"不等于"法治"，"法制国家"也不等于"法治国家"。但凡以法律制度作为治理重要工具的国家，都可被称为"法制国家"。而只有具备以下要素或特征的国家，才是真正意义上的"法治国家"：其一，主权在民。法治国家是人民民主、人民主权的国家，法治的主体是人民。那种认为法治主体只是国家机关，人民群众是法治的客体，依法治国就是依法治民的传统观念，与"法治国家"的内在精神是背道而驰的。其二，有限政府。法治政府权力的取得与行使，必须受到宪法和法律的严格约束。法治国家是内含自由、平等、公民人格尊严价值理念的现代国家形态。相反，依法治民的法制国家，其法律制度的制定和修改，以统治者的利益诉求为圭臬，而不必征求民众的同意。从这一意义上来说，法制国家的治理方式，本质上仍然属于人治。法制国家与法治国家的区别，体现在政府宗教事务管理方面，必然表现截然不同的管理目的、管理目标和管理方法。具体而言，是否构建能够充分尊重和保障信众宗教信仰自由权利，充分尊重和保障信众精神文化需求的法律制度，及其与之相适应的管理方式，是辨别其是否为法治国家的重要标准。

关于政府宗教事务管理法治化的本质及其思想意蕴问题，国内学界和政界尚存在一定的认识偏差。具体而言，在我国宗教工作的阶段划分上，流行着一种观点，即主张将改革开放以来政府宗教事务管理过程划分为依据政策阶段（改革开放初期至 1990 年）、依法和依规并举的法制化阶段（1990 年代初至 2004 年底）、依据法规管理的法治化阶段（2005 年初至现在）（刘金光，2013：8；李五星，2011：48）。

二　中国宗教事务管理法治化的必然性与必要性

近代已降，特别是中国共产党执政以来，我国现代化建设事业取得巨大成就。但是，与世界发达国家相比，我国现阶段仍然存在经济、社会发展水平不平衡，法治不健全等问题，总体上仍然处于社会主义初级阶段。这就意味着，这一历史时期的重要任务是不断推进民主法治建设，加快实现国家与社会的现代转型。相应地，作为国家治理有机构成部分的宗教事务管理工作，自然也面临现代转型的艰巨任务。对此，必须深入研究社会发展、宗教演进和政府宗教事务管理方式转型三者之间的互动关系，否则难以深刻理解和诠释我国宗教事务管理法治化建设的必然性和必要性。

所谓社会发展，是指以个人为基础所构成的社会关系，发生从个体到群体的整体性变化，包括个人物质和精神层面及其延伸至人际关系层面的变化，进而导致社会经济、政治、文化的总体性变化。所谓宗教演进，是指在教义教理、组织结构、礼仪规范、传播方式等方面的进化演变。所谓宗教事务管理方式转型，是指社会管理主体根据国家性质、社会需求、宗教特性及其发展状况等因素，建构新的宗教事务管理模式。运用制度变迁理论分析社会发展、宗教演进和政府宗教事务管理方式转型三者之间的关系，可以得出以下结论：其一，社会发展状况从根本上决定宗教信仰的具体内容、表现方式及其衍变趋向。因为，各种灾难与死亡对人类生存构成严重威胁。在早期社会人类的认识能力低下、物质技术手段缺失的情况下，威胁人类生存的因素往往成为人们神化和膜拜的对象。我们可以在各种神灵信仰（如山神信仰、海神信仰等）中，找到产生恐惧和渴求保护的现实依据。同时，社会变迁不断为宗教信仰赋予新的内涵，使之呈现阶梯式的进化路径。例如，罗马帝国治下苦难的犹太人，为寻求精神慰藉而创立基督教。其神学思想之所以呈现为教父神学—中世纪经院神学的连续演进序列，与罗马帝国对基督教从最初的镇压到《米兰敕令》中合法地位的承认（爱德华·吉本，1997：433），这一态度的根本转变与世俗社会变迁是密不可分的。特定时空条件下社会生存境况的变迁，是宗教信仰产生和演变的重要社会根由。其二，宗教信仰的形成与演进，反过来也影响社会发展进程和政府治理方式。因为，特定时空条件下形成的宗教样态，有其独特的价值观、道德准则、理想生活模式，及其与之相适应的组织形式和仪轨戒律等行为规范体系，对信徒的精神生活与行为方式具有重大影响。而且其影响还随着宗教形态的自我衍化而改变，对社会发展进程和政府宗教事务管理方式产生重要影响。例如，作为基督教中国化早期形态的太平天国天父信仰，其信条在"彼岸"与"此岸"的评价和选择中，直接表达了现实政治诉求。同时，太平天国作为宗教性的政治化组织，在教化信众过程中显示了强大的社会动员与整合功能，并最终转变为严重打击清王朝统治的社会力量（闵丽，2001：50）。相应地，清政府也制定了相关政策，导致其宗教事务管理重点、管理方式的变化（赵树好，2014：37）。其三，社会发展程度与水平对政府宗教事务管理方式具有决定性作用。马克思的社会发展理论提供了一种宏观把握各种社会关系及其互动规律的研究范式，即非常强调生产关系对政治关系及公共权力获得方式的决定性作用。这一分析范式为理解社会经济与政治之间的内在关系提供了一把钥匙。历史发展表明，在农耕文明时期，由于生产力发展水平低下，缺乏便捷的交通工具与通信技术手段，社会成员被自然地理环境阻隔，分布在不同地域，彼此之间的联系与相互影响非常有限。这种封闭、散居和固定的生活方式，使社会整合能力与自组织能力甚微。作为传统农业社会核心资源的水源、土地，其资源的稀缺性与产权的模糊性，决定了权威性分配的集权政治成为避免剧烈资源争夺、保障社会有序运行的有效方式。由此可见，农耕文明与集权政治之间具有内生性关系。在中外历史发展的早期阶段，基于丛林原则或嫡亲继承制的王权政治是普遍的政治形式。在这一历史条件下，由于政治权力缺乏广泛的民意基础，宗教特有的"天意""天命"等信条，自然被视为集权政治及其权力获取方式的合法性依据，因而被王权利用。这是中外历史上政治与宗教高度依存的根本原因。相反，近代以来的工业化大生产、市场经济以及日新月异的交通和通信技术，催生了开放性社会，以及社会成员的自主意识和平等意识。在这种历史条件下，以法律为基础的定期、合法的竞争性选举，成为政党和个人获得公共权力的合法通道。由此，选民票决制度逐渐取代了具有王权合法性证明功能的宗教，成为获得现代国家政权合法性的主要依据。由此，宗教逐渐丧失其原有的意识形态主流地位，对社会政治生活的影响力大幅下降。但是，宗教信仰作为信教民众精神生活的重要部分，是公民思想自由权利的一种表现形式，符合现代国家的宪法精神，因而得到宪法与法律的承认与保护。同时，鉴于宗教的非理性特征与宗教组织的社会属性，它也有可能对民众与社会秩序产生负面影响。因此，其行为也要受到相关法律的规制与约束。现实也是如此，既保护又规制是现代国家普遍采用的宗教政策。鉴于传统农耕文明和现代工业文明在生产方式、政治关系及其政权获得方式等方面的巨大差异，在两种文明形态交替、传统集权政治向现代民主政治转型过程中，执政者看待和处理宗教信仰的方式也必然发生重大改变。

概言之，社会发展、宗教演进和政府宗教事务管理方式转型三者之间具有内在的联动关系。在西方近代史上，现代性先发国家通过建立健全宪法和法律体系，用法治手段处理宗教事务，其保障和规范功能促成社会有序发展，因而被越来越多的现代国家采用。目前，中国现代化建设已取得长足进步，市场交换关系中逐渐形成的个体自主意识和平等意识，以及网络和通信技术支持下形成的开放性社会，使包括信徒在内的多数社会成员有了表达个人意愿或信仰的意识和技术支持。在这种情况下，运用法治手段处理宗教事务，充分保障宗教信仰自由权力，限制不利于社会和谐稳定的极端宗教行为，不仅符合中国现代化发展的内在要求，也与人类文明进步的历史潮流相一致。因此，中国宗教工作法治化建设具有历史必然性和现实必要性。

三　中国宗教事务管理法治化建设的环境条件

宗教事务管理法治化建设的场域在当代中国。这一时空范围内特有的社会环境、法律制度与法律意识、价值观念和行为方式等关键要素及其发育程度，作为初始条件或生发环境，制约着宗教事务管理法治化建设的难易程度、速度、路径、方法和成效。所谓社会环境，是指法治建设所具备的物质手段、制度设计和文化传统等特殊条件。所谓法律制度与法律意识，是指宗教法规及规范性文本内容的法治化程度，以及立法、执法和守法的观念强弱程度。所谓价值观念，是指国民对宗教治理法治化的评价高下与认同程度。所谓行为方式，是指法治意识及其价值观念影响下形成的行为准则与人际交往习惯。就目前中国宗教事务管理法治化建设的环境条件而言，既存在有利因素，也存在不利条件。具体而言，其有利条件大致如下。其一，宗教治理方式现代化是国家治理现代化的一部分，符合国家大政方针和时代要求。其二，新修订的《宗教事务条例》及一系列地方性宗教法规的制定与实施，为宗教事务管理法治化建设提供了大量案例和有益经验。其三，在宗教事务管理法治化建设的意义与价值问题上，学界、政界和教界已初步形成共识。

深入研究中国宗教事务管理法治化建设中关键要素的发育程度及其水

平，具有重要的现实意义。就如何推动宗教工作法治化进程这一问题而言，国内学界和政界近期提出了许多有益的对策建议。例如，有人认为须寻找新思路、新方式（陈宗荣，2014：1）。还有一些人认为须提高管理主体和对象的法治素养、完善相关法律制度和宗教工作的监督体系（王作安，2016：1；陈宗荣，2014：1；冯永昌，2016：85；曹振鹏，2015：72）。此外，尚有人主张转变宗教工作的管控理念为法治理念，强化法治手段及司法机关的参与机制，优化宗教事务管理机构及其职能（闵丽，2015：246）等对策建议。对于优化宗教工作方式而言，这些对策建议具有较强的针对性。但在已有的研究中，影响宗教事务管理法治化建设成效的关键要素及其实际发育程度和水平问题，没有得到应有重视，造成在实践中难以准确把握阻碍宗教工作法治化进程的瓶颈因素及其有效破解方法，难以提供有助于推动宗教事务管理法治化建设进程的理论观照。

结　语

习近平同志在 2016 年 4 月召开的全国宗教工作会议上提出："要提高宗教工作法治化水平，用法律规范政府管理宗教事务的行为，用法律调节涉及宗教的各种社会关系"（习近平，2016：1）。这一重要讲话为我国政府宗教工作树立了全新的价值标准和管理目标。运用法治思维和法治手段管理宗教事务，已成为各级党政相关部门的重大任务。鉴于此，深入研究我国宗教事务管理法治化建设的历史必然性和必要性，及其关键要素的发育程度等一系列重大理论与实践问题，具有极大的理论价值和实践意义。

参考文献

曹振鹏：《关于提高宗教工作法治化水平的探讨》，《中央社会主义学院学报》2015 年第 5 期。

陈宗荣：《加快宗教工作的法治化进程》，《中国宗教》2014 年第 11 期。

冯永昌：《全面依法治国视阈下宗教事务管理法治化研究》，《中央社会主义学院学报》2016 年第 2 期。

〔英〕吉本：《罗马帝国衰亡史》（上下册），商务印书馆，1997。

李五星：《改革开放以来我国宗教法制建设的发展历程及其特点》，《沧州师范专科学校学报》2011 年第 1 期。

刘金光：《宗教事务管理法治化：成就、挑战与展望》，《世界宗教文化》2013年第1期。

闵丽：《道教——太平天国宗教信仰的核心》，《四川大学学报》（哲学社会科学版）2001年第5期。

闵丽：《我国宗教事务管理制度调整优化刍议》，《宗教学研究》2015年第1期。

王作安：《做好宗教工作要树立法治思维》，《中国宗教》2016年第3期。

习近平：《发展中国特色社会主义宗教理论，全面提高新形势下宗教工作水平》，《人民日报》2016年4月24日。

赵树好：《晚清教案交涉研究》，人民出版社，2014。

民间宗教与一般信任：基于
抽样数据的分析*

李东雨　　胡安宁**

摘要：信任对现代社会秩序的维持起着重要的作用。现有的信任研究中对信任影响因素的探讨虽然关注到了宗教变量，但大多考察的是制度性宗教，而忽视了像民间宗教这样的非制度化的宗教表达。据此，本文试图使用 2007 年中国居民精神生活调查的数据，分析中国居民的民间宗教对其一般信任水平的影响，以求将非制度化宗教引入宗教信仰与信任关系的研究中。结果表明，地方神灵崇拜的民间宗教实践能够显著提升居民的一般信任水平，而实践祖先崇拜的居民对一般化他人的信任程度较低。巫术行为、风水实践、财神崇拜、算命行为和辟邪行为等个体性的民间宗教实践则与居民的一般信任水平没有显著关系。另外，民间宗教实践对居民一般信任水平的影响存在城乡差异。在此基础上，本文进一步分析了相关经验发现对宗教信仰与信任研究的启示，同时探讨了中国民间宗教在现代社会中的功能。

关键词：宗教信仰　一般信任　民间宗教

一　问题的提出

长期以来，信任是社会科学研究者较为关注的话题之一。德国社会学

---

* 感谢复旦大学田丰、杜世超，中国人民大学李丁为本文写作提供的宝贵意见。本研究得到国家社会科学基金重大课题"中华优秀传统文化创造性转化与创新性发展的社会实现路径与机制研究（22ZDA081）"的支持。

** 李东雨，复旦大学社会学系博士研究生；胡安宁，复旦大学社会学系教授。

家齐美尔认为，"信任是一个社会最重要的整合力量之一"［Simmel，2009（1908）：315］。大量的社会科学研究指出，信任在促进现代社会的政治民主（Putnam et al.，1993；Putnam，2000；Knack，2002；Paxton，2002）、经济发展（Fukuyama，1995；Knack and Keefer，1997；Zak and Knack，2001；Algan and Cahuc，2013）和公民参与（Putnam et al.，1993；Uslaner，2002，2003；Uslaner and Brown，2005）等方面都发挥着重要的作用。正因为如此，决定信任的相关因素成为学者们关注的重点。在影响信任的诸多因素中，宗教信仰得到了许多研究者的重视。但是，现有的信任研究大多关注的是制度性宗教对信任的影响，忽视了非制度化的宗教性表达（Uslaner，2002；Delhey and Newton，2005；Welch，Sikkink and Loveland，2007）。在正式宗教组织的参与之外，非制度化宗教中的参与也是宗教性表达的一种重要形式。因而，将非制度化宗教引入宗教信仰与信任关系的研究中是有必要的。特别是在中国社会，杨庆堃（Yang，1961）所提及的"弥散性宗教"以及后来的学者们所提出的民间宗教（folk religion）、大众宗教（popular religion）等非制度化的信仰体系占据了民众宗教生活中的主导位置。因此，在探讨中国社会中宗教信仰与信任的关系时，非制度化的信仰不应该被忽视。

据此，本文将使用具有全国代表性的数据，尝试对中国居民的民间宗教信仰与其一般信任水平之间的关系做出探索性的实证分析。通过将非制度化的民间宗教引入宗教信仰与信任关系的讨论，本文期望能对现有的研究做出有益补充。

二　宗教信仰与信任

在社会学研究中，一般信任（generalized trust）指的是个体对社会中绝大多数的"一般化的他人"（generalized others）的信任。一般信任不指向任何具体的社会关系，意味着个体"相信人性一般来说是善意的"（Yamagishi and Yamagishi，1994：139），它是凝聚社会的黏合剂，也是社会正常和快速运转的必需品。由于一般信任在现代社会秩序维系中的重要作用，其决定因素成为学者们关注的重点。在众多的影响因素中，宗教信仰得到了许多研究者的重视（Uslaner，2002；Delhey and Newton，2005；

Welch et al.，2007）①，研究者们对其具体的影响机制做出了一系列探讨。斯达克和芬克（Stark and Finke，2000）认为，宗教具有文化和制度（组织）两个最基本的属性。因而，一些学者提出，宗教可以通过结构和文化两种机制来影响信任。有学者将它们分别概括为"组织效应"和"信仰效应"（阮荣平、王兵，2011）。"组织效应"是指，信任是通过社会习得的，源自个体过往的经历，是个体在生命历程中与他人交往互动所获得的各种经验与认知的产物（Hardin，1993）。每个人都是将自己特定的经验推广开来，进而产生自己对于一般化他人的信任程度的评估。人们"在很大程度上是通过把过去与其他人的互动泛化来做出怀疑性的判断的……我们对新人的信任在见面之前就已经被习得了"（Hardin，2002：113）。一些验证性的研究也对此论提供了支持（Macy and Skvoretz，1998；Glanville and Paxton，2007）。于是，信仰某种宗教并加入特定的宗教组织，往往意味着参与定期的集体性的宗教活动，这会使个体与其他教会成员交往和联系的频率有所提高，并使成员间彼此更为熟悉（Smidt，1999；Putnam，2000），而个体更多和更频繁的社会联系都能促进其一般信任水平的提升（Delhey and Newton，2003）。有研究表明，融入宗教团体能够促进信任（Dingemans and Ingen，2015），而宗教参与越频繁的个体一般信任水平也越高（Schoenfeld，1978；Smidt，1999；Traunmüller，2011；Guiso，Sapienza and Zingales，2003，2006）。还有研究指出，个体与其他教会成员紧密的联系及相互帮助的氛围能够显著提升个体对他人的信任水平（Seymour et al.，2014）。被整合进宗教团体不仅可以加强宗教团体成员间的联系，还会使个体和群体外成员联系的机会有所增加（Uslaner，2002；Wuthnow，2002）。这使得人们可以把信任扩展到不同的社会群体中，从而提升其一般信任水平。换言之，这是把对教友的信任推广为对社会大众的信任（Glanville et al.，2007）。

然而，有相反的观点指出，宗教的"组织效应"也可能会对一般信任产生负面影响。这是因为，强烈地融入特定的宗教群体并高度信任群体内的成员往往是以牺牲对外部大众的信任为代价的（Daniels and von der Ruhr，2010）。一些研究者认为，许多保守的新教教派成员表现对外人的

---

① 当然，有学者认为，宗教信仰和信任之间没有显著的关系（Alesina and La Ferrara，2002；Glanville et al.，2013；黄海波，2017）。

不信任感是这些宗教群体中过剩的"内聚性社会资本"（bonding social cap-ital）的副产品（Beyerlein and Hipp，2005），这种"内聚性社会资本"在帮助整合群体成员的同时也催生了对非群体成员的怀疑（Welch et al.，2004）。许多研究都指出，与主流新教教派的信徒相比，天主教徒和其他宗教的信仰者展现出更低的信任水平（Welch et al.，2004；Welch et al.，2007；Dingemans and Ingen，2015）。保守主义的新教团体成员的一般信任水平也较低（Welch et al.，2004；Hempel et al.，2012）。还有研究发现，宗教性高的国家和地区一般信任水平较低，宗教多样性也会降低一个地区的一般信任水平（Olson and Li，2015）。另外，越认同宗教在生活中起重要作用的国家和地区一般信任水平越低（Berggren and Bjørnskov，2011）。

相较于"组织效应"的结构视角，"信仰效应"的机制采纳了文化的解释，认为宗教作为一种文化价值观念能够对人们的信念和偏好产生影响（McCleary and Barro，2006）。"信仰效应"强调宗教本身在塑造个体世界观和价值观中的作用，并认为宗教是通过将其教规和教义内化于个体而影响其信任水平。大部分的宗教鼓励人们爱世人、宽容他人、信任他人，因而宗教信仰能够提升人们的信任水平（Delhey and Newton，2003；2005）。有学者提出，在新教教徒占据主导位置的地区，人们更有可能在社会化的过程中内化诚实、可靠、互惠的美德，因此在与陌生人打交道时会以诚实守信的方式行事，使得这些地区的人们可以将信任扩展到一般化的他人身上（Traunmüller，2011）。一些国际比较研究也表明，具有新教传统背景的国家显示出较高的一般信任水平（Bjørnskov，2006；2008），而在宗教氛围浓郁的环境中成长的个体会拥有更高的信任水平（Guiso et al.，2003；2006）。还有研究者发现，相信"上帝爱世人"的公众会更认同爱世人的观点，因而具有更高的一般信任水平（Mencken et al.，2009）。不过，有的学者指出，一些教派的教义和教规也可能会降低其信徒的信任水平。例如，福音派、五旬节派以及一些保守主义的新教教派，更为强调人类天生有罪，并认为教派外的世界是不友好的、腐化堕落的（a fallen world）。他们会告诫其信徒要对腐败的世俗社会的影响加以隔离和抗拒（Coreno，2002）。因此，这些教派的信徒与主流新教教派的教徒相比会拥有更低的一般信任水平（Welch et al.，2004）。还有研究发现，相信圣经无错谬、人类的堕落、地狱存在等观念的新教教徒更不信任他人（Hempel et al.，2012）。

与西方类似，现有的关于中国社会宗教信仰与一般信任之间关系的研究大多关注制度性宗教。例如，李涛等人（2008）发现，有宗教信仰的居民信任水平更高。王佳和司徒剑萍（2010）则认为，佛教、道教和基督教信仰可以显著提升居民的一般信任水平，另外，宗教活动参与越频繁的居民，一般信任水平也越高。阮荣平和王兵（2011）则指出，制度性宗教对一般信任的正向影响主要是通过"信仰效应"实现的。韩彦超（2017）发现，伊斯兰教和基督教信仰与居民的一般信任水平呈正相关。其中，伊斯兰教主要是通过"组织效应"对一般信任产生影响的，而基督教则同时兼具"信仰效应"与"组织效应"。另一些研究者认为，中国居民的宗教信仰与一般信任水平呈负相关，信仰佛教、道教、基督教和天主教都会显著降低居民的一般信任水平（窦方，2012；Hu，2013；韩恒，2014）。相比而言，道教是通过"信仰效应"对一般信任产生负向影响的（韩彦超，2017）。

总而言之，大多数现有的关于宗教信仰与信任之间关系的研究都着眼于制度性宗教，而忽视了非正式组织中的宗教性表达。不过，众所周知的是，中国的宗教版图与制度性宗教占据主导位置的西方社会的宗教版图有很大差异。杨庆堃（Yang，1961）就指出，中国宗教的一大特点是"制度性宗教"和"弥散性宗教"的并存。他认为，弥散性宗教渗透进世俗制度和社区的组织生活之中，在国人的社会生活中占据了主导地位，而制度性宗教则在中国社会中表现得相对弱势。因此，在考察中国社会中宗教信仰与信任的关系时，"弥散性"的中国民间宗教不应该被忽视。事实上，一些学者已经注意到了民间宗教的存在，例如，阮荣平和王兵（2011）发现，将民间宗教考虑在内，拥有"普化的宗教信仰"的居民相比无信仰者一般信任水平更高。有学者则认为，民间宗教对一般信任有负向的影响，但其具体的作用机制仍是一个黑箱（韩彦超，2017）。不难发现，这些研究没有在民间宗教与一般信任之间的关系上得到一致的结论。并且，这些研究在测量民间宗教时也不尽如人意，或者将民间宗教与制度性宗教合并为"普化的"宗教信仰，或者将民间宗教视作一个整体。然而，中国的民间宗教与各类制度性宗教之间有着巨大的差异，各类丰富的民间宗教实践在内容上也有着巨大的不同，不宜将它们作为一个整体来看待。因此，本文提出，对宗教信仰与信任之间关系问题的探讨不应该忽视非制度化的民间宗教，也不应该脱离中国民间宗教的具体内容和实践。据此，本文将在上述研究的基础上，尝试探讨中国民间宗教的具体内容和实践及其与中国居民一般信任水平之间的关系。

三　民间宗教与信任：理论假设

虽然民间宗教的概念早已被宗教社会学学者们广泛采用，但由于其所指涉的信仰与实践形式纷繁复杂，学界至今没有就其定义问题达成统一的意见。一些学者也主张摒弃对概念的争论，转向关注具体的民间宗教实践（Weller，1987）。据此，众多的学者尝试对民间宗教所指涉的现象进行了概括，其中，一个对中国的民间宗教的类型学划分是将其区分为教派性（sectarian）、社区性（communal）和个体性（individual）的民间宗教（胡安宁，2012）。这一类型学的框架较为完整地概括了中国民间宗教的版图，也为对民间宗教进行量化的分析提供了方便。在这当中，教派性民间宗教有最为完善的组织结构，信仰体系也较为成熟，如太平道、罗教、白莲教和八卦教等。一些学者将这类长期存在于我国历史上的教派、秘密会社和民间秘密团体视为民间宗教的一部分（Overmyer，1987）。马西沙和韩秉方（1994）在他们的著作中就详尽记述了这类教派形式的民间宗教的历史与实践。由于数据可用性的限制，本文不探讨教派性民间宗教与居民一般信任之间的关系。

社区性的民间宗教指涉那些围绕地域性的社区以集体化的方式进行的宗教信仰实践（胡安宁，2012）。对地方性神灵如土地神、城隍和妈祖的崇拜就是一种典型的社区性民间宗教。杨庆堃（Yang，1961）在分析中国社会的宗教时，特别谈及每一社区都具有一个或多个地方性的保护神，这些保护神是集体的象征，对这些地方性神灵的崇拜构成了社区宗教生活的中心。杨氏认为，地方性神灵提供了一个超越经济利益、阶级地位和社会背景的集体象征，为社区凝聚力的形成创造了条件。在杨庆堃之后，众多对地方性神灵崇拜的田野研究也揭示了这一点（Dean，1998；Weller，2004）。祭祀地方性神灵的庙会活动事关整个社区，往往能动员社区的全体人口，强化人们的日常联系（Chau，2006；Dean，2003；Feuchtwang，2001）。因此，地方性神灵崇拜的仪式和活动不仅为中国人提供了宗教生活，也为中国社会的凝聚创造了基础（Overmyer，2009）。从这一意义上来说，地方性神灵崇拜的实践通过"组织效应"对一般信任产生影响，对共同的地方性神灵的崇拜能够使人们跨越自身的经济利益、阶级地位和社会背景，加强与更广泛的社区成员的联系，形成对更加一般化的他人的信任。因此，本文做出以下假设。

假设一：地方神灵崇拜的实践有助于提升居民的一般信任水平。

祖先崇拜也被认为是一种重要的社区性民间宗教实践（胡安宁，2012）。但与地方神灵崇拜不同的是，祖先崇拜的实践主要是在一个家庭或宗族内部以集体性的方式进行的，因此，祖先崇拜促进的是以血缘而不是地缘为基础的群体的整合和团结（胡安宁，2012）。典型的祖先崇拜实践包括上坟扫墓和祭拜祖先等（Feuchtwang，2001；Freedman，1965）。祖先崇拜强调家庭成员间的亲属关系纽带，以及对家庭内部成员的忠诚（Brandtstädter et al.，2008；Szonyi，2002），而众多有关中国文化的研究表明，中国是一个"关系本位"的社会［费孝通，2007（1947）；梁漱溟，2005（1949）］，围绕着血缘和家族这一核心，人们能够通过各种手段向外和其他人建构关系，形成"自己人"和"外人"的区别（杨宜音，1999），并分别给予不同程度的信任、情感付出和相互义务等。这就是费孝通所说的"差序格局"。很显然，随着个人的交往圈从血亲家庭向外扩展，个人对关系越来越淡薄的"外人"是越来越不信任的。韦伯（Weber，1951）曾指出，中国人建立在血缘共同体即家族亲戚关系或准亲戚关系基础上的信任是一种难以普遍化的特殊信任。福山（Fukuyama，1995）继承了韦伯的观点，同样认为中国社会中家人和血亲关系的圈子是"外人"难以打破的，人们对外人充满了"永远无法改变的不信任"。在传统的中国社会中，人们只愿意将钱借给同姓的亲属，因为传统的观点认为只有祭拜同一个祖先的人才是可信赖的（Freedman，1979；Weller，2006）。胡安宁和周怡（2013）也发现，参与上坟的居民与那些不上坟的居民相比，更不愿意信任他人。这或许是因为，家庭主义中强调"内外有别"的道德主张强化了个人交往中的内外亲疏观念，进而造成居民对"外人"的不信任。综上，在"关系本位"的中国社会，祖先崇拜中对内外亲疏关系的强调无疑会对其实践者产生一种"信仰效应"，进而对其一般信任水平产生负面的影响。由此，我们做出以下假设。

假设二：祖先崇拜的实践与居民的一般信任水平呈负相关。

在教派性和社区性民间宗教之外，中国社会中还存在着一系列围绕特定"超自然力量"的个人化的民间宗教和实践，这类民间宗教实践不以集体性的方式进行，制度化和组织化程度很低，因而可以被统称为个体性民间宗教（胡安宁，2012）。典型的个体性民间宗教包括在信仰层面对"气"、命、运、风水等神秘力量的信仰和在实践层面的算命、改运、进香、收惊、看风水、积功德等宗教行为（卢云峰、李丁，2011）。有学者曾提出，中国民间宗教的信仰者一般来说都是宿命论的，但他们相信运气可以通过取悦鬼神、在风水宝地建房、调和身体阴阳等方式来改变（Tamney，1998：31），这样的一些实践也是典型的个体性的民间宗教。事实上，个体性民间宗教很早就得到了中国宗教研究者们的注意。例如，韦伯（Weber，1951）就认为，中国宗教的一大特点包含了大量巫术的成分，巫术遗存深深地影响着中国的宗教文化和社会生活，整个社会生活仿佛笼罩在一个大的"巫术花园"之中。杨庆堃（Yang，1961）也认为，超自然因素是中国人宗教生活的明显象征，这些被西方人认为是"迷信"和巫术的部分恰恰是中国宗教生活的核心元素。一些较有代表性的个体性民间宗教实践早已经得到了学界的关注，例如萨满实践（Heyne，1999；Marshall，2006）和风水学说（Potter，1970；Feucht-wang，1974）等。不难看出，个体性民间宗教往往是由个体自身，或者由个体和宗教服务的提供者（如风水师、巫师、占卜师等）一起一对一的实践。并且，个体性民间宗教的实践者往往是功利性的，其信仰实践更多的是一种个体与神灵或神秘力量之间的宗教交换关系，不涉及任何具体的社会联系，也没有对人际关系的处理提出任何指导。因此，个体性民间宗教实践缺乏对一般信任的"组织效应"和"信仰效应"，故而，本文做出以下的假设。

假设三：个体性民间宗教实践与居民一般信任水平之间没有显著的关系。

综上所述，本文的分析框架如图1所示。

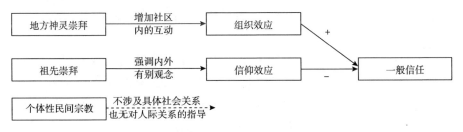

图1 个体性民间宗教与一般信任的关系

四　数据和变量

1. 研究数据

本文所使用的数据来自 2007 年中国居民精神生活调查（Spiritual Life Study of Chinese Residents，SLSCR）。中国居民精神生活调查由中美两国的多位学者合作设计，并由零点研究咨询集团执行。调查采用多阶段不等概率抽样的办法，在全国选取了包括 3 个直辖市（北京、上海、重庆）、6 个省会城市（广州、南京、武汉、合肥、西安、成都）、11 个地级市、16 个乡镇和 20 个行政村在内的 56 个地区的居民进行调查。该调查最终获得的样本量为 7021 人，他们是年龄在 16 岁以上、75 岁以下且在调查地居住满三个月以上的居民。尽管调查执行的时间较为久远，但 SLSCR 包含了居民常规的社会学—人口学特征和其宗教观念、信任态度等内容，这些是分析本文研究问题较为理想的资料。

2. 因变量：一般信任水平

本文的因变量是居民的一般信任水平。在 2007 年的中国居民精神生活调查中，受访者被询问他们对一系列对象的信任水平，其中就包括"一般的人"（people in general）。受访者需要从"完全不信任"、"有一些信任"、"相当信任"和"非常信任"四项中选取一项来描述自己的态度。我们将"相当信任"和"非常信任"编码为 1，"完全不信任"和"有一些信任"编码为 0，表示中国居民的一般信任水平。

3. 民间宗教的测量

本文对民间宗教实践的测量沿袭了胡安宁（Hu，2014）的做法，并在此基础上进行了一定的修改。具体来说，我们使用 SLSCR 中受访者上一年有没有"去其他的庙里（例如土地庙等）祈求、拜神、烧香"来测量地方神灵崇拜。我们将回答曾去过土地庙拜神烧香的居民编码为 1，其余编码为 0。

我们使用如下的五个问题测量祖先崇拜，即居民家中有没有"祖宗牌位"、居民在过去的一年中是否曾在"过世家人的墓地或祖宗祠堂"中祭拜、是否曾"在祖坟祭拜祖先神灵"、是否曾"修家谱/翻新宗祠"以及是否曾"祭拜祖先（包括死去的家人）"。我们将有"祖宗牌位"或在过去一年中曾做过上述任一行为的居民编码为 1，其余居民编码为 0。

个体性民间宗教实践可以分为巫术行为、风水实践、财神崇拜、算命行为和辟邪行为五个项目。其中，巫术行为包括过去的一年中做过"求助于巫术、符咒"、"求助于特异功能"和"请笔仙或碟仙"等行为，以及做过"收惊，叫魂"的活动的居民。风水实践使用居民在"婚礼"、"新生意开张"、"急病"、"购置、装修和乔迁新居"以及"葬礼"等五个场合下是否会请"风水大师"来做仪式或服务，以及在过去的一年里有没有做过"看风水"的活动来测量；财神崇拜则使用居民在家中是否有"财神的雕塑或画像"、在工作场所里是否有"财神的雕塑或画像"两道题目来测量。算命行为考察的是居民在过去的一年中是否做过"看相，算命"、"拆字"、"解梦"和"看星座星象"四种活动。在过去一年里做过"本命年带红腰带或红绳"、"穿红衣服辟邪"、"在门或窗户上挂镜子辟邪"、"生孩子赶好年份"、"结婚时选吉日"、"在门上贴符、八卦图或门神，挂艾草"、"在家中摆放镇宅物品，如宝剑、金蟾、桃枝等"、"放鞭炮辟邪"、"戴辟邪的物品，如水晶、玉器、金饰"和"在车内挂佛像等保平安"等行为的居民则是辟邪行为的实践者。我们将做过上述任意一种行为的居民定义为个体性民间宗教的实践者。

4. 控制变量

本文的控制变量包括居民的性别、年龄、受教育年限、宗教信仰（无宗教信仰 = 1，佛教 = 2，基督宗教 = 3，其他 = 4）、民族、政治面貌（党员 = 1，非党员 = 0）、自评健康状况（1 ~ 5）、婚姻状况（未婚 = 1，已婚或同居 = 2，分居、离异或丧偶 = 3）、城乡、地区、取对数的年收入和主观幸福感等。以往的一些研究表明，上述因素对中国居民的一般信任水平均有较为显著的影响（阮荣平、王兵，2011）。各主要变量的描述性统计结果见表 1。

表 1　主要变量的描述性统计分析（N = 5038）

	均值	标准差
一般信任	0.0836	
性别（女性 = 0，男性 = 1）	0.4835	

续表

	均值	标准差
年龄	40.0572	(13.281)
受教育年限	10.4974	(3.243)
宗教信仰		
无宗教信仰	0.7926	
佛教	0.1679	
基督宗教	0.0262	
其他	0.0133	
民族（少数民族＝0，汉族＝1）	0.9631	
政治面貌（非党员＝0，党员＝1）	0.0881	
自评健康状况（1～5）	4.3231	(0.846)
婚姻状况		
已婚或同居	0.8243	
分居、离异或丧偶	0.0411	
未婚	0.1346	
地区		
东部地区	0.4087	
中部地区	0.3414	
西部地区	0.2499	
城乡（乡镇和农村＝0，城市＝1）	0.4970	
取对数的年收入	7.3127	(1.268)
主观幸福感（1～5）	4.0998	(0.803)
地方神灵崇拜	0.0348	
祖先崇拜	0.7126	
个体性民间宗教	0.4361	

注：其中，地方神灵崇拜 N = 4994。

五　研究结果

1. 多元逻辑斯蒂回归分析

在表 2 中，我们呈现了对居民一般信任水平的逻辑斯蒂回归结果。模型一是基准模型，加入了所有的控制变量，模型二、模型三和模型四中则分别加入了居民是否实践地方神灵崇拜、祖先崇拜和个体性民间宗教的测量。结果显示，地方神灵崇拜的实践者信任一般化他人的发生比较非实践者高出 1.175（$e^{0.777} - 1$），参与地方神灵崇拜的居民一般信任水平更高，我们的假设一得到了验证。相应的，在控制了一系列的变量后，祖先崇拜的实践与居民的一般信任水平呈现了负相关的关系。践行祖先崇拜的居民信任一般化他人的发生比较其他居民要低 0.262（$1 - e^{-0.304}$）。假设二同样得到了支持。个体性民间宗教的实践则没有对居民的一般信任产生显著影响，这支持了假设三。在模型五中，我们同时加入了居民是否实践地方神灵崇拜、祖先崇拜和个体性民间宗教的测量。可以发现，地方神灵崇拜和祖先崇拜与居民一般信任水平之间的关系仍然显著，且方向未发生改变，个体性民间宗教与一般信任水平之间的关系是较为稳健的。

在其他的控制变量上，居民的佛教和基督宗教信仰都与其一般信任水平呈显著正相关，且这一效应在加入民间宗教实践的测量后依然显著。这与大部分针对中国的宗教信仰与信任之间的关系的研究相符。另外，相对于东部地区居民，西部地区居民的一般信任水平较低。性别、年龄、教育年限和婚姻状况等社会人口学变量则没有对居民的一般信任水平产生显著的影响。

表 2　民间宗教与居民一般信任水平的逻辑斯蒂回归

自变量	模型一	模型二	模型三	模型四	模型五
地方神灵崇拜		0.777 *** (0.214)			0.831 *** (0.216)
祖先崇拜			-0.304 ** (0.113)		-0.292 * (0.116)
个体性民间宗教				-0.164 (0.109)	-0.149 (0.112)
性别（男性 = 1）	0.150 (0.106)	0.154 (0.107)	0.161 (0.106)	0.143 (0.106)	0.158 (0.107)
年龄	0.005 (0.005)	0.006 (0.005)	0.005 (0.005)	0.004 (0.005)	0.006 (0.005)
教育年限	0.006 (0.019)	0.006 (0.020)	0.005 (0.019)	0.005 (0.019)	0.003 (0.020)

续表

自变量	模型一	模型二	模型三	模型四	模型五
宗教信仰（无信仰为参照组）					
佛教	0.675 ***	0.595 ***	0.723 ***	0.724 ***	0.677 ***
	(0.122)	(0.125)	(0.123)	(0.126)	(0.130)
基督宗教	0.994 ***	1.021 ***	0.888 ***	0.980 ***	0.905 ***
	(0.241)	(0.242)	(0.245)	(0.241)	(0.246)
其他	0.441	0.461	0.410	0.458	0.451
	(0.391)	(0.392)	(0.393)	(0.392)	(0.394)
民族（汉族＝1）	−0.532 *	−0.560 *	−0.528 *	−0.543 *	−0.566 *
	(0.238)	(0.238)	(0.239)	(0.239)	(0.239)
政治面貌（党员＝1）	−0.553 *	−0.544 *	−0.545 *	−0.552 *	−0.535 *
	(0.228)	(0.229)	(0.228)	(0.228)	(0.229)
自评健康状况	0.077	0.089	0.068	0.078	0.083
	(0.069)	(0.069)	(0.069)	(0.069)	(0.069)
婚姻状况（已婚或同居为参照组）					
分居、离异或丧偶	0.278	0.264	0.276	0.274	0.259
	(0.240)	(0.241)	(0.240)	(0.240)	(0.242)
未婚	0.086	0.115	0.082	0.070	0.100
	(0.174)	(0.175)	(0.174)	(0.175)	(0.175)
地区（东部地区为参照组）					
中部地区	0.088	0.079	0.100	0.103	0.103
	(0.118)	(0.119)	(0.118)	(0.119)	(0.119)
西部地区	−0.294 *	−0.328 *	−0.296 *	−0.309 *	−0.346 *
	(0.141)	(0.142)	(0.141)	(0.142)	(0.143)
城乡（城市＝1）	0.093	0.111	0.072	0.092	0.091
	(0.111)	(0.112)	(0.112)	(0.112)	(0.112)
取对数的年收入	0.041	0.037	0.043	0.041	0.039
	(0.047)	(0.047)	(0.047)	(0.047)	(0.047)
主观幸福感	0.014	−0.001	0.007	0.012	−0.010
	(0.070)	(0.070)	(0.070)	(0.070)	(0.070)

自变量	模型一	模型二	模型三	模型四	模型五
地区（东部地区为参照组）					
截距	− 3. 105 ***	− 3. 107 ***	− 2. 849 ***	− 2. 993 ***	− 2. 767 ***
	(0. 605)	(0. 608)	(0. 613)	(0. 610)	(0. 619)
Log likelihood	− 1415. 202	− 1397. 759	− 1411. 678	− 1414. 069	− 1393. 114
似然比卡方	65. 35 ***	78. 18 ***	72. 40 ***	67. 61 ***	87. 47 ***
样本量	5038	4994	5038	5038	4994

注：†p < 0.1，*p < 0.05，**p < 0.01，***p < 0.001（双尾检验，括号内为标准误）。

2. 交互效应

现有的对民间宗教的研究大多是在农村地区进行的（Dean，1998，2003；Feuchtwang，2001；Fan，2003；Weller，2004；DuBois，2005；Chau，2006；Overmyer，2009），这意味着民间宗教可能在中国农村地区的社会生活中占据了更为重要的地位。因此，本文考察了民间宗教与居民城乡居住地的交互效应。在加入相应的交互项后，本文发现，各类民间宗教实践对居民一般信任水平的影响存在城乡居住地的差异。如表3所示，地方神灵崇拜对居民一般信任水平的影响在城乡地区表现得更为明显，这与现有的田野研究情况相符。民间宗教的理念与实践在农村地区得到了更完整的传承，其影响也更为深远。另外，在加入交互项后，祖先崇拜的实践对居民一般信任水平的影响变得不显著了。

表 3 地方神灵崇拜、祖先崇拜与居民一般信任水平的逻辑斯蒂回归

自变量	模型六	模型七	模型八
地方神灵崇拜	1. 150 ***		1. 166 ***
	(0. 276)		(0. 277)
祖先崇拜		− 0. 254	− 0. 261
		(0. 166)	(0. 170)
城乡（城市 = 1，乡镇或农村 = 0）	0. 167	0. 135	0. 215
	(0. 116)	(0. 187)	(0. 190)
交互项			
城市 * 地方神灵崇拜	− 0. 829 †		− 0. 816 †
	(0. 432)		(0. 433)

续表

自变量	模型六	模型七	模型八
交互项			
城市＊祖先崇拜		−0.092 (0.221)	−0.103 (0.225)
控制变量	已控制	已控制	已控制
截距	−3.125*** (0.609)	−2.887*** (0.620)	−2.906*** (0.625)
Log likelihood	−1395.849	−1411.591	−1391.979
似然比卡方	82.00***	72.57***	89.74***
样本量	4994	5038	4994

注：$^{†}p<0.1$，$^{*}p<0.05$，$^{**}p<0.01$，$^{***}p<0.001$（双尾检验，括号内为标准误）。

3. 稳健性检验

为了保证结论的稳健性，本文进行了一系列补充分析。首先，我们使用由北京大学中国社会科学调查中心（ISSS）执行的 2010 年和 2012 年中国家庭追踪调查（CFPS）数据对祖先崇拜与一般信任之间的关系进行了验证。居民的一般信任水平使用 CFPS 2012 中"一般来说，您认为大多数人是可以信任的，还是和人相处要越小心越好？"的问题来测量；祖先崇拜实践则使用 CFPS 2010 家庭问卷中的"您的家族是否有族谱/家谱？"和"去年，您家是否参与家族祭祖/扫墓等活动？"两个问题来测量。结果显示，在控制了相关的变量后，祖先崇拜的实践仍与居民的一般信任水平呈负相关，且这一效应在 0.01 的水平下显著（$β=-0.095$；s.e.$=0.032$；$p=0.003$），践行祖先崇拜的居民信任一般化他人的发生比较非祖先崇拜者要低 0.091（$1-e^{-0.095}$），这再次验证了本文的假设二。另外，我们同样发现了城乡交互效应的存在，在加入交互项后，祖先崇拜的负效应依然显著（$β=-0.154$；s.e.$=0.042$；$p=0.000$），且这一负效应同样在农村地区更为明显（$β=0.132$；s.e.$=0.063$；$p=0.036$）。这也表明，祖先崇拜的理念与实践对农村地区的影响更为深远（Davis−Friedmann，1991；Whyte，1988）。

我们仔细考察了各类个体性民间宗教的实践与居民一般信任水平之间的关系。如表 4 所示，在控制了相关的变量后，巫术行为、风水实践、财神崇拜、算命行为和辟邪行为与居民的一般信任水平之间都没有呈现显著的关系。因而，假设三也得到了进一步的验证。

表 4　个体性民间宗教实践与居民一般信任水平的逻辑斯蒂回归

模型	解释变量	系数（标准误）	控制变量	截距（标准误）	Log likelihood	样本量
模型九	巫术行为	−0.029（0.482）	已控制	−3.115***（0.606）	−1412.414	5033
模型十	风水实践	−0.183（0.170）	已控制	−3.045***（0.606）	−1412.070	5037
模型十一	财神崇拜	0.035（0.162）	已控制	−3.155***（0.609）	−1409.985	5026
模型十二	算命行为	−0.268（0.178）	已控制	−3.168***（0.619）	−1373.912	4962
模型十三	辟邪行为	−0.066（0.115）	已控制	−3.172***（0.614）	−1395.372	4976

注：$^{†}p < 0.1$，$^{*}p < 0.05$，$^{**}p < 0.01$，$^{***}p < 0.001$（双尾检验，括号内为标准误）。

最后，现有的研究指出，各类民间宗教的实践并不是排他性的（Hu，2014），人们可能同时实践多种类型的民间宗教，因而，民间宗教对一般信任的影响可能会相互交叠。据此，我们将各类民间宗教的实践同时放入模型中（模型五），并进行了共线性检验，结果显示，民间宗教实践的方差膨胀因子（variance inflation factors）均在可接受的范围内（地方神灵崇拜 = 1.09；祖先崇拜 = 3.79；个体性民间宗教 = 2.00）。因此，上述民间宗教实践的测量不存在共线性的问题，它们对居民一般信任水平的效应是相互独立的。

六　总结与讨论

本文使用 2007 年中国居民精神生活调查的数据，对中国居民的民间宗教信仰与其一般信任水平之间的关系进行了探索性的分析。研究结果表明，实践地方性神灵崇拜的居民具有更高的一般信任水平，而祖先崇拜的实践会降低居民对一般化他人的信任程度。个体性民间宗教与一般信任之间则没有显著的关系。在加入民间宗教实践与城乡居住地的交互项后，本文发现，民间宗教对一般信任的影响存在城乡居住地的差异，地方神灵崇拜对居民一般信任水平的效应在农村地区更为明显，说明上述民间宗教在农村地区得到了更为完整的传承，并持续对社会生活和个人观念发挥着影响。

通过分析，本文揭示了民间宗教与中国居民一般信任水平之间的特定关系，并将非制度化的民间宗教引入对宗教信仰与信任关系的讨论之中。本文认为，与制度性宗教类似，非制度化的宗教信仰和参与同样可以通过结构和文化两种机制对一般信任产生影响。以中国的民间宗教为例，地方性神灵崇拜和祖先崇拜的实践分别会对个体产生特定的"组织效应"或"信仰效应"，进而影响其一般信任水平。由于不同类型的民间宗教有着不同的内容和实践方式，它们对一般信任的影响机制是不尽相同的，对居民的一般信任水平也会产生不一样的影响，这导致了二者间的关系在前人研究中呈现多变性（阮荣平、王兵，2011；韩彦超，2017）。故而，在探讨宗教信仰与信任的关系时，不应离开宗教本身的具体内容和实践。

以一般信任作为切入点，本文提出，当今中国社会中各类丰富的民间宗教实践仍然在人们的社会生活中发挥着一定的影响力。因此，我们要重视包括民间宗教在内的一系列中国传统文化及价值观念在现代社会中的功能和作用。在《中国社会中的宗教》一书中，杨庆堃（Yang，1961）试图通过对中国社会中的"弥散性宗教"做出功能性的解释来阐明宗教在社会生活和组织中所发挥的功能，并展现宗教和社会秩序的关系模式。他认为，弥散在中国社会中的社区性民间宗教是社会整合和团结的重要来源。时过境迁，本文的发现仍然支持杨氏的这一观点。当今社会，各种传统抑或新兴的宗教与信仰活动持续发展，在人们的社会生活和公共领域中发挥了越来越重要的作用（Stark，1999）。因此，对于信任研究以及其他的社会科学领域而言，像民间宗教这样的传统的、非制度化信仰体系到底在当代社会中发挥了怎样的影响，又有着怎样的社会功能，仍是一个值得继续关注的话题。

当然，本文仍然存在一些不足。首先，本文所使用的中国居民精神生活调查数据是截面数据，没有办法对因果关系做出推断，对民间宗教与一般信任之间关系的分析仍然是探索性的。其次，由于数据可用性的限制，本文对民间宗教实践的测量仍然存在一些缺憾，也没能对"组织效应"和

"信仰效应"等宗教信仰影响信任的具体机制做出实证的测量和分析。最后，对于未来的研究者而言，本文提供了一个需要继续完善的方向。在一般信任水平之外，民间宗教是否会对居民的制度信任（对法律、规章制度的信任）、机构信任（如对大公司、银行、公益慈善组织的信任）和特殊信任（如对医生、老师的信任）产生影响呢？对这些问题的回答，必能丰富我们对中国传统的民间宗教的独特价值的认识，以及其在现代社会中的作用的理解。

参考文献

窦方：《宗教信仰与中国居民的信任水平——基于 2010 年 CGSS 数据》，《第六届珞珈国是论坛论文集》，武汉大学政治与公共管理学院，2012，第 28 ~ 37 页。

费孝通：《乡土中国》，上海人民出版社，2007 ［1947］。

韩恒：《教内信任：基督教信仰与人际信任——基于 2010 年度 CGSS 的分析》，《世界宗教文化》2014 年第 4 期，第 71 ~ 78 页。

韩彦超：《策略信任视角下的宗教与一般信任——基于 2012 中国综合社会调查的实证研究》，《世界宗教文化》2017 年第 4 期，第 65 ~ 72 页。

胡安宁：《民间宗教的社会学人类学研究：回顾与前瞻》，《中国农业大学学报》（社会科学版）2012 年第 1 期，第 61 ~ 72 页。

胡安宁、周怡：《再议儒家文化对一般信任的负效应——一项基于 2007 年中国居民调查数据的考察》，《社会学研究》2013 年第 2 期，第 28 ~ 54 页。

黄海波：《信任视域下的宗教：兼论基督教中国化——基于长三角宗教信仰调查数据的分析》，《世界宗教研究》2017 年第 3 期，第 144 ~ 156 页。

李涛、黄纯纯、何兴强、周开国：《什么影响了居民的社会信任水平？——来自广东省的经验证据》，《经济研究》2008 年第 1 期，第 137 ~ 152 页。

梁漱溟：《中国文化要义》，上海人民出版社，2005 ［1949］。

卢云峰、李丁：《台湾地区宗教的格局、现状与趋势》，载金泽、邱永辉主编《宗教蓝皮书：中国宗教报告》，中国社会科学出版社，2011，第 225 ~ 252 页。

马西沙、韩秉方：《中国民间宗教史》，上海人民出版社，1994。

阮荣平、王兵：《差序格局下的宗教信仰和信任——基于中国十城市的经验数据》，《社会研究学》2011 年第 4 期，第 195 ~ 217 页。

王佳、司徒剑萍：《当代中国社会的宗教信仰和人际信任》，《世界宗教文化》2010 年第 4 期，第 78 ~ 85 页。

杨宜音：《"自己人"：信任建构过程的个案研究》，《社会学研究》1999 年第 2 期，第 40 ~ 54 页。

Alesina, Alberto, and Eliana La Ferrara

2002. "Who Trusts Others?" *Journal of Public Economics* 85 （2）: 207 – 234.

Algan, Yann and Pierre Cahuc

2013. "Trust and Growth," *Annual Review of Economics* 5 （1）: 521 – 549.

Berggren, Niclas and Christian Bjørnskov

2011. "Is the Importance of Religion in Daily Life Related to Social Trust? Cross – Country and Cross – State Comparisons," *Journal of Economic Behavior and Organization* 80 （3）: 459 – 480.

Beyerlein, Kraig and John R. Hipp

2005. "Social Capital, Too Much of a Good Thing? American Religious Traditions and Community Crime," *Social Forces* 84 （2）: 995 – 1013.

Bjørnskov, Christian

2006. "Determinants of Generalized Trust: A Cross – Country Comparison," *Public Choice* 130 （1）: 1 – 21.

Bjørnskov, Christian

2008. "Social Trust and Fractionalization: A Possible Reinterpretation," *European Sociological Review* 24 （3）: 271 – 283.

Brandtstädter, Susanne and Gonçalo D. Santos

2008. *Chinese Kinship: Contemporary Anthropological Perspectives*, New York: Routledge.

Coreno, Thaddeus

2002. "Fundamentalism as a Class Culture," *Sociology of Religion* 63 （3）: 335 – 360.

Chau, Adam Y.

2006. *Miraculous Response: Doing Folk Religion in Contemporary China*, Stanford: Stanford University Press.

Daniels, Joseph and Marc von der Ruhr

2010. "Trust in Others: Does Religion Matter?" *Review of Social Economy* 68 （2）: 163 – 186.

Davis – Friedmann, Deborah

1991. *Long Lives: Chinese Elderly and the Communist Revolution*, Stanford: Stanford University Press.

Dean, Kenneth

1998. *Lord of the Three in One: The Spread of a Cult in Southeast China*, Princeton, NJ: Princeton University Press.

Dean, Kenneth

2003. "Local Collective Religion in Contemporary South – East China," in *Religion in China Today*, ed. D. L. Overmyer, New York: Cambridge University Press, pp. 32 – 52.

Delhey, Jan and Kenneth Newton

2003. "Who Trusts? The Origins of Social Trust in Seven Societies," *European Societies* 5 (2): 93 – 137.

2005. "Predicting Cross – National Levels of Social Trust: Global Pattern or Nordic Exceptionalism?" *European Sociological Review* 21 (4): 311 – 327.

Dingemans, Ellen and Erik Ingen

2015. "Does Religion Breed Trust? A Cross – National Study of the Effects of Religious Involvement, Religious Faith, and Religious Context on Social Trust," *Journal for the Scientific Study of Religion* 54 (4): 739 – 755.

DuBois, Thomas David

2005. *The Sacred Village : Social Change and Religious Life in Rural North China*, Honolulu: University of Hawaii Press.

Fan, Lizhu

2003. "The Cult of the Silkworm Mother as a Core of Local Community Religion in a North China Village: Field Study in Zhiwuying, Boading, Hebei," *The China Quarterly* 174: 359 – 372.

Feuchtwang, Stephan

1974. *An Anthropological Analysis of Chinese Geomancy*, Vientiane, Laos: Vithagna.

Feuchtwang, Stephan

2001. *The Imperial Metaphor : Folk Religion in China*, London: Routledge.

Freedman, Maurice

1965. *Lineage Organization in Southeastern China*, London: Athlone Press.

1979. "Handling of Money: A Note on the Background to the Economic Sophistication of Overseas Chinese," in *The Study of Chinese Society: Essays*, eds. M. Freedman and G. W. Skinner, Stanford: Stanford University Press, pp. 22 – 26.

Fukuyama, Francis

1995. *Trust: The Social Virtues and the Creation of Prosperity*, New York: The Free Press.

Glanville, Jennifer L. and Pamela Paxton

2007. "How do We Learn to Trust? A Confirmatory Tetrad Analysis of the Sources of Generalized Trust," *Social Psychology Quarterly* 70 (3): 230 – 242.

Glanville, Jennifer L. , Matthew A. Andersson, and Pamela Paxton

2013. "Do Social Connections Create Trust? An Examination Using New Longitudinal Data," *Social Forces* 92 (2): 545 – 562.

Guiso, Luigi, Paola Sapienza and Luigi Zingales

2003. "People's Opium? Religion and Economic Attitudes," *Journal of Monetary Economics* 50 (1): 225 – 282.

2006. "Does Culture Affect Economic Outcomes?" *Journal of Economic Perspectives* 20 (2): 23 – 48.

Hardin, Russell

1993. "The Street – Level Epistemology of Trust," *Politics & Society* 21 (4): 505 – 529.

2002. *Trust and Trustworthiness*, New York: Russell Sage Foundation.

Hempel, Lynn M. , Todd Matthews, and John Bartkowski

2012. "Trust in a 'Fallen World': The Case of Protestant Theological Conservatism," *Journal for the Scientific Study of Religion* 51 (3): 522 – 541.

Heyne, F. Georg

1999. "The Social Significance of the Shaman among the Chinese Reindeer – Evenki," *Asian Folklore Studies* 58 (2): 377 – 395.

Hu, Anning

2013. "Generalized Trust Among Christians in Urban China: Analysis Based on Propensity Score Matching," *Current Sociology* 61 (7): 1021 – 1039.

2014. "Gifts of Money and Gifts of Time: Folk Religion and Civic Involvement in a Chinese Society," *Review of Religious Research* 56 (2): 313 – 335.

Knack, Stephen and Philip Keefer

1997. "Does Social Capital Have an Economic Payoff? A Cross – Country Investigation," *The Quarterly Journal of Economics* 112 (4): 1251 – 1288.

Knack, Stephen

2002. "Social Capital and the Quality of Government: Evidence from the States," *American Journal of Political Science* 46 (4): 772 – 785.

Macy, Michael W. and John Skvoretz

1998. "The Evolution of Trust and Cooperation between Strangers: A Computational Model," *American Sociological Review* 63 (5): 638 – 660.

Marshall, Alison

2006. "Shamanism in Contemporary Taiwan," in *Chinese Religions in Contemporary Societies*, ed. J. Miller, Santa Barbara: ABC – CLIO, pp. 123 – 145.

McCleary, Rachel M. and Robert J. Barro

2006. "Religion and Economy," *Journal of Economic Perspectives* 20 (2): 49 – 72.

Mencken, F. Carson, Christopher Bader, and Elizabeth Embry

2009. "In God We Trust: Images of God and Trust in the United States among the Highly Religious," *Sociological Perspectives* 52 (1): 23 – 38.

Olson, Daniel V. A. , and Miao Li

2015. "Does a Nation's Religious Composition Affect Generalized Trust? The Role of Religious Heterogeneity and the Percent Religious," *Journal for the Scientific Study of Religion* 54 (4): 756 – 773.

Overmyer, Daniel L

1987. "Chinese Religions: A Historical Overview," in *The Encyclopedia of Religion*, eds. M. Eliade and C. J. Adams, New York: MacMillam, pp. 257 – 289.

2009. *Local Religion in North China in the Twentieth Century: The Structure and Organization of Community Rituals and Beliefs*, Boston, MA: Brill.

Paxton, Pamela

2002. "Social Capital and Democracy: An Interdependent Relationship," *American Sociological Review* 67 (2): 254 – 277.

Potter, Jack M.

1970. "Wind, Water, Bones and Souls: The Religious World of the Cantonese Peasant," *Journal of Oriental Studies* (8): 139 – 153.

Putnam, Robert D. , Robert Leonardi, and Raffaella Y. Nanetti

1993. *Making Democracy Work: Civic Traditions in Modern Italy*, Princeton, NJ: Princeton University Press.

Putnam, Robert D.

2000. *Bowling Alone: The Collapse and Revival of American Community*, New York: Simon and Schuster.

Schoenfeld, Eugen

1978. "Image of Man: The Effect of Religion on Trust: A Research Note," *Review of Religious Research* 20 (1): 61 – 67.

Seymour, Jeffrey M. , Michael R. Welch, Karen Monique Gregg, and Jessica Collett

2014. "Generating Trust in Congregations: Engagement, Exchange, and Social Networks," *Journal for the Scientific Study of Religion* 53 (1): 130 – 144.

Simmel, Georg

2009 [1908]. *Sociology: Inquiries into the Construction of Social Forms*, trans. A. J. Blasi,

A. K. Jacobs, and M. Kanjirathinkal. Leiden, Netherlands: Koninklijke Brill NV.

Smidt, Corwin E.

1999. "Religion and Civic Engagement: A Comparative Analysis," *The Annals of the A-merican Academy of Political and Social Science* 565 (1): 176 – 192.

Stark, Rodney

1999. "Secularization, RIP," *Sociology of Religion* 60 (3): 249 – 273.

Stark, Rodney and Roger Finke

2000. *Acts of Faith : Explaining the Human Side of Religion*, Berkeley, CA: University of California Press.

Szonyi, Michael

2002. *Practicing Kinship : Lineage and Descent in Late Imperial China*, Stanford, CA: Stanford University Press.

Tamney, Joseph B.

1998. "Asian Popular Religions," in *Encyclopedia of Religion and Society*, e-d. W. H. Swatos, Walnut Creek, CA: AltaMira Press, pp. 31 – 32.

Traunmüller, Richard

2011. "Moral Communities? Religion as a Source of Social Trust in a Multilevel Analysis of 97 German Regions," *European Sociological Review* 27 (3): 346 – 363.

Uslaner, Eric M.

2002. *The Moral Foundations of Trust*, Cambridge: Cambridge University Press.

2003. "Trust and Civic Engagement in East and West," in *Social Capital and the Transition to Democracy*, New York: Routledge, pp. 81 – 94.

Uslaner, Eric M. and Mitchell Brown

2005. "Inequality, Trust, and Civic Engagement," *American Politics Research* 33 (6): 868 – 894.

Weber, Max

1951. *The Religion of China : Confucianism and Taoism*, Glencoe, IL: Free Press.

Welch, Michael R. , David Sikkink, Eric Sartain, and Carolyn Bond

2004. "Trust in God and Trust in Man: The Ambivalent Role of Religion in Shaping Dimensions of Social Trust," *Journal for the Scientific Study of Religion* 43 (3): 317 – 343.

Welch, Michael R. , David Sikkink, and Matthew T. Loveland

2007. "The Radius of Trust: Religion, Social Embeddedness and Trust in Strangers," *Social Forces* 86 (1): 23 – 46.

Weller, Robert P.

1987. *Unities and Diversities in Chinese Religion*, Seattle: University of Washington Press.

2004. "Worship, Teachings, and State Power in China and Taiwan," in *Realms of Freedom in Modern China*, ed. W. C. Kirby, Stanford: Stanford University Press, pp. 285 – 314.

2006. "Market Development, Political Change, and Chinese Cultures," in *Developing Cultures: Essays on Cultural Change*, eds. L. Harrison and J. Kagan, London: Routledge, pp. 215 – 233.

Whyte, Martin K.

1988. "Death in the People's Republic of China," in *Death Ritual in Late Imperial and Modern China*, eds. J. Watson and E. Rawski, Berkeley, CA: University of California Press, pp. 289 – 316.

Wuthnow, Robert

2002. "Religious Involvement and Status – Bridging Social Capital," *Journal for the Scientific Study of Religion* 41 (4): 669 – 684.

Yamagishi, Toshio, and Midori Yamagishi

1994. "Trust and Commitment in the United States and Japan," *Motivation and Emotion* 18 (2): 129 – 166.

Yang, Ching Kun

1961. *Religion in Chinese Society: A Study of Contemporary Social Functions of Religion and Some of Their Historical Factors*, Berkeley, CA: University of California Press.

Zak, Paul J. and Stephen Knack

2001. "Trust and Growth," *The Economic Journal* (111): 295 – 321.

论云南少数民族宗教文化变迁的影响因素

孙浩然 *

摘要：宗教作为特殊的社会文化体系，其变迁过程具有社会史和文化史的意义，宗教文化变迁往往与社会变迁同步。推动云南少数民族宗教文化变迁的内部因素主要有教理教义变革、仪式活动调整、信仰行为转化等，外部因素主要有科学技术进步、外来宗教传播、民族交往、社会运动、政策法规等。举凡一切文明因素，都可能促进宗教文化进步，而宗教文化进步，亦可助推社会文化进步。探讨民族宗教文化变迁的影响因素与渐进规律，有助于我们在新的社会背景下推动宗教文化健康传承。

关键词：云南　少数民族　宗教文化变迁

宗教作为一种特殊的社会文化体系，镶嵌在社会有机体之中。宗教变迁往往与社会变迁同步，宗教变迁往往具有社会史和文化史的意义。在从农业社会向现代社会转型的过程中，一些植根于传统农业社会的宗教信仰与现代工业社会格格不入，宗教文化在新的社会情境中传承延续就要或主动或被动地做出调适，这在云南少数民族宗教文化中可以找到例证。云南少数民族宗教文化变迁既有内生性的需求，又有外生性的动因。历史上，为推动民族社会的发展，云南少数民族的一些有识之士主动改良信仰风俗。例如，清康熙年间（1662～1722），佤族人赛玛革除砍头祭鬼的陋习，融合南传佛教的一些仪式，引导部分佤族群众改信"赛玛教"。除了民间力量推动宗教文化变革外，政府也通过政策命令对宗教信仰进行干预。例

＊　孙浩然，云南民族大学人文学院教授，主要研究边疆民族地区宗教社会问题。

如，明清时期，国家政权对影响较大的云南民族民间宗教进行文本化、象征性的改造，赐赠了不少匾额。明清两朝皇帝将关系国计民生的云南诸多盐井龙王敕封为道教神灵，明宣德元年（1426）敕封禄丰黑井七局山龙王为"九头金盖如意大自在龙王"，雍正二年（1724），敕封黑井大龙祠"灵源普泽"称号。在楚雄彝族中间影响深远的碌摩神庙、塔巴奶奶等神灵也逐步道教化，彝族崇拜的土主、白族崇拜的本主以及各类"大王""景帝""天子"也被吸纳为佛教护法神。在儒释道三教影响下，云南少数民族的原始宗教发生变迁。藏传佛教、南传佛教也不断经历变迁，可能庙还是那座庙，僧已不是那种僧了。例如，建于明万历二十九年（1601）的福国寺是丽江最早的佛教寺院，原为汉传佛教寺院，清康熙十八年（1679）改为喇嘛寺。近代以来，在历次反封建、破迷信、除淫祠等运动中，云南少数民族的一些信仰风俗被贴上"封建迷信""有伤风化"之类的标签，晚清和国民政府都明令取缔或改革。

凡此种种，都可引起少数民族宗教文化的变迁。推动云南少数民族宗教文化变迁的内部因素主要有教理教义变革、仪式活动调整、信仰行为转化等，外部因素主要有科学技术进步、外来宗教传播、民族交往、社会运动、政策法规等。举凡一切文明因素，都可能促进宗教文化进步，而野蛮因素，也可能引起宗教文化蜕变。反过来，宗教文化的进步也会影响人类社会的进步，韦伯论述世界各大宗教的经济伦理尤其是新教伦理与资本主义精神的内在亲和性就是相关研究的典范。本文拟探讨云南少数民族宗教文化变迁的影响因素与渐进规律，进而思考其与现代社会相适应的路径。

一 现代化的整体冲击

现代化是影响人类历史进程的伟大力量，现代化的核心力量如理性化、工业化、城市化、世俗化等深入云南边疆民族地区，使其传承已久的宗教文化和风俗习惯发生急剧变迁。历史上，"折腰、儋耳、凿齿、绣面、文身、绣脚、穿鼻、裸形"等曾经作为民族身份象征和文化标志。1908年，夏瑚到独龙江巡视，明令禁止独龙族妇女文面。但文面习俗由来已久，当地姑娘如果不文面就很难嫁人，很像历史上汉族妇女裹小脚，所以夏瑚的禁令收效甚微，至20世纪50年代大部分独龙族妇女仍然文面。改革开放以来，随着现代化因素在独龙江地区的深入推进，当代独龙族群众不以文面为美，年轻人不再坚守这一传统。过去部分傣族、佤族群众以牙白为丑、牙黑为美，现在则恰恰相反，染一口黑牙会被人笑话，因而他们主动放弃了"漆齿"风俗。随着社会的发展，民族交往范围逐渐扩大，不同民族也会生活在同一社区、同一单位，保留一些独特风俗有时反而显得格格不入，尤其在多民族散居杂居、相互嵌入的现代社区，民族文化和宗教信仰变迁的速度更快。很多云南少数民族的宗教信仰现象只能追溯到1949 年之前，宗教观念变迁直接导致宗教行为改变。例如，过去南涧傈僳族不使用漆过的棺材，认为后代会生漆疮，但现在已经没有这一禁忌。同时，现代性带来了流动性，边疆少数民族地区的青壮年外出打工后，很多村庄缺少组织宗教活动的核心力量，很少举行传统的宗教仪式。

现代文化市场的表演需求，将原本属于宗教仪式的活动搬上舞台，旅游开发对云南少数民族宗教文化也产生一定影响。佤族木鼓分"雌雄"，一般以红椿或其他红色树种为原料，母鼓大，公鼓小。作为通神的灵器，木鼓在佤族心目中十分神圣，无论祭祀还是氏族械斗都要敲击木鼓。20 世纪 70 年代以后，木鼓经过改制成为佤族的代表性乐器，登上了文艺舞台。一些人以猎奇之心观赏少数民族宗教文化，部分商人也迎合这一需求，对少数民族宗教文化进行改造。

现代医学和科学技术，压缩了宗教巫术的信仰空间。1950 年之前，云南边远山区少数民族信巫不信医，有些少数民族存在神药两解观念，但所用草药疗效有限，有时还有副作用。少数民族群众接触并体验到现代医疗技术的效果之后，大都放弃了原始宗教祭祀，传统巫术逐渐消失。新中国成立后，党和政府在尊重宗教信仰自由的前提下，批判影响恶劣的"巫婆神汉"，积极宣传现代医疗卫生知识，提升了群众的现代文明素质，培养了一批少数民族医生，形成制度化的医疗体系，对巫术的冲击更大。在农业生产中，过去有的民族群众认为虫子"天生天化，越捉越多"（云南省政协文史资料委员会，1995：58），只有赕佛、祭龙才能驱虫消灾。1953年，民族工作队在西双版纳通过虫子变蛹化蛾的实验，向群众宣传科学意识，受到现代科学影响的少数民族群众不再固守传统宗教观念。1980 年前后，金平县哈尼族支系哈备人就不再过新米节了，主要是因为水稻种植结构改变，很难寻觅传统的稻谷品种；同时稻田化肥超标，所需八只螃蟹、八条鲜鱼的祭品也很难备齐（满丽萍，1993：164）。可以说，科学技术与社会发展进步，降低了少数民族面临的生存风险，在他们越来越确定的生产生活领域，基本不再举行传统宗教仪式。

在现代农业生产中，人们不再依靠巫师指导耕种，关键环节也不再举行祭祀仪式，传统的宗教生产禁忌和生产习俗逐渐消失。例如，人们不再相信开荒会将"鬼"引到寨子里。过去，红河哈尼族在龙日、集体祭祀日、父母属相日、生日、忌日等日子不出工，一个月中休息时间占 1/3。1958 年，哈尼族群众参加农业生产合作社后，几乎日日都要出工，逐渐破除上述生产禁忌。合作化生产也使一些民族传统的大家庭规模变小，促进了氏族解体，家族长随之失去权力，公共宗教祭祀活动也很少举行。例如，镇康县德昂族的很多大家庭在 20 世纪 50 年代逐渐解体，家族长具有的宗教权力也随之丧失，公共宗教祭祀活动也很少举行。此外，农业生产合作社不仅直接从意识形态上改造着原始宗教，也间接地引进先进生产技术，从事实胜于雄辩的角度，使少数民族自觉认识宗教习俗的危害。

二　宗教权威的集体失落

在现代社会，传统宗教失去了权威，但并没有失去权利，宗教信仰自由仍是我们始终坚持的政策。历史上，有的宗教依附政治势力，当政治失势之后，宗教随之呈现民间化的生存状态，转而与百姓日常生活融合，在南诏大理政权中贵盛一时的阿吒力教即是如此。元明清以来，阿吒力教丧失"国教"地位，阿吒力僧人在民间世代相传。清康熙年间禁止阿吒力教的理由就是"阿吒力教非释非道，其术足以动众，其法足以惑人。以固盛世之乱民，王法必禁者也"（刘景毛，2007：500）。曾经被统治者尊为上师、国师的阿吒力师，被民间称为"师主波"，他们主要做一些同民众生活息息相关的法事。

魏晋南北朝至唐宋 1000 年时间内，云南少数民族信仰的特色宗教是"鬼教"，因不断与朝廷大员打交道，史籍中留下了一些关于鬼主、大鬼主、都大鬼主的记载。《新唐书·列传·南蛮下》说："夷人尚鬼，谓主祭者为鬼主，每岁户出一牛或一羊，就其家祭之。送鬼迎鬼必有兵，因以复仇云。"（欧阳修等，1975：6315）开元年间名相张九龄代唐玄宗作《敕安南首领爨仁哲书》，有"和蛮大鬼主孟谷悮、南宁州司马威州刺史都大鬼主爨崇道"（张九龄，1937：126）；《南诏德化碑》也有"螺山大鬼主爨彦昌、南宁州大鬼主爨崇道"等（郑回，2013：8）。在宋朝和大理之间存在"罗殿鬼国"，其首领在唐末称"大鬼主罗殿王"；宋朝册封西南部落一些"鬼主"为大将军。鬼主集政治、军事、宗教权力于一身，同时也是知识与智慧的化身。随着社会发展进步，鬼主发生分化，强权者成为首领，弱势者化为祭司。元代以后，云南少数民族的鬼主鲜见于文献，其本质在于社会变迁引起少数民族宗教文化变迁，鬼主丧失权力，随着鬼教一起退出历史舞台。

历史上，云南少数民族的宗教职业人员扮演多元、多重角色，他们不仅从事宗教活动，也举行神判化解纠纷，还传承本民族文化，进行道德教育等，掌握神权、法权、政权、教权等多种权力。但是，现代化进程逐渐剥离了宗教职业人员的上述权力，仅使他们保留了"不完整的"神权。他们的主要职责是联系人与鬼神世界，而对于人际关系和社会事务不再像从前那样有发言权了。经历多次政治运动冲击，一些老年人提到宗教文化，第一反应仍是"封建迷信"。至于年轻一代，已经很少有人知道本民族宗教文化的来龙去脉了。当前，一些少数民族地区宗教活动的担纲者巫师或祭司人数急剧减少。例如，禄劝县彝族群众举行葬礼，很多时候请不到毕摩，传统的丧葬仪式环节如献药、指路、扫房、含口、搭桥等被简化甚至取消。

弗雷泽说："巫术乃是为着人群的福利而控制自然的伟大力量，如果这种情形是真的话，那么行使这种法术的人，在任何社会中一定都是重要而有影响的人物，只要社会中人相信他们确是神通广大。如果他们借着其所享有的声誉及别人对于他们的敬畏心理，而得到高度的权力，以支配其信徒，我们就不必引为奇怪。"（马凌诺斯基，2002：70）在传统社会，宗教是一种组织力量，宗教职业人员具有较高的社会地位和声望。宗教与日常生活息息相关，宗教通过控制日常活动而将权力渗透进社会领域，通过禁忌保持其神圣的连续性，人们不敢轻易触碰神圣禁忌。然而随着世俗化的演进，一系列因素使得人们心目中的宗教神圣形象大打折扣。随着社会情境发生变化，现代社会中的宗教职业者很难具有像传统社会中那样的神圣权威，他们不如走下神坛，走出神圣的帷幕，切切实实从事服务信众、服务社会的活动。

三　外来宗教的渐进影响

历史上，随着外来移民和职业传教士来到云南，一些少数民族逐渐接受外来宗教信仰。移民传入的宗教自身携带信仰群体，主要通过移民与本土居民的日常交往扩大影响，因而民族宗教关系较为融洽。传教士在本土居民中没有任何基础，而本土居民大多有传统宗教信仰，二者相遇难免引起冲突。南传佛教传入傣族、藏传佛教传入傣族、阿吒力教传入白族，一度引起激烈的宗教冲突，并通过民族神话曲折地反映出来，近代以来基督教在云南民族地区引发教案也是典型例证。宗教与特定的意识形态相连，在外来因素与本土因素交织过程中，云南少数民族的宗教信仰呈现层积叠累的文化特征。

第一，道教传播对云南少数民族的影响。除了瑶族接受道教影响较深、较早而学者研究也相对较多，云南的阿昌族、傈僳族、彝族、白族等也都不同程度信仰道教。历史上，一些与汉族杂居的少数民族在农历六月初一至初六朝拜南斗，九月初一至初九朝拜北斗，谈演《斗母经》《皇经》等洞经音乐。楚雄州牟定县彝族在农历六月初六将衣服拿出"晒霉毒"，并到柜子山上载歌载舞，感谢教樵夫种荞麦的仙女（周凯模，1992：45）。与汉族杂居的傈僳族将老君、灶神、门神、土地神等道教神仙纳入神灵体系，楚雄傈僳族流传着《太白选玉帝》的神话。云县傈僳族每年农历二月十四举行朝山节，杀猪宰羊祭献他们的最高神太上老君，太上老君骑在一头大水牛上，有三双手，一双管日月，一双掌天地，一双执朝笏、握大刀（马跃华，1995：80）。居住在昆明东郊阿拉乡的彝族支系撒梅人受道教影响，供奉"先天教主太上道德老君"，有《太上清净消灾经》《制火祈吉经》等经书，"西波"作法时为牧童打扮，手持铜铃、铁剑、柳枝驱鬼。传说"西波"之祖为太上老君的牧童，其法术由老君传授。巍山因境内有道教十三大名山之一的巍宝山而得名，当地流传着太上老君点化南诏国始祖细奴逻的故事。① 部分阿昌族群众信奉道教，崇拜太上老君，受汉族知识分子影响，又崇拜孔子。

第二，佛教对云南少数民族的影响。佛教的传入，彻底改变了一些少

---

① 佛教则传说，观音化为梵僧点化细奴逻。

数民族的信仰面貌。如南传佛教对于傣族，藏传佛教对于藏族。同时，在傣族文化圈影响下的阿昌族、布朗族、佤族、德昂族等部分群众信仰南传佛教；在滇西北，受藏传佛教影响的少数民族还有纳西族、普米族、怒族等。历史上，部分拉祜族、佤族曾经信仰汉传佛教，但影响范围不大。汉传佛教对白族影响较大，并融入其本主崇拜和阿吒力教中。彝族部分群众也受汉传佛教影响，昆明官渡的子君人有佛教寺庙并定期举办庙会。有些民族既受汉传佛教影响，也受藏传佛教影响，如纳西族、普米族。与汉族杂居的兰坪县个别普米族信仰汉传佛教，宁蒗地区的普米族则信仰藏传佛教，普米族英雄史诗《冲格萨》明显受到藏族史诗《格萨尔王传》的影响。白族先民崇拜虎，南诏时期很多人名字中间都有"罗"（意为虎），到大理国时期佛教广泛传播，白族人名不再夹杂"罗"，而是夹杂佛教名号，如宋范成大《桂海虞衡志》所记到广西邕州横山寨市马并购书的"李观音得、董六斤黑、张般若师"等 23 人。由于受汉族、瑶族等民族文化的影响，部分苗族群众同时信仰道教和佛教，供奉观音、关帝、天王菩萨等神灵。

第三，基督教对云南少数民族的影响。作为排他性较强的宗教，基督教要求信徒放弃原有宗教信仰和祭祀礼仪，因此与当地文化产生对立冲突。为在少数民族地区打开局面，基督教采取一系列措施，如获取当地头人、巫师等关键人物的支持，培养本民族传教士传道，发展社会事业，构建教会自身的权力体系如行政权、审判权、惩戒权等。在景颇族地区，一些山官和董萨被拉拢信仰基督教，其原始宗教的信仰随之动摇，官庙也被取消了。在佤族地区，贺南乡大小 24 名头人全部信仰了基督教，有些头人甚至规定，不信基督教、不唱耶稣歌者不准结婚。这些民族头领和原始宗教巫师，本是反对基督教的，他们的态度转变对本民族文化变迁的影响较大。茂顶、马库、迪郎当等地独龙族群众信奉基督教的人口比例一度高达 80%；在第三乡以北地区，独龙族头人禁止群众信仰基督教，所以他们中没有基督徒。近代以来，云南 8 个受基督教影响较大的少数民族，其宗教文化不同程度地发生变迁，很多信教群众已经将基督教视作本民族的"传统宗教"。

四　行政力量的文化重塑

明清时期，封建王朝依据国家祀典对民间宗教进行正邪判断。雍正年间，云贵总督鄂尔泰在云南大规模推行改土归流，儒家文化为民族上层所尊奉，民族传统宗教仍在民间流传。近代以来，北洋政府、国民政府通过行政命令对民族民间宗教施加压力。1918 年，北洋政府内政部通令全国取消巫师和淫祠，云南一些地方掀起"拉偶运动"，捣毁神像。但这些改造仅触及皮毛，没有触动宗教信仰的社会根基和意识形态根本。新中国成立以来，社会主义改造使少数民族地区社会面貌焕然一新，民族宗教生存的民间土壤被重新翻耕，所谓文化大传统与小传统逐渐被合并为"革命"传统。

1950 年之前，云南很多民族的社会生活被笼罩在宗教影响之下。例如，过去纳西族还有巫师"桑尼"，他们不同于东巴，多数为阴传。纳西族民间传说，"小神子"可以暗中为人搬运金银，使人致富，但条件是该人行善积德，做过修桥补路、救济穷人之类的善事。如果该人过于贪婪吝啬，则"小神子"不但把金银搬走，还会降下灾难惩治该人和他的家人。顾彼得在《被遗忘的王国》中记载了民国时期丽江坝子赖姓富翁家闹"小神子"的故事（顾彼得，1992：218）。

1956 年之前，党的民族宗教政策执行得较好，坚持"团结、生产、进步"的方针。1958 年后，受急躁冒进和极左思潮影响，当地逐渐使用行政手段强迫群众放弃宗教信仰，而非通过民族协商改革风俗习惯。1958 年，对宗教人士开展"反右补课"，清算其剥削行为；很多人被戴上"披着宗教外衣的反革命分子""右派分子""反动宗教上层""坏分子""牛鬼蛇神"之类的帽子。爱国宗教组织被视作"地主党""帝国主义的别动队"，省、市、县一级的宗教工作部门全部撤销。"文化大革命"期间，一些少数民族的祭祀仪式被视为封建迷信而被取缔。彝族的神像、家谱、经书、法器、祖筒等被烧毁，祭祖大典和送菩萨①仪式被消除（高登荣，2009：86）。独龙族巫师的法铃、野牛皮腰带等被抄走，宗教活动随即停止（蔡家麒，2008：126）。笔者观察发现，在政治运动中，集体性的宗教仪式受到的冲击较大，但后来恢复得也较快；个体性的宗教仪式在政治运动中受到的冲击较小，但后来恢复得却较慢。

---

① 彝族的菩萨称为"阿普露斯"，并非佛教中的菩萨，而是祖先灵魂的象征物。传说在滔天洪水中，人类祖先躲在木桶中才幸免于难。放在山间岩洞中的祖筒也是祖先灵魂的象征物，用樱桃木制成，高约 80 厘米，筒上有横盖，整体呈"T"字形，筒内装有特制的小型生产生活用具以及祖先脸谱等物。放置祖筒的山箐被称为祖宗箐，禁止樵采耕牧。

五　结束语

　　总之，任何宗教的生存发展都离不开特定的社会土壤，宗教的神灵虽然虚幻，但是宗教的功能绝不虚幻。宗教是与民众生活紧密结合的一种社会文化形式，与民族社会的伦理道德、团结凝聚、秩序规范等密切关联。可以说，云南少数民族宗教文化的现代变迁，更多受到外部因素的影响。新中国成立以来，云南的独龙族、基诺族以及部分怒族、佤族、景颇族、德昂族、傈僳族、布朗族群众仍保留原始公社制度，他们在党和政府的帮助下，直接向社会主义阶段过渡。在一系列强有力的政治、经济、文化措施等的影响下，云南其他少数民族社会也逐步经历理性化、祛魅化过程，开启现代化的进程。1958～1976年，政府希望通过革命话语，改造被视为封建迷信的宗教信仰，旨在从整体上推动民族社会的发展进步，其积极意义不能被抹杀，但是由于手段粗暴，造成的消极影响同样不能忽视。改革开放以来，宗教信仰自由政策得到落实，云南少数民族的宗教变革与社会变迁良性协调，不断增强与社会主义社会相适应的能力。当前，云南民族宗教文化出现诸多新现象，例如在旅游市场开发和民间自行推动下逐步升温，并注入了不少现代内容。值得注意的是，有些所谓"复兴"矫枉过正，过犹不及，偏离了宗教文化信仰的合理内涵，严重商业化、媚俗化、娱乐化，乃至以非物质文化遗产的名义恢复了早已被少数民族群众抛弃了的封建迷信内容，不利于社会主义精神文明建设，不利于少数民族社会的发展进步，建议有关部门依法治理，广大群众也应自觉抵制。

参考文献

蔡家麒：《藏彝走廊中的独龙族社会历史考察》，民族出版社，2008。

高登荣：《云南彝族村落社会文化变迁研究——禄劝坎邓村考察》，云南人民出版社，2009。

〔俄〕顾彼得：《被遗忘的王国》，李茂春译，云南人民出版社，1992。

刘景毛等点校《新纂云南通志》第五册，云南人民出版社，2007。

〔英〕马凌诺斯基：《文化论》，费孝通译，华夏出版社，2002。

马跃华主编《云县少数民族风俗》，云县印刷厂内部印刷，1995。

满丽萍：《金平县哈尼族哈备人的节日与宗教初探》，载红河哈尼族彝族自治州民族研究所《红河民族研究文集》第三辑，云南大学出版社，1993。

（宋）欧阳修等撰《新唐书》，中华书局，1975。

云南省政协文史资料委员会：《云南民族工作回忆录（二）》，云南人民出版社，1995。

（唐）张九龄：《曲江集》，商务印书馆，1937。

（唐）郑回：《南诏德化碑》，载萧霁虹主编《云南道教碑刻辑录》，中国社会科学出版社，2013。

周凯模：《祭舞神乐——宗教与音乐舞蹈》，云南人民出版社，1992。

两汉至唐时期的佛教中国化

——以政教关系和伦理规范为主题

宫 权[*]

摘要：佛教中国化的内容很多，其中最关键的就是如何处理政教关系。而在中国这样一个特殊的历史环境中，佛教中国化就涉及如何处理佛教与政治之间的关系，尤其是与世俗政权之间的关系；如何处理以儒家思想为代表的伦理规范；如何处理与类似国教的道教之间的关系。本文主要通过对两汉至唐这段历史时期佛教中国化进程的考察，重点分析了佛教在这一历史时期是如何处理和应对上述三个方面的问题，进而初步实现了佛教的中国化。

关键词：佛教中国化 政教关系 伦理规范 佛道之争

佛教中国化的内容很多，包括义理的中国化、传播方式的中国化、修行方法的中国化、价值取向的中国化、伦理规范的中国化等，但其中最关键的一点就是如何处理政教关系。在中央集权制的古代中国，作为一个外来宗教，要想站稳脚跟，传播佛法，就必须取得统治阶级的认可。也就是说，佛教必须处理好与政治尤其是与政权之间的关系。从两汉之际至唐这段时期，应该说佛教的传播和发展并不是一帆风顺的，其中经历了三次大规模的灭佛事件，即三武灭佛。三武灭佛就是指北魏太武帝、北周武帝和唐武帝在位时期，均崇道佞佛，发起了大规模的灭佛运动，毁坏佛像、焚烧经书、勒令僧尼还俗，甚至诛杀部分僧侣。这三次灭佛运动应该说对佛

---

* 宫权，山东工商学院讲师，山东大学哲学与社会发展学院宗教学专业在读博士。

教的打击是巨大的，但是佛教依然顽强地生存了下来，并不断发展，其中的关键就在于佛教不断调整自身的思想和行为，缓和与不同政权和王道思想之间的矛盾，从而减小了佛教与中国社会政治环境之间的张力。而中国历代封建王朝对待宗教的态度就是严密控制，并且善加利用。所以如何处理政教关系，就成为对佛教中国化影响最大的因素。从中国历史的进程来看，中国历史上的政教关系是政主教从，政治占绝对主导地位，奉行王权至上，以儒为主，佛道辅之。所以佛教中国化，在处理政教关系这个方面，主要涉及以下几个方面：一是如何处理佛教与政治之间的关系，尤其是与世俗政权之间的关系；二是如何对待以儒家思想为代表的伦理规范；三是如何处理与类似国教的道教之间的关系。

一　文献回顾

佛教传入中国之后，如何进行传播和发展，进而成为一种本土化的宗教，近代以来一直都是中国学者关注的焦点。只不过过去学者们往往从哲学和史学的角度，解读佛教的思想及其在中国的发展，如梁启超、胡适、蒋维乔等。而以佛教中国化的视角对佛教在中国的传播与发展进行研究则始于 20 世纪 80 年代，经过近 40 年的发展，佛教中国化的研究已经取得了比较丰富的成果，使得人们对于佛教传入中国后如何实现中国化有了逐步清晰的认识。大致说来，以往对佛教中国化的研究主要集中于以下几个方面。一是从总体上对佛教中国化进行研究，分析佛教中国化的内容、形式、实质、途径、世俗基础等（方立天，1989；尤西林，1989；裴俊，1997；黄向阳，2010；纪华传，2017）。二是从社会思想史的角度，阐述佛教思想与中国传统社会中的儒学、玄学、道家思想之间的碰撞与融合（余卫国，2006；肖春艳，2010）。三是从佛教与中国传统文化互动的视角，对佛教中国化进行解读（李传军、金霞，2008；崔峰，2011；陈坚，2016）。四是通过对佛经翻译及其策略的研究，探讨佛经的翻译及其翻译策略对佛教中国化的影响（杨同军，2009；吴晓璐，2010）。五是通过分析佛教历史中对佛教中国化产生重大影响的高僧的思想及其弘法行为，揭示了佛教中国化的具体进程（罗义俊，1989；方立天，2007）。六是对佛教中国化与其他宗教的中国化进行比较，分析其中的异同点（刘丹，2002；洪修平，2016）。七是从建筑、音乐、艺术、造像、小说等方面，分析佛教中国化的表现及其影响（张鹏，2010；常晓攀，2014）。八是从分析儒释道三教之间的关系，探讨佛教的中国化（陈启智，1995；洪修平、韩凤鸣，2013）。九是分析佛教中国化对马克思主义中国化、现代文化建设、文明交流、文化传播等的启示（姚洪越，2008；笱远科，2017）。

通过以往的研究我们可以发现：关于佛教中国化的实质早期主要有两种观点。一种观点认为佛教中国化的实质主要是印度经文的实践化，也就是宗教化问题，即由翻译佛经的佛学转移到了实践的佛教（尤西林，1989）。另一种观点则认为佛教的中国化运动，就其实质来说是外来佛教与中国社会经济、政治和文化相互间的矛盾运动（方立天，1989）。现在得到多数人承认的无疑是第二种观点，即认为佛教中国化的过程就是佛教不断与中国社会相互适应的过程。而佛教之所以能够中国化，主要原因有三个：一是佛教与中国固有的文化在精神上相融相通，二是佛教为中国社会之所需（纪华传，2017），三是佛教自身具有实现中国化的自我调节和自我组织机制（方立天，1989）。佛教中国化的基本途径和方式，从思想方面来说，主要包括翻译经典、讲习经义、编撰佛典和判教创宗（方立天，1989）。佛教中国化的内容主要表现在以下五个方面：政治适应、佛教义理、僧团制度、民众信仰和文化交流（纪华传，2017）。

佛教中国化既是一个渐进的过程，也是一个双向选择的过程。佛教与传统文化由最初的依附和对立，到中期的斗争与融合，后期的儒释道三教合一，最终佛教完全成为中国传统文化的一部分（方立天，1989）。这一过程实现了佛教义理的中国化和修行方式的中国化，许多著名的高僧，如僧肇、道安、慧远、智者、慧能等都做出了积极的贡献，从而使佛教不但得到了社会上层统治者的信仰，而且在民间也得到了广泛的信仰。

对于两汉至唐这一时期佛教中国化的研究，从政教关系和伦理规范的方面进行研究的文献，除了方立天的《中国佛教与传统文化》，其余大多偏重于某一个方面，要么是从政教关系来研究佛教中国化，要么从伦理规范方面来研究佛教中国化，而将两者结合在一起进行研究的文献相对较少。本文主要以两汉至唐这一历史时期佛教的传播历程为分析对象，重点分析佛教在这一历史时期处理和应对政教关系中所涉及的三个方面的关系，即佛教与世俗政权之间的关系、佛教与以儒家为代表的世俗伦理规范之间的关系、佛教与道教之间的关系，进而体现佛教逐步实现中国化。

二 佛教与世俗政权：依附、参与和调适

佛教在传入中国之后，一开始走的就是上层路线，也就是说传法的主要对象就是统治阶级。佛教在处理与政治尤其是与世俗政权的关系时，首先采取了一种依附和参与的态度。这主要表现在两个方面。

一是两汉至两晋时期，佛教通过方术化、神灵化的手段吸引统治者的注意，进而获得统治者的信任。

如何赢得统治阶级的信任呢？在最初佛教经典被引进翻译，人们不熟悉其中内容的时候，采取一种合适的手段或方式就显得极为重要。佛教于两汉之际传入，当时中国社会正是迷信巫术盛行之时，黄老神仙方术、祭祀、卜筮、鬼神思想盛极一时。不仅百姓信奉，汉朝的统治者也尤其喜好神仙方术。在这种历史背景下，佛教为了融入中土文化，被人们所接受，就采取了一种方术化、神灵化的手段，以迎合当时流行的神仙方术。这主要是指佛教对中土黄老神仙方术的依附和对传统灵魂不死、鬼神崇拜等观念的融合吸收（洪修平，2016：12），进而在宣传方式或传播手段上，采取一种神秘化和灵异化的手段，以彰显佛祖、门徒以及得道高僧神秘和神通广大，从而吸引统治者注意，进而取得其信任。在这种情况下，佛教被认为是黄老道术的一种。虽然从佛理上来看，这已经偏离了原有的佛教思想，但在客观上为佛教思想的传播扫除了一定的障碍。具体来说就是在翻译的佛经中以及对高僧大德的传记中，突出其种种神通或灵异之处，借此吸引人们的眼球，进而凸显佛法的神秘力量和神通广大。例如在最早翻译的佛经《四十二章经》中，佛被描述成"轻举能飞，殆将其神也"。[1] "阿罗汉者，能飞行变化，旷劫寿命，住动天地。"[2] 而且佛祖更是神通广大，能够"恍惚变化，分身散体，或存或亡，能小能大，能圆能方，能老能少，能隐能彰，蹈火不烧，履刃不伤，在污不辱，在祸无殃，欲行则飞，坐则扬光"。[3] 由此可见，早期翻译佛经的人，为了宣传佛法，往往夸大佛祖和罗汉的神通，赋予其明显的神话色彩。除了对佛祖和罗汉的神通描述

---

[1] 赖永海主编《四十二章经》，尚荣译注，中华书局，2012，第1页。

[2] 赖永海主编《四十二章经》，尚荣译注，中华书局，2012，第8页。

[3] （东汉）牟子博：《牟子理惑论》，（梁）僧祐撰《弘明集》（上），刘立夫、魏建中、胡勇译注，中华书局，2013，第15页。

之外，一些译经大师和一些高僧也往往采取一些方术化的手段来扩大佛教的影响，或者被描述成具有灵异的手段。东汉时的译经大师安世高，"七曜五行之象，风角云物之占，推步盈缩，悉穷其变。兼洞晓医术，妙善针脉，睹色知病，投药必济。乃至鸟兽鸣呼，闻声知心。于是俊异之名，被于西域，远近邻国，咸敬而伟之。"① 实际上就是利用其灵异手段传播佛法，扩大佛法的影响力。两晋时期的高僧佛图澄，"以晋怀帝永嘉四年，来适洛阳。志弘大法，善诵神咒，能役使鬼物。以麻油杂胭脂涂掌，千里外事皆彻见掌中，如对面焉，亦能令洁斋者见。又听铃音以言事，无不效验。"② 应该说关于佛陀和阿罗汉的传说与记载，尤其是关于高僧大德的灵异记载，表明佛教僧人方术化的神秘手段是佛教赢得统治阶级的信奉，进而被百姓接受的一个重要原因。

　　二是西晋至唐灭亡这一时期，佛教开始积极参与政治，并为统治阶级出谋划策。

　　原本佛陀在世时，虽然也借助世俗政权的统治者弘扬佛法，但主张与现实政治保持一定的距离。佛陀认为参与现实政治，涉足官场会招惹麻烦，增加烦恼，不利于佛教信徒的修行和解脱。因此，在国王和王公大臣向他咨询国事时，他也只是给予一定的启示或意见，让国王自己决定，但是从不直接参与世俗政权的军国大事。所以佛陀才说："吾视王侯之位，如过隙尘。"③ "不得参预世事通致使命，咒术仙药、结好贵人亲厚媟嫚，皆不应作。"④ 然而大乘佛教兴起后认为，出世法和世间法是对立统一的，出世即入世，佛教应普度众生。所以大乘佛教传入中国后，为了争取统治者的支持，开始涉足政治，参与朝政，出现了一些政治和尚和带有政治色彩的佛教宗派。例如，佛图澄，在两晋时期就投奔了后赵政权的建立者石勒，石勒手下的大将郭黑略信奉佛教并拜他为师，行军打仗对其言听计从。被郭黑略引荐给石勒后，佛图澄凭借其出众的能力，深受石勒及其侄子石虎的宠信。石勒尊称他为"大和尚"。最著名的政治和尚当数南北朝时宋朝的慧琳，他受到宋文帝的赏识，"元嘉中，遂参权要，朝廷大事皆与议焉。宾客辐凑，门车常有数十两。四方赠赂相系，势倾一时。方筵七

---

① （梁）僧祐撰《出三藏记集》，苏晋仁、萧练子点校，中华书局，1995，第508页。
② （梁）慧皎：《高僧传》卷九，中华书局，1992，第345页。
③ 赖永海主编《四十二章经》，尚荣译注，中华书局，2012，第81页。
④ 〔日〕高楠顺次郎等编《大正藏》第12册，大正一切经刊行会，1979，第1110页。

八，座上恒满。琳著高屐，披貂裘，置通呈书佐，权侔宰辅"，① 时人称其为"黑衣宰相"。不仅僧人出现干预朝政的现象，连尼姑也出现干预朝政的现象，最典型的就是东晋简静寺的尼姑妙音，荆州刺史王忱去世后，在寻找替代人选时，当时的皇帝晋烈宗专门咨询妙音，而妙音推举的人选则获得了皇帝的同意。史载其"权倾一朝，威行内外云"。② 到了唐代，这种状况就更加普遍。例如南宗惠能大师的传人神会大师，在安史之乱时，直接参与筹措军费，他通过贩卖僧牒，筹措了大量经费，为唐军的平叛提供了强有力的支撑，而朝廷也认为"代宗、郭子仪收复两京，会之济用，颇有力焉"。③ 据统计，有唐一代，和尚被封官赐爵的，达几十人之众。地位最高的直至司徒、司空、国公，一般的则为朝散大夫、鸿胪卿等。至于因勾结权贵而飞黄腾达、显赫一时的僧人，则为数更多。④ 不仅个别的僧人如此，一些宗派也与世俗政权的统治者交往紧密，带有浓厚的政治色彩。隋唐时一些大的宗派，天台宗、唯识宗和华严宗，三大宗派的创始人都与当时的统治者关系紧密。例如华严宗的创始人法藏，在武则天执政时期就在宗教活动中为武则天服务，将地震当作天降祥瑞，借用如来显灵来大加宣传。而在神龙政变中，他们更是积极参与，"藏乃内弘法力，外赞皇猷"，⑤ 支持唐中宗继位。

调适与中国现实政治之间的关系。西晋的八王之乱，不但导致了西晋的灭亡，而且导致了此后近300年的动乱与分裂。而在剧烈的社会动荡中，佛教为了自身的生存和发展，则采取了与之前不同的策略。

一是西晋灭亡后，佛教开始与政治中心保持一定的距离，在一定的程度上保留佛教的独立性。这方面实际上东晋时道安法师已经在做了，我们都知道道安法师那句名言"不依国主，则法事难立"，其实这句话的完整原文是："今遭凶年，不依国主，则法事难立；又教化之体，宜令广布。"⑥ 这句话实际上包含了两层意思。其一，告诫弟子要妥善处理好政教关系。他认为，在王权专制的情况下，必须取得王权的支持，才能传播和弘扬佛

① （唐）李延寿：《南史》，中华书局，1974，第1964页。
② （梁）释宝唱：《比丘尼传校注》，王孺童校注，中华书局，2006，第36页。
③ 〔宋〕赞宁撰《宋高僧传》卷八，范祥雍校注，中华书局，1987，第180页。
④ 赖永海：《中国佛教文化论》，东方出版社，2014，第212页。
⑤ 〔日〕高楠顺次郎等编《大正藏》第50册，大正一切经刊行会，1979，第283页。
⑥ （梁）慧皎：《高僧传》卷五，中华书局，1992，第178页。

法。其二，他认为不能单纯依赖王权的支持，依靠神通来吸引眼球，只走上层路线。这样过于依赖王权，是脆弱的、不可靠的。一旦统治者更替，态度转换，那么就会受到很大冲击，例如他当时遭遇的冉闵之乱。所以要改变传法方式和路线，不能像以前他的师父佛图澄那样依靠神通秘术，毕竟这不是每个僧人都能掌握的。而应该通过阐明佛教义理、强化戒律和提高僧人质量的方式来传法。另外，扩大弘法对象，即"教化之体，宜令广布"。① 他认为，佛教要在中国发展壮大，就不能只向社会上层传法，要培养一个广泛的信奉佛法的阶层，只有这样才能扩大佛法的影响，使其持续不断地发展。为此他让法汰到扬州传法，派法和入川传法。而他的弟子就是依照这一方针，重点在东晋士族中弘扬佛法，最终形成具有很大影响力的"士大夫佛教"，从而使佛教开始在士大夫阶层和广大民众中广泛传播。而离开政治中心，佛教也减少了政治运动的冲击。慧远法师后来对于政教关系的阐释，则是发展了道安法师的观点，认为出家僧侣应独立于政治，强调政教分离，同时也要有利于政治统治。而唐朝禅宗最终退隐山林的一个重要原因，就是要保持禅宗的独立性，同时保持它独特的修行方式。而从历史背景来看，经历了安史之乱的冲击和唐武宗的灭佛，佛教僧团的势力已经大为缩减，不复从前。这说明如果他们身处或紧邻政治中心，参与政治活动较深，必然会受到政治冲击，影响佛法的传承。北宗和菏泽宗的衰落，除了由于没有持续培养出优秀的传人外，过于依赖统治者、受战乱和政治运动的冲击无疑是重要的原因。

二是调适佛教思想和行为规范与中国政治伦理规范不协调的方面。应该承认，佛教原有的思想和行为规范确实存在与中国政治伦理规范不协调的一面，比如佛教思想认为"天下多道，王道为大，佛道如是，最为其上"。② 这就在一定程度上抬高了佛道的地位，甚至高于王法。在戒律方面，佛教认为出家人不再礼敬上至国王，下至父母的俗人，正如《梵网经》所说："出家人法：不向国王礼拜，不向父母礼拜，六亲不敬，鬼神不礼。"③ 上述思想和戒律就使得佛教传入中国后，不仅面临如何处理与世俗政权的关系问题，也面临如何处理与传统伦理规范尤其是政治伦理

---

① （梁）慧皎：《高僧传》卷五，中华书局，1992，第178页。
② 〔日〕高楠顺次郎等编《大正藏》第1册，大正一切经刊行会，1979，第177页。
③ 〔日〕高楠顺次郎等编《大正藏》第24册，大正一切经刊行会，1979，第1008页。

规范关系的问题。实际上，自两汉之际，佛教传入中国以来，佛教自身就一直在进行一定的调整。如《毗尼母经》所说，"有二种法不可违：一佛法不可违；二转轮圣王法不可违"。① 这说明佛教自身也承认王法的至高地位，问题在于是佛法高于王法，还是王法高于佛法，从其原有教义来看确实有抬高佛法地位的意味。另外一点，就是佛教的不礼拜王者的戒律，给人一种抬高自身地位，不尊重王权的感觉。这就使得佛教在王权至高无上的中央集权制的中国境内很容易成为被人攻击的靶子。从现实的角度来看，佛教传入中国后从未真正认为佛法高于王法，而是在承认佛法至高无上的地位的前提下，遵循世俗政权的法律即王法，同时遵循各种佛教戒律。道安法师的"不依国主，则法事难立"实际上既体现了佛教对于俗世政权的依赖，也表明佛法要服从于王权的思想。对于出家人不礼拜国王的戒律，一方面从理论上进行回应，另一方面也在现实中做出妥协。从理论上来看，以东晋时慧远的《沙门不敬王者论》为代表。慧远认为，佛教信徒分为两种，一种是出家的信徒，另一种是在家的信徒。在家的信徒"在家奉法，则是顺化之民。情未变俗，迹同方内，故有天属之爱，奉主之礼"。② 也就是说在家的信徒，是顺应教化的俗世之人，他们的内心和外表同俗世之人是相同的，所以拥有天伦之爱，应该礼奉君主。而出家的信徒"出家则是方外之宾，迹绝于物。……变俗则服章不得与世典同礼"，③ 也就是说出家之人，是出世之人，行迹已经脱俗了，追求的目标和选择的道路都与世俗之人不同，因此服装、制度等就不能和俗世之人相同。而且他们可以拯救世人，帮助王侯教化百姓。虽然在理论上，佛教的行为规范得到了一定的承认，但是在现实中，佛教还是做出了妥协。像东晋十六国时期和南北朝时期，北方少数民族政权，统治者拥有绝对的权力，又崇尚武力，所以在这种情况下，僧侣们不得不做出妥协，礼拜王者。例如北魏的沙门领袖法果，就带头参拜皇帝，认为"太祖明睿好道，即是当今如来，沙门宜应尽礼"。④ 他认为

① 〔日〕高楠顺次郎等编《大正藏》第24册，大正一切经刊行会，1979，第819页。

② （东晋）慧远：《沙门不敬王者论》，（梁）僧祐撰《弘明集》（上），刘立夫、魏建中、胡勇译注，中华书局，2013，第316页。

③ （东晋）慧远：《沙门不敬王者论》，（梁）僧祐撰《弘明集》（上），刘立夫、魏建中、胡勇译注，中华书局，2013，第318页。

④ （北齐）魏收：《魏书》卷一一四，中华书局，1974，第3031页。

皇帝是佛的化身，礼拜皇帝就是礼拜佛祖。而到了唐肃宗时，也有僧侣跪拜称臣。

三　佛教与儒家伦理道德思想：调和与吸收

自从西汉董仲舒罢黜百家，独尊儒术以来，儒家思想就成为我国封建王朝的主流意识形态，其中伦理道德思想是儒家思想的一个重要组成部分。儒家的伦理道德思想也被称为名教，就是通过定名分来教化天下以维护封建社会的等级秩序和社会伦理纲常，是以三纲五常为主要内容的社会伦理规范，也就是我们通常所说的封建礼教。由于中国封建社会家国一体的状况，名教所代表的伦理规范，通行于朝野之中，既表现在人们的政治生活中，也表现在人们的家庭生活和社会生活中。前面有关沙门不敬王者的争论，实际上就是佛教思想与儒家伦理道德思想在政治伦理规范上的争论。除此之外，佛教思想与儒家名教思想其他方面的伦理规范也存在一定的冲突。应该说，对于儒家名教思想的统治地位，佛教从一开始传入中国就有着清醒的认识，从来没有幻想取代儒家名教思想在中国整个社会中的统治地位。所以佛教对于名教思想，一直是抱着调和与吸收的态度，不断协调两者之间存在的矛盾。

应该承认印度佛教思想中原有的一些伦理观念确实存在与儒家伦理道德思想不相容的地方。

第一，表现在人与人之间的关系方面，主要是俗世之中的男女关系、父子关系、夫妻关系和主仆关系等方面。众所周知，佛教讲究众生平等，因此不分男女老幼，贫富尊卑，都应互相尊重，平等相待。这就与中国讲究上下有别、尊卑有序的儒家伦理道德思想存在明显的差异。如果完全按照这套伦理规范处事的话，肯定会被儒家伦理道德思想视为大逆不道。实际上，在早期翻译佛经时，一些译经家就注意到了这个问题，在上述几个方面的内容上进行了适应中国儒家伦理道德观念的调整（方立天，2012：208）。比如在汉译佛典中，关于男女关系的描述方面，删除了有关母女共嫁一夫、男女性爱的描述，避开"拥抱""接吻"之类的字眼。关于夫妻关系的描述，翻译时凸显了丈夫的地位，强调了妻子的服从。例如《尸迦罗越六方礼经》说："谓妇事夫，有五事：一者夫从外来，当起迎之；二者夫出不在，当炊蒸扫除待之；三者不得有淫心于外夫，骂言不得还骂作色；四者当用夫教诫，所有什物不得藏匿；五者夫休息盖藏乃得卧。夫视妇亦有五事：一者出入当敬于妇；二者饭食之，以时节与衣被；三者当给与金银珠玑；四者家中所有多少，悉用付之；五者不得于外邪畜传御。"①从中我们可以看出，这种翻译虽然也有夫妻相互尊重的义务，但丈夫的义务主要是经济方面的，而强调女子在家庭的义务，尤其是所有家务都应由妻子来做，妻子要守妇道，要绝对顺从丈夫，骂不还口。这充分体现了汉译佛典受儒家伦理道德思想的影响，迎合了男尊女卑的思想。关于儿子对于父母的义务，《善生经》的记载是："一者供奉能使无乏，二者凡有所为先白父母，三者父母所为恭顺不逆，四者父母正令不敢违背，五者不断父母所为正业。"② 其中第二条到第四条都已经与印度佛典中的原文不一致了，可见这种翻译，也是凸显了儿子对父母的恭顺和服从。原文中原本还有父母对子女的义务，最初翻译时由于感觉与儒家孝道思想不相符就没有翻译，一直到东晋时，才翻译过来。至于主仆关系，翻译时虽然也有双方的相互义务，但使用了"敕令""事"这样体现上下尊卑关系的字眼。

第二，就是佛教信徒在仪表、行为规范和服装等方面的伦理规范与儒家伦理道德规范存在明显的差异。这也是佛教思想受到朝野上下攻击最多的地方，因为这与封建礼制存在明显的差异。关于这些差异，或者说对于佛教的特殊性，佛教信徒们也给予了正面的回答，下面笔者主要根据东汉牟子博和东晋慧远的著作，从三个方面进行论述。

1. 关于出家人剃发

有人认为与孝道不符，也就是"身体发肤，受之父母，不敢毁伤，孝之始也"（《孝经·开宗明义章》）。

牟子博是从道德层面解答的，他说："所谓时宜施者也。且《孝经》曰：'先王有至德要道。'而泰伯祝发文身，自从吴越之俗违于身体发肤之义。然孔子称之：'其可谓至德矣。'仲尼不以其祝发毁之也。由是而观，苟有大德，不拘于小。"③ 牟子博认为应该根据实际情况应用道，《孝经》说先王传下了最根本的孝道，而泰伯却既留短头发，又文身，

---

① 〔日〕高楠顺次郎等编《大正藏》第50册，大正一切经刊行会，1979，第251页。

② 〔日〕高楠顺次郎等编《大正藏》第50册，大正一切经刊行会，1979，第71页。

③ （东汉）牟子博：《牟子理惑论》，（梁）僧祐撰《弘明集》（上），刘立夫、魏建中、胡勇译注，中华书局，2013，第23页。

遵从了吴越之俗，从表面上看违反了圣人的训诫，但孔子仍然称赞他，由此看来，一个人只要有高尚的品德，那么就不应该拘于小节。接下来牟子博又举了豫让、聂政等人的例子来说明这些人虽然损伤了自己的头发或身体，但他们具有勇敢而侠义的精神，所以没人会讥讽他们自残身体的举动。

2. 关于"沙门弃妻子，捐货财，或终身不娶"①

俗话说，不孝有三，无后为大。出家人不仅抛妻弃子，还终身不娶，这对于讲究血脉伦理的儒家伦理道德思想来说明显与理不合。他们攻击佛祖"'以父之财，施与远人。国之宝象，以赐怨家。妻子自与他人。'不敬其亲而敬他人者，谓之悖礼。不爱其亲而爱他人，谓之悖德。须大拿不孝不仁"。②牟子博首先指出这主要是由于出家人追求的境界和俗世之人不同。研读诗书，崇尚仁义，只是道德修养中等的人追求的。而这些东西对于清心寡欲、修养上等的出家人来说，并不是他们所追求的，他们追求的东西是清静无为的道的境界。正如许由、伯夷、叔齐等先贤追求至高的仁一样，从未听说有人讥笑这些先贤没有后代，没有钱财。所以出家人放弃世俗的财富和天伦之乐，过着清净素朴的生活，修行道德既是不寻常的，也是了不起的。其次，以周朝先祖太王、舜、伊尹、宁戚和嫂溺援手的例子说明，这些事例表面上看与儒家所倡导的伦理道德思想皆不相符，但如果从大处着眼，都是权变之计，成大事者不拘小节，不拘于常法。而且佛祖这样做使得他父王的国家得到福佑，避免了仇家的侵犯。他不仅自己得到了解脱，其父母兄弟也都得到了解脱。

3. 关于服饰礼仪方面

质疑者认为身披袈裟，见人不行坐起跪拜之礼，违背礼制。牟子博对于这方面的回答引用了《老子》的话："上德不德，是以有德；不德不失德，是以无德。"（《老子》第三十八章）这说明上德是不追求形式上的德，所以有德。下德追求形式上的德或者说死守形式上的德，那就是无德。三皇时代，人们生活崇尚质朴，裹着兽皮，没有华丽的衣冠服饰，但人们却称赞那时的人敦厚有德，出家人的行为就与此类似。但这并不意味

---

① （东汉）牟子博：《牟子理惑论》，（梁）僧祐撰《弘明集》（上），刘立夫、魏建中、胡勇译注，中华书局，2013，第25页。

② （东汉）牟子博：《牟子理惑论》，（梁）僧祐撰《弘明集》（上），刘立夫、魏建中、胡勇译注，中华书局，2013，第35页。

着我们要抛弃尧舜周孔的圣人之道，而是要看具体的情况，因为道的可贵在于它可以被用在不同的方面。

应该说牟子博的回答是从道德伦理层面上来进行的，还是有一定说服力的，至少在理论上缓解了佛教思想与儒家伦理道德思想的冲突。但他只是援引古代的个别先贤事例和传说进行比附，对佛教思想的理解也不是十分准确，在理论和事实上的论证并不是十分充分。到了东晋时期佛教在中国就发展成为沙门不敬王者的争论了。在前面关于政治伦理规范的争论中，我们已经介绍了慧远的理论观点，这里简要总结一下。实际上对于上述三个问题，慧远在《沙门不敬王者论》中就已经做出了回应。慧远是以出家和在家区分了佛教信徒，说明信佛不一定要剃发出家，在家亦可修行。只不过在家要遵循世俗的礼制，当然不用剃发。而出家人则不同，他们追求终极的解脱，所追求的东西与世俗不同，遵循的规范也与世俗不同，剃发是表示他们出家的意愿，改变服饰是表明自己不同凡俗的志向。而且如果他们修成正果，家人也可得到恩泽，所以并不有违孝道。同时慧远大师还专门写了一篇《沙门袒服论》。他首先指出，不同的时代，礼制不同，说明礼制因时而变。其次，他指出，作为来源于印度的佛教，为什么袒服，露出右肩。一是露肩在印度是一种习俗，表示对尊者最高的崇敬，表示对神明最大的忠诚，就是说要去除华丽的服饰。二是表明佛教超越了世俗的名教，不参与世俗的竞争。三是人们多用右手行事，身体的动作多在右边，露右肩便于行动。四是佛祖以袒服坚定其诚心，减弱其邪恶，使名实相当，尊敬和怠慢不混杂在一起，[①]有助于开导众人，助其觉悟和解脱。

不仅在理论上予以回应，为了缓和与儒家伦理道德上的冲突，佛教还从行动上将两者相融的部分与佛事活动结合起来，例如孝道。通过前面的论述我们已经看到，佛教伦理思想和儒家伦理道德都强调孝道，虽然两者的孝不完全一致，但基本内容是一致的。而《盂兰盆经》被称为佛教的孝经，其中讲述的佛祖弟子目连入地狱解救母亲的故事，突出地体现了孝道的精神，符合中国的礼教思想。脱胎于《盂兰盆经》的盂兰盆会，自南北朝出现以来，至唐朝已十分流行，成为当时乃至中国整个封建王朝时期

---

① （东晋）慧远：《沙门袒服论》，（梁）僧祐撰《弘明集》（上），刘立夫、魏建中、胡勇译注，中华书局，2013，第339页。

佛教每年举行的最重要的节日之一，其影响广泛渗透到了自城市到乡村的广大地区，既宣传了佛教的伦理思想，扩大了佛教的影响，又维护了封建王朝宗法制度和封建礼制，从而缓和了佛教伦理思想与儒家伦理思想的矛盾。

四　政教关系中的佛道之争

其实，佛教在刚传入中国时，为了迅速打开市场，融入中土文化，被人们接受，采取了一种神灵化、方术化的传播手段，这时的佛教被看作神仙方术的一种，被很多人看作跟道教类似的宗教，甚至很多人把它跟道教混为一谈。但随着佛教经典的陆续翻译，人们逐渐意识到佛教与道教思想观念上的明显差异，佛教的缘起性空、涅槃思想和道教的养生、仙化、不死思想存在明显的差异。但是，佛道两教在思想观念、教义上的差异并不是历史上佛道之争的主要原因，最主要的原因倒不如说是关于两种宗教在政治地位上的争夺。前面已经指出，中国历史上的政教关系，一直是政主教从，政治占绝对主导地位，奉行王权至上，以儒为主，佛道辅之。所以在佛道之争中，佛教非常清醒地认识到自身的地位，它争是为了不争，是为自身创造一个良好的生存环境。它从没幻想去取代儒家的主导地位，因为儒家及其学说是我国古代王权政治和宗法伦理制度的根基所在，在中国封建王朝的统治者和士大夫阶层心中根深蒂固，所以，佛教对其采取了一种迎合和调适的态度，既从理论上回应其质疑，又突出两者思想之中的相容之处，并在行为上做出一定的妥协，积极地去适应和融合。而对于道教，佛教则采取了一种完全不同的态度，可以说是奋起反击，以牙还牙。为什么会出现这种差异，除了在教义、思想上的差异之外，一个重要的原因就是道教并不像儒家及其学说那样具有强大的政治和思想背景，对它的反击或攻击并不会从根本上危及佛教自身的生存和发展。因此，在政教关系中，佛道之争的焦点实际上主要集中于夷夏之辨、孰先孰后、谁更有利于中国的王道统治、谁更近于中国的传统伦理等。① 可以说，佛道之争始终贯穿于两汉至唐这一历史时期。关于传统伦理方面的争论，道教往往跟儒家联合在一起对佛教进行攻击，前面已经论述了，这里主要从前三个方

---

① 赖永海：《中国佛教文化论》，东方出版社，2014，第66页。

面来看佛教是如何来回应这些质疑的。

关于夷夏之辨，在《牟子理惑论》中就有记载，当时就有人质疑："孔子曰：'夷狄之有君，不如诸夏之亡也。'孟子讥陈相更学许行之术，曰：'吾闻用夏变夷，未闻用夷变夏者也。'吾子弱冠学尧舜周孔之道，而今舍之，更学夷狄之术，不已惑乎。"① 牟子博的回答是，大禹虽然出身于西方的羌族，却最终成为圣贤。由余虽然出身于狄国，却能帮助秦国称霸。管叔鲜和蔡叔度虽然是周朝的贵族，却四处散布流言诽谤周公。由此可见，一个人的出身并不能决定他是好是坏，关键在于他的行为。而且如果说北极星代表天的中央，那么汉朝所在地域未必就是中心。学习尧舜周孔之道，与学习佛经并不冲突，不存在舍弃先前所学之说。梁朝的僧祐在这个问题上的回答"夫禹出西羌，舜生东夷，孰云地贱而弃其圣？丘欲居夷，聊适西戎。道之所在，宁选于地？"② 与牟子博的回答可以说是如出一辙。可以说这两人的观点充分说明了不能以地域和种族来说明哪种理论更加高明。

孰先孰后的争论简单来说就是谁诞生在前，或者说谁是谁的老师。也就是说老子和佛陀谁诞生在前，谁是谁的老师。早期也就是在东汉末年到两晋时期流行的是"老子化胡说"，最早源于《后汉书·襄楷传》所说的"老子入夷狄为浮屠"，后来西晋时又出了一部《老子化胡经》，逐渐形成了"老子化胡说"。其基本内容就是说老子西行出了函谷关后到了印度，创立了佛教，教化了释迦牟尼及其弟子，后来又衍生出佛经源于《道德经》的说法。最初佛教刚传入中国时，并没有严格指出它与道教之间的区别，甚至很多人将其混为一谈，将佛教视为类似于道教的一种神仙方术。但到两晋时期，随着佛经的大量翻译和人们对于佛教的了解，这两者的差异日益显著。"老子化胡说"虽然依旧流行，但遭到了佛教信徒的激烈反对，提出了相反的观点，这一争论一直延续到唐朝。例如东晋僧人支遁就提出佛祖"络聊周以曾玄，神化着于西域"③，指出佛祖不仅是老子和庄周的老师，还是他们的祖师，老子和庄周是佛祖的曾孙辈和玄孙辈。慧通和尚更是指出："故经云：'摩诃迦叶，彼称老子；光净童子，彼名仲尼'；

---

① （东汉）牟子博：《牟子理惑论》，（梁）僧祐撰《弘明集》（上），刘立夫、魏建中、胡勇译注，中华书局，2013，第33页。

② （梁）僧祐撰《弘明集后序》，《弘明集》（下），刘立夫、魏建中、胡勇译注，中华书局，2013，第1002页。

③ 〔日〕高楠顺次郎等编《大正藏》第52册，大正一切经刊行会，1979，第196页。

将知老氏非佛，其亦明矣。"① 佛道孰先孰后的问题实际上关系到双方在政教关系体系中的地位问题，双方争论的实质是争夺社会地位，尤其是在统治者心目中的地位。因为历代统治者都会根据个人喜好来对佛教和道教进行排序，谁排在前，当然对自己的生存和发展有好处。

关于谁更有利于中国的王道统治，这可以说是一个核心问题，佛道相争，道教往往认为佛教会危害王权，如果能找到证据就能给予佛教致命的打击。应该说三武灭佛事件多少都与道教对佛教的排挤或攻击有关，灭佛的三位皇帝都崇信道教，而灭佛的主要原因，要么是不喜佛教，发现僧侣行为不端，有谋反迹象，要么是认为僧侣势力过于强大，危及国家的统治。总之一点，他们都认为佛教对王权统治构成了一定的威胁，所以下令灭佛。而面对道教对于佛教不利于国家统治的指责，佛教徒们主要从教义中寻找依据，说明佛教可以教化百姓，有利于国家稳定。例如南朝刘宋大臣何尚之认为："百家之乡，十人持五戒。则十人淳谨矣。千室之邑，百人修十善，则百人和厚矣。传此风训，以遍寓内。编户千万，则仁人百万矣。……即陛下所谓坐致太平者也。"② 佛教中所蕴含的护国思想也说明，如果国王或统治者接受佛的教导，以佛法治国，使佛法兴盛，那么天王、菩萨和各种鬼神就具有了保护国家的能力，能够消除一切天灾人祸，使国家得到保护，使众生脱离一切现实的苦难，得享安乐。而北魏文成帝听从沙门统领昙曜的建议而设置的僧祇户制度和佛图户制度则从实践上证明了佛教有安定民生的作用。

五　结语

佛教中国化是一个历久弥新、与时俱进的课题，因为不同历史时期、不同情境中，佛教中国化所面临的问题，所包含的内容均会有所不同。因此，佛教中国化的侧重点会有所不同。但无论是在哪种历史情境中，政教关系都是一个无法回避的内容。在佛教中国化的历史进程中，佛教为了自身的生存和发展，采取了不同的策略，以回应相关的质疑与挑战。而在当

---

① （刘宋）慧通：《驳顾道士〈夷夏论〉》，（梁）僧祐撰《弘明集》（上），刘立夫、魏建中、胡勇译注，中华书局，2013，第480页。

② （刘宋）何尚之：《答宋文皇帝赞扬佛教事》，（梁）僧祐撰《弘明集》（下），刘立夫、魏建中、胡勇译注，中华书局，2013，第717页。

代宗教中国化的历史背景下，佛教中国化也必然会要求佛教对其自身进行必要的调整，以适应现代社会的要求。这就是说，佛教必须在现行的政治体制下，遵守相关的法规和条例，符合社会主义主流文化传统和社会主义核心价值观的要求，同时以自身的行为参与建设中国特色社会主义的历史进程，做出自身应有的贡献。只不过，我们过去只强调道安法师那句话中"不依国主则法事难立"的一面。实际上，政教关系应是一个双向互动的过程。佛教自身要做出一定的调整，国家对佛教的管理也会做出相应的调整，以适应不断变化的形势。从近几年的有关政策来看，我们国家也确实在这样做。《中共中央、国务院关于加强和改进新形势下宗教工作的意见》、《中共中央、国务院关于进一步做好宗教工作若干问题的通知》、习近平总书记在全国宗教会议上的讲话以及《宗教事务条例》等都凸显了这一方面。总之，当前的佛教中国化，就是在中国共产党的领导下，按照"保护合法、制止非法、遏制极端、抵御渗透、打击犯罪"的原则，构建积极健康的宗教关系，维护宗教和睦与社会和谐。佛教信徒和各类佛教组织也应遵规守法，与社会各界一道共同投身到建设中国特色社会主义的伟大事业中，为建设富强、民主、文明、和谐、美丽的社会主义现代化强国，实现中华民族的伟大复兴而共同奋斗。

参考文献

（梁）僧祐撰《弘明集》（上、下），刘立夫、魏建中、胡勇译注，中华书局，2013。

（梁）僧祐撰《出三藏记集》，苏晋仁、萧练子点校，中华书局，1995。

（梁）慧皎：《高僧传》，中华书局，1992。

（梁）释宝唱：《比丘尼传校注》，王孺童校注，中华书局，2006。

（北齐）魏收：《魏书》，中华书局，1974。

（唐）李延寿：《南史》，中华书局，1974。

（宋）赞宁撰《宋高僧传》，范祥雍校注，中华书局，1987。

常晓攀：《从佛教造像的变迁看佛教美术世俗本土化的进程》，《戏剧之家》2014年第7期。

陈坚：《"农禅并重"的农业伦理意境与佛教中国化》，《兰州大学学报》（社会科学版）2016年第5期。

陈启智：《儒佛关系及其对现代文化建设的启示》，《文史哲》1995年第2期。

崔峰：《泰山信仰功能的演变与佛教中国化进程》，《甘肃高师学报》2011年第6期。

方立天：《佛教中国化的历程》，《世界宗教研究》1989 年第 3 期。

方立天：《慧能创立禅宗与佛教中国化》，《哲学研究》2007 年第 4 期。

方立天：《中国佛教与传统文化》，中国人民大学出版社，2012。

笱远科：《佛教中国化策略对中国文化海外传播的启示》，湖北工业大学，2017。

洪修平：《从佛教的中国化看基督教在中国的发展》，《世界宗教研究》2006 年第 4 期。

洪修平、韩凤鸣：《佛教中国化与三教关系论衡》，《华东师范大学学报》（哲学社会科学版）2013 年第 2 期。

洪修平：《中国佛教与佛学》，南京大学出版社，2016。

黄向阳：《佛教在中国的三大改变与佛教中国化的完成》，《前沿》2010 年第 9 期。

纪华传：《坚持佛教中国化方向的历史根源与时代意义》，《世界宗教文化》2017 年第 5 期。

赖永海主编《四十二章经》，尚荣译注，中华书局，2012。

赖永海：《中国佛教文化论》，东方出版社，2014。

李传军、金霞：《〈父母恩重经〉与唐代孝文化——兼谈佛教中国化过程中的“通儒”与“济俗”现象》，《孔子研究》2008 年第 3 期。

刘丹：《基督教与佛教在中国传播命运迥异缘由的比较》，《世界历史》2002 年第 3 期。

罗义俊：《佛教中国化的先驱—释道安——论释道安“因风易行”的弘法思想》，《法音》1989 年第 3 期。

裴俊：《佛教中国化的历史特征》，《三峡大学学报》（人文社会科学版）1997 年第 4 期。

吴晓璐：《从佛经的翻译与再创造看佛教在中国的本土化进程》，《青年科学》2010 年第 7 期。

肖春艳：《唐代佛教社会思想本土化路径及其现代价值》，武汉大学，2010。

杨同军：《汉译佛经词语的佛教化和本土化演变例释》，《汉语史学报》，2009。

姚洪越：《佛教中国化对马克思主义中国化的启示》，《深圳大学学报》（人文社会科学版）2008 年第 5 期。

尤西林：《从佛学到佛教：佛教中国化的实质》，《陕西师范大学学报》（哲学社会科学版）1989 年第 3 期。

余卫国：《魏晋“言意之辨”与佛教中国化问题探析》，《社会科学研究》2006 年第 3 期。

张鹏：《以造像记为对象的北朝佛教本土化考察》，《宗教学研究》2010 年第 4 期。

〔日〕高楠顺次郎等编《大正藏》第 1 册、第 12 册、第 24 册、第 50 册、第 52 册，大正一切经刊行会，1979。

英国穆斯林的国家认同困境分析

黄　丽 *

摘要： 英国穆斯林的国家认同问题一直是英国政府和国内外学者的重点研究对象。二战后的移民潮，使英国的族群变得多样化，族群之间的冲突也是此起彼伏，经过几十年的发展，英国穆斯林族群的国家认同及其与英国本土民众的融合问题越发突出。英国政府针对族群融合问题采取了一系列政策，比如，多元文化主义政策，在这方面取得了成功，极大地缓解了族群冲突问题。但自 2001 年英国北部暴动事件后的一系列恐怖袭击事件，在英国甚至是全球范围内引起了巨大轰动，至此英国穆斯林，尤其是年轻穆斯林的价值观、宗教信仰及国家认同等问题重新被摆上台面，甚至将关注点推向了另一个高峰。本文主要从英国穆斯林的国家认同现状、缘由以及英国政府的对策三个部分来进行分析和探讨。

关键词： 英国穆斯林　国家认同　多元文化

"国家认同，从政治学视角界定，是指公民对祖国的历史文化传统、道德价值观、理想信念、国家主权等的认同，即国民认同；从民族文化视角界定，是指个人承认和接受民族文化与政治身份后的归属感，是个人对所在国家的民族文化特性和政治特性的承认和接受。虽各有侧重点，但其具体表现为公民对国家的归属感、政治效忠、责任意识、自豪感以及爱国主义情怀。"（冀开运、母仕洪，2019）如果公民对国家缺乏认同感，往小了说影响社会稳定发展，往大了说极有可能促使一个国家走向分裂，在历

---

* 黄丽，湖南科技学院助教。

史发展长河中不乏这种案例。"例如，印度尼西亚亦因国家认同危机致使国家统一面临巨大威胁；阿拉伯国家陷入严重的国家认同困境，是各国国内矛盾和冲突频仍的重要诱因，比如多元认同并存、国家认同脆弱成为阻碍伊拉克民族国家构建的关键所在。"（冀开运、母仕洪，2019）

一　英国穆斯林的国家认同现状

二战后，大规模的劳工和非法移民进入欧洲，"经过几十年的发展，在以基督徒为主的欧洲地区，穆斯林群体一跃成为当地最大的宗教少数族裔，并引发了一系列政治、经济、文化以及安全问题"（李立，2018）。1989 年拉什迪事件将伊斯兰教推到了公共舆论中心，英籍印度裔小说家萨曼·拉什迪的一本关于伊斯兰先知穆罕默德的小说《撒旦诗篇》①（Rushdie，1989）在英国出版，其中对穆罕默德进行了有争议的描写，穆斯林群众认为自己的情感被伤害，整个伊斯兰世界被激怒，由此引起了一场国际政治风波。自 2001 年前英格兰北部涉及巴基斯坦和孟加拉裔青年人的骚乱以及"9·11"恐怖袭击事件后，英国年轻穆斯林的身份和价值问题吸引了大量的政治人士和媒体的关注，这也许为后来的事情定下了基调。2005 年 7 月 7 日伦敦恐怖袭击事件②加剧了本·拉登和伊斯兰主义者在英国国内外引发的道德恐慌；而后 2005 年 7 月 21 日的袭击失败，2007 年对格拉斯哥机场的袭击，以及大量其他挫败的恐怖主义阴谋，这些都强调了在 7 月 7 日发展出"本土化"版"伊斯兰"恐怖主义的现实不是一次性现象。而这一系列事件在社会上引起了人们对穆斯林的恐惧，被称为"伊斯兰恐惧症"，也因此，年轻的英国穆斯林的身份和价值问题一直处于媒体和政治话语的最前沿，比如探讨穆斯林年轻人是如何看待自己的身份以及其与国家认同之间的关系，穆斯林年轻人是否存在识别英国国籍并对其忠诚的问题，我们如何理解英国穆斯林人对其信仰认同的重要性等问题。除此之外，在一些人看来，许多穆斯林反对英国在伊拉克和阿富汗的军事介入，

---

① 《撒旦诗篇》有一半以上篇幅的故事发生在当代英国移民社区，仅有两章讲述宗教故事亵渎了伊斯兰宗教先知，引起了穆斯林的愤怒。这两章的故事均在主人公之一法瑞西塔·加布里埃尔的梦幻中发生。

② 伦敦七七爆炸案的制造者几乎都是在英国土生土长的拥有合法公民身份的穆斯林青年极端分子。

使越来越多的年轻穆斯林的身份归属、忠诚度和隶属关系都成了问题，并暗示在英国穆斯林群体中存在部分人并不认同或不想加入"英国"，而且将自己视为一个独立的社区，这将对英国的社会安全与稳定以及社会凝聚力构成威胁。虽然这些指控是由最有说服力的评论员在政治权力范围内提出的，但劳工政策对穆斯林社区身份的处理方式表明，这些担忧在政治范围内是被一致认同的。

在英国族群的发展过程中，各个主要族群的国家认同出现了多样性和差异性的变化。"根据 2011 年英国公布的人口普查数据，穆斯林占英格兰和威尔士人口的 4.8%，穆斯林人口在 2001～2011 年这十年间增加了 75%，穆斯林人口比所有其他非基督教信仰团体都要大。其中 47% 的穆斯林出生于英国，尽管超过一半的穆斯林人口出生在英国以外，但是 73% 的穆斯林人口认为英国人是他们唯一的国家身份，并且人口普查中关于国家认同的调查结果与其他研究和学术研究一致，像 YouGov 民意调查显示，63% 的英国穆斯林为自己是英国人而自豪。除此之外，66% 的印度教徒和 81% 的锡克教徒也是同样的回应。"（Ali，2015：22 – 34）① 相比之下，一个关于年轻人如何看待种族、国家和宗教形式的认同的相关重要性的调查，显示英国大多数白人年轻人认为"英格兰身份"比"英国身份"更加重要。

伊斯兰信仰促使英国穆斯林对其宗教身份具有强烈的认同感。"在欧洲基督教急剧衰落的同时，穆斯林移民族群信奉的政教合一的伊斯兰教法却生命力日趋强盛，并与欧洲传统价值认同存在着难以调和的矛盾，他们也有效抵制了使其宗教沦为私人活动的各种世俗化努力。"（鲍永玲，2018）基于此，宗教信仰认同的重要性对英国穆斯林提出了疑问，即他们的宗教身份是否胜过国家认同，穆斯林年轻人是否存在辨别英国国籍和忠诚概念的问题，我们如何理解英国穆斯林对其信仰认同的相对重要性等。这种伊斯兰教信仰认同的强弱程度需要我们进一步探索。有些人认为，这种信仰身份的特权是有问题的，表明其缺乏强大而全面的共同民族认同，可能正在破坏基本的社会团结凝聚，进而促使英国面对非常严重的伊斯兰恐怖威胁。事实上，也有人认为，这种强烈而独特的穆斯林身份正是产生本土恐怖威胁的原因。

---

① 本文引自 *British Muslims in Numbers* 的内容全为自译。

　　除此之外，"政教分离的世俗主义是多元文化社会赖以存在的基石，其榜样是经过启蒙洗礼之后的基督教，即要求宗教退回私人领域而不影响政治公众生活"（鲍永玲，2018）。而穆斯林族群的基本思维是"如果一个穆斯林依据伊斯兰法生活的权利遭到否决，那么他就是生活在'战争之家'，而'圣战'即成责任"（张锡模，2014：2）。在理论上，他们也始终相信世上的所有人终将改信伊斯兰教，而穆斯林也有责任促使非穆斯林皈依真主。所以，英国穆斯林族群从根上与英国的国民价值观念存在一条难以跨越的鸿沟，当然我们不可否认绝大部分英国穆斯林对于"英国的国家认同"是现实存在的，但是如果在宗教信仰和国家认同发生冲突时，穆斯林会怎么选择呢？这是一个值得我们深思的问题。

二　英国穆斯林国家认同困境的缘由

1. 英国内部存在的国家认同问题

　　英国，全称大不列颠及北爱尔兰联合王国（The United Kingdom of Great Britain and Northern Ireland），是多个王国的联合体，它本身就是一个包括英格兰、苏格兰、威尔士及北爱尔兰的多民族国家，其中以英格兰为主体民族，各个民族对自身都有着极其强烈的民族认同，而对英国的国家认同较为薄弱。同时英国国内的独立运动从未停息，先是爱尔兰1920年的独立运动，之后其成功脱离英国完成独立。再是威尔士与苏格兰的独立运动，"2007年英国广播公司威尔士新闻之夜一项调查显示，20%的威尔士居民赞成威尔士独立。2014年9月举行独立公投，最后以55.8%的选民不赞成独立而结束。但在这之后，苏格兰地方政府首席部长萨蒙德在一次采访中，扬言独立计划继续，苏格兰可能在不经公投的情况下宣布脱离英国"。[①] 当前"英国本身存在的民族问题就有：威尔士民族主义运动，苏格兰人的自治要求，以及北爱尔兰的教派冲突"（王联，2002）。也有学者认为这是英国议会权力下放、地区具有高度自治权的结果。英国本土民族的国家认同也是存在问题的，如表1所示（潘兴明，2009）。

---

① 转引自 https：//m. baidu. com/sf_ bk/item/% E8% 8B% 8F% E6% A0% BC% E5% 85% B0%
　　E7% 8B% AC% E7% AB% 8B% E5% 85% AC% E6% 8A% 95/13014174？ fr = aladdin&ms =
　　1&rid = 12248534611050896944。

表1 英国国家身份认同情况

问：我们有兴趣知道生活在苏格兰、威尔士、英格兰的居民如何看待自己的国家。以下选择中哪一个最能反映你的看法？

答案选择	苏格兰	威尔士	英格兰
选地区而非英国	37%	28%	16%
选地区多于英国	27%	20%	12%
平均选地区和英国	25%	30%	43%
选英国多于地区	4%	7%	10%
选英国而非地区	6%	14%	15%
未做选择	2%	1%	3%
问卷人数	1664 人	656 人	5057 人

资料来源：ICM/Rowtree Reform Trust，1992。

由此，英国国家认同的缺乏问题不只是存在于移民或少数族群中，在国家的本土民族里各个民族对自身的民族认同的观念是根深蒂固的，当然也不排除在英国发展史上曾出现的其他影响因素，比如经济因素、政治因素或其他一些因素。但是不可否认的一点是英国国民缺乏国家认同的现象是很突出的，在2007年英国《卫报》的一项民意调查表明：只有44%的英国人认为英国身份最能反映自己的国民身份，这个比例在十年前是52%（潘兴明，2009）。所以，对于大多数人而言，英国身份变得不是那么重要了，反而他们认为自己的地区身份更加重要。

1998年的劳工权力下放倡议实施了一种不对称模式，赋予苏格兰、威尔士和北爱尔兰不同程度的自治权（Asari et al.，2008）。在一定程度上，权力下放削弱了英国本土民族对英国的国家认同，不利于整合英国公民身份的巩固。换个角度来说，在英国内部缺乏国家认同和破碎的价值共识的基础上，难道还奢望信奉伊斯兰教的虔诚教徒们对英国抱有归属感和认同感？

2. 英国的公民身份具有"包容性"

"在英国宽容的'多元文化主义'模式下，穆斯林获得了包括政治权力在内的诸多自由。英国穆斯林通过政党政治、选举政治、社团政治、媒体政治等手段积极参与英国的政治生活，政治参与效果显著。"（李立，2018）在多元文化主义政策下，英国与其他欧洲国家相比，穆斯林等少数族群享有的权利要多得多，尤其在宗教自由方面，"少数族群的大多数人认为英国比德国、法国更加宽容，在英国可以开设伊斯兰法庭，还有众多的清真寺和礼拜场所，甚至土耳其逊尼派穆斯林认为英国在这方面做得比土耳其还要好"（Cilingir，2010）。大多数的少数族群也没有将现有的移民限制认为是专门针对穆斯林而采取的措施，赞扬了英国的双重国籍的许可，认为伊斯兰教和英国身份没有存在不相容，同时英国也被定性为一个民族共存和容忍各种宗教信仰的国家，英国悠久的自由主义传统和宗教宽容精神使少数族群更好地融入英国社会。但也有人认为"英国人的身份"确实具有包容性，而"英国人"却缺少对少数族群的包容性。

穆斯林73.3%的人认为他们的唯一国家身份是英国人（或仅限其他英国身份），这说明了英国身份所具有的"包容性"，也就是说，在英国的不同移民群体或是少数族群，他们是可以认同英国社会的，而又不会损害他们自己族群所独有的特色习俗、传统文化或者说是文化价值观。

但是换个角度来说，自"9·11"事件后，尤其是在英国对伊拉克和阿富汗的军事介入以及英国伦敦恐怖袭击事件后，年轻的英国穆斯林一直备受媒体和政治的压力，他们表现出对英国的忠诚和服从。英国政府通过强制性禁令来解决国内年轻穆斯林的问题，在这种高度政治化的现实中，对于应该如何理解年轻穆斯林对英国身份的强烈和毫无疑问的支持，我们很难做出判断。例如，"一项基于'布拉德福德（Bradford）'调查研究，发现了对英国'圣·乔治十字架（Cross of St. George）'旗帜和对英国人的积极态度得到支持。这也许被从事出租车事业和餐馆工作的'夜间经济'（night – time economy）的穆斯林视为一种反对种族骚扰可能性的防御策略：对于一些人来说，悬挂圣乔治国旗可以是一个与全国庆祝活动一样的生存行为"（Thomas and Sanderson，2011）。还有就是英国公民是如何定义他们的身份呢？肯定有人认为英国公民身份的标准就是"我有英国护照"，那么这些拥有英国护照的人群，他们对国家是否具有归属感、政治效忠、责任意识、自豪感以及爱国主义情怀呢？这都是值得我们深思的。

也有研究表明拥有少数族群的身份和宗教信仰并不会降低族群的归属感，而是否降低族群的归属感取决于他们是否受到良好的待遇。对于两个英国出生的群体而言，对歧视的感知与是否相信多样性的可能性是相关的，那些认为自己受到公平和尊重对待的人更加有可能产生归属感。一般来说，无论是少数族群、种族还是宗教，都不会认为在拥有"英国人身份"和维护他们自身的文化价值观念之间存在任何不可避免的冲突，都认为可以归属于英国并保护其自身的文化（Georgiadis and Manning，2009）。英国哈德斯菲尔大学（University of Huddersfield，UK）的保罗·托马斯（Paul Thomas）和皮特·桑德森（Pete Sanderson）在《社会学》（*Sociology*）上发表的一篇文章也有类似的表述，"政府试图在更复杂和流动的身份基础上建立公民身份。而支撑这一点的是一种'差异化的普遍主义'（differentiated universalism），一种以差异为基础的另一种友好公民身份，种族和文化的界限仍然存在，但必须是灵活的，而且重要的是可以改变"（Thomas and Sanderson，2011）。

3. 英国白人与穆斯林族群存在不平等

在英国，英国白人与穆斯林族群之间存在极大的不平等，并且这是一种双方共存的现状。一方面，年轻穆斯林对白人的态度性与年轻白人的种族歧视有相似之处，其用坚定的道德价值或宗教信仰的自豪感来与其他社区做对比，以表达对白人的不理解。另一方面，白人和非白人之间存在极大的不公平，甚至还有"白人至上"的说法，英国穆斯林族群在就业、教育、医疗和社会福利等与英国本土白人相比存在着非常大的差距，这既是穆斯林族群的一部分人对英国缺乏认同性的缘由之一，也是其少数人走上反社会的极端主义道路的原因之一。比如在穆斯林族群的就业方面，在英国国内或欧洲经济发展较好时，大多数英国白人从事较为高端、收入福利不错的工作，而大多数穆斯林族群从事的是低端、收入福利也不好的工作，换句话说，干的都是一些苦累脏差的活且收入还不高，这时英国白人对穆斯林族群也保持一种宽松的态度。在经济发展低落时，英国白人就会认为穆斯林族群占了他们工作岗位，对穆斯林族群也有一种"敌对"的态度，那么这时，穆斯林族群失业人口会增加。有研究表明，"穆斯林在劳动市场上往往会遇到种族劣势以外的其他劣势，在经济活动和失业方面，来自不同种族群体的男女都会受到强烈的'穆斯林惩罚'。在就业上还体现在，除了学生，穆斯林的失业率为 7.2%，而一般人口失业率为 4%，"相比之下，前者的失业率几乎是后者的两倍。

有研究表明，"在居住地区方面，英格兰的所有少数民族都更容易生活在贫困地区，2011 年孟加拉国和巴基斯坦群体中有三分之一以上生活在贫困地区"（Ali，2015：46）。"在住房方面，2001～2011 年，黑人群体的住房不平等状况，与英国白人相比，在各地区过度拥挤的绝对不平等程度更严重，在 2011 年英格兰和威尔士的所有地区，少数族群的住房拥挤程度高于英国白人"（Ali，2015：51）。除此之外，还有医疗、教育、宗教等方面在英国也存在着不平等的现象。

有大量的研究数据表明，身份很重要。许多人认为自己是社会群体的一部分，而且这种成员身份对个人行为、具有相同身份的他人行为和那些具有不同身份的人的行为都是具有影响的。社会如何运作可能会受到其中社会群体的数量和类型的影响，因此身份的性质成为工资关注的问题。也正是因为有非常多的证据表明人们对那些他们认为和自己具有相同身份的人表现得更加"亲社会"，人们开始普遍认为各国应该寻求在其公民中建立共同认同或者是归属感。除了上述少数族群感受到不公平之外，还有一部分白种人认为他们也是被忽视和疏远的一部分。例如，英国政府认为，允许和鼓励少数族群和宗教族群保留其传统文化和价值观念，让他们更加深入地感受到自己是英国的一部分，但是却忽略了如何让本土白种人去理解和接受这一系列的福利措施。简单地说，就是少数族群比本土白人在某些领域或方面更具有优势，而这个优势取决于这些有利于少数族群的政策，像在教育上，少数族群在上大学时，会因为少数族群政策变得容易，而本土白人的门槛比少数族群就高得多了。

4. 多元文化主义政策的后遗症

强烈的民族认同是践行多元文化政策的先决条件。研究表明，英国在创造少数民族的共同认同感方面是相对成功的，并且政策强调反对歧视而不是担心种族隔离或宗教、种族多样性，若试图迫使少数群体变得更像白人，反而可能会产生不公平和歧视的看法，从而适得其反。但是值得反思的是，确实有一些证据表明，这种策略的一个结果是白人群体中的一小部分人受到严重的不公平待遇和歧视，降低了这一部分人的归属感。因此，最后导致的是白人的归属感可能低于人们的预期，（Georgiadis and Manning，2009）。

在很多时候多元文化主义会被人认为是与民族主义相对立的，而多元文化主义政策是民族主义的解决方案。在英国最初实行民族主义政策的过程中，英国本土族群与移民少数族群之间的互相不理解和排斥，导致 20 世纪四五十年代严重的种族冲突，一度对英国的社会稳定造成冲击。后英国工党政府推行多元文化主义政策，并获得大众的认可，推动了多元文化主义政策的实施，使少数族群在就业、医疗、住房、教育等方面得到了一定的保障，也推动了移民与英国国民的融合，缓和了英国各种族之间的关系，促进各个种族之间和睦相处。但是也有人认为该项政策的实施是导致英国国民，特别是穆斯林人缺乏共同公民意识或者说是缺乏共同价值观的元凶，并认为 20 世纪 80 年代早期以来的多元文化主义政策通过单独关注"平等"而无意中强化了"独立"的身份和意识，表现为满足每个独立族群的需求和资源而不是关注社区关系和共同身份。特别是进入 21 世纪之后，相继发生的骚乱事件，使大众质疑多元文化主义政策。正因为这些骚乱事件，关于少数族群对国家认同的问题摆在眼前，有学者认为少数族群对英国缺乏认同应归咎于多元文化主义政策，认为多元文化主义政策催生了"平行社会"，"这一概念最初出现在凯特报告中，指的是亚裔和白人群体之间互相隔离，少数群体建立起与主流社会平行的族群社区，与其他群体很少对话，而滋生了互相敌对情绪"（徐晓红，2018），强化了各个族群对自身的自我认同，却导致了各民族相互隔离、排斥。

将少数族群缺乏国家认同归咎于多元文化主义政策是欠妥的。首先，缺乏国家认同的毕竟只是少数族群的一小部分人，也就是极端分子，大多数以自身是英国人而自豪，正如上述数据，拿英国穆斯林来举例，绝大多数的穆斯林人为自己是英国人而感到骄傲，对少数极端分子的荒谬行为而感到厌恶。其次，多元文化主义政策也是应时代需要而出现的，在当时确实也获得了不错的成绩，虽然多元文化主义政策也存在一些问题，但是一棍子打死该项政策及其获得的成功是不合适的，需辩证地看待这个问题。再次，有学者认为在当时的英国社会并没有产生社会隔离，因为在当时法国也出现同样性质的骚乱，而法国并没有像英国一样官方承认，并且继续实施多元文化主义政策。最后，有学者认为是政策的实施者在具体实施过程中出现了偏差，而不是政策有问题。

三　英国政府的应对之策

英国政府在面对国内族群问题时，所采取的政策经历了"同化"—"多元"—"融合"的过程。其中多元文化主义政策在改善移民少数族群的生存状况、提高少数族群的社会地位和促进社会稳定发展等方面做了很大的贡献，加深了不同族群间的交流、互动和理解，但是该项政策也具有很大的争议。自英国北部城镇骚乱事件和伦敦地铁爆炸案后，英国政府也不再一味地追求各族群的平等，而是在强调国家认同的共同价值观的前提下，来保障各个族群的合法权益，促进社会和谐稳定发展。

1. 多元文化主义政策

英国的多元文化主义发展首要原因归根于第二次世界大战后的大量的难民入境所引起的移民潮，英国政府为了解决移民的生计问题及其和英国本土人民的族群冲突而实施一项移民政策。英国自身本就是一个多民族国家，它有着的丰富的殖民历史，因此英国政府在处理与外来的形形色色的存有差异的群体共同生活的问题上具有一定的历史优势，同时也开始了一个不断摸索和尝试的发展过程。

英国的本土民族包括英格兰、苏格兰、威尔士和北爱尔兰，经过二战后的移民，英国的民族更加多样化，排在英国人口前几位的移民族裔来自印度、巴基斯坦、非洲、孟加拉国和加勒比等国家或地区。英国是最早实行多元文化主义政策的国家之一，在 20 世纪 70 年代末到 90 年代初对不同族群实施多元文化主义政策来进行多样化管理，在缓和族群关系和促进社会稳定等多方面取得了很大的成功，也得到了广泛民众的肯定。直到进入 21 世纪后，2001 年英国北部城镇发生骚乱，特别是 2005 年 7 月 7 日伦敦地铁爆炸案，使得人民开始怀疑多元文化主义政策，同时也将英国的少数族群，特别是将穆斯林族群推到风口浪尖上，因为参与这些事件的是移民到英国的少数族群，最突出的就是伦敦地铁爆炸案的实施者都是土生土长的英国穆斯林。2011 年 2 月，英国首相卡梅伦公开发表讲话称多元文化主义在英国已经宣告失败，他表示，英国多年来推行的多元文化主义助长了极端主义意识形态，使本土恐怖主义得以滋长（王璐、王向旭，2014）。

英国最初对移民族群采取的并不是多元文化主义政策，而是民族主义政策，即破坏不同族群之间的跨种族团结，然后分而治之，最后达到将少数族群或移民族群本土化的目的，有的学者也将该政策称为"熔炉论"。面对二战后的移民潮，英国政府认为，少数族群会自然而然地运用英语，而生活习惯、穿着打扮和意识形态等最终都会和英国本土白人没有差别，成为一个真正的英国人。这可能是受英国的殖民历史传统的影响，英国殖民采取的是一种间接统治的手段，即只要被殖民国家或地区在法律上承认英国，且对不同的殖民对象采取的是不同的措施。这种"同化"政策导致种族歧视越演越烈，反种族主义的运动越来越频繁，英国政府这才开始颁布相关的种族关系法，制止歧视少数种群，并鼓励少数族群文化和英国主流文化的融合。但是，这不是为了消除少数族群的特质，迫使其融入一个语言宗教和文化都同质化的社会，而是打造一种既能保留少数族群的民族特色，又能促进各族群融合发展的社会模式。在此基础上，多元文化主义政策在英国随之发展起来。

在20世纪60年代，种族或族群差异在英国社会政策制定议程中占有一席之地。融合的观点也开始为人们所接受，并逐渐成为一种趋势。罗伊·詹金斯（Roy Jenkins）便是这一观点的代表人物，他任工党内政大臣后，在一篇著名的演讲中，他称："融合可能是一个相当松散的词，我不认为移民就意味着失去了自己的民族特色和文化，我们这个国家不需要一个'大熔炉'，将所有人都置于一个共同的模式，将'英国人定型成一个刻板印象'……因此，我认为融合不是简单的同化过程，而是在相互包容的气氛中，伴随着文化多样性的平等机会而相互影响，这便是目标"（Jenkins，1966）。詹金斯的这段话充分说明了同化和融合的区别，"同化"实际上是要少数族群为了融入英国的主体文化，而放弃他们自己所独有的文化价值。"融合""不是平行同化的过程，而是给予平等的机会，再加上文化的多样性，在相互宽容的氛围下达成"（韦平，2016）。也就是说，少数族群在和英国本土民族共享英国国民身份的原则上，不同族群人人平等，受到法律保护，不受种族歧视，双方是相互促进、交流的过程，而少数族群又能保持自己的独特文化和价值观念，达到一种"求同存异"的状态。这些观点对多元文化主义政策的发展起到了积极的作用。

英国多元文化主义政策有个明显的特征就是自下而上推动起来，20世纪70年代末，英国就已经开始尝试多元文化主义政策，但是实际上没有什么实质性的作为。随着移民族群逐渐壮大，地方发生骚乱，英国政府才开始重视少数族群与本土民族之间的问题，加上英国具有认可文化多样性的社会基础和历史条件，多元文化主义也因此从地方管理上升到国家管理的主导性治理途径的高度。英国多元文化主义政策，首先，承认族群间的差异性。支持、鼓励各族群保留自己的文化传统、宗教信仰、生活习惯等，这一点在少数族群的教育政策上得到充分的体现，它包括了大众的公民教育、宗教文化教育、女童教育等，在一些没有相关宗教信仰课程的学校会增加这些课程，也会让一些专业的老师去教授一些少数族群特有的文化、语言等，甚至是成立多元文化资源中心，帮助所有不同民族、不同文化的族群在一个多元文化发展的国家里认识自身、认可他人的文化、缩小互相之间的差异性，和谐地生活下去。其次，反对种族歧视。在这一方面，英国政府实施了相关的种族关系法，以法律的途径来保障少数族群的权利，其中具有代表性的就是 1976 年的《种族关系法》，它至今仍具有很大的影响力。再次，争取不同族群之间的平等。通过在许多领域实施多元文化主义，在很大的程度上，缓和了少数族群在就业、住房、教育、医疗水平等方面的不平等现象。虽然说多元文化主义政策面临着严峻的考验和质疑，自身确实也存在一些不足，但是多元文化主义在改善族群关系和促进社会和谐稳定方面具有影响深远的积极作用，英国的多元文化主义政策也曾是欧洲移民政策的成功模范之一，仍不能忽视它在英国移民融合政策史上的重要地位和效益。在英国种族歧视严重到威胁社会稳定时，多元文化主义政策极大地改善了英国白人和少数族群的关系，大大地推动了各民族间互动和英国社会的进步，为当时英国的社会稳定与发展做了影响深远的历史贡献，但也有一点是不可否认的，即多元文化主义政策正在走下坡路。

2. 进化中的族群 "融合政策"

世纪之交以来英国的移民融合政策逐步进入共同体凝聚阶段，而推动政策转变的主要事件之一就是将 2001 年英格兰北部骚乱以及伊斯兰极端主义活动的产生归因于文化因素，特别是多元文化主义政策开始更加注重族群的社会融入（Flynn and Craig，2012）。在 2001 年的社会动荡之后，当时的英国内政大臣大卫·布伦基特（David Blunkett）认为基于共同的价值观，英国需要更加强烈的共同公民意识（Mason，2010）。也就是说，少数族群与主流社会需要融合，通过将不同的族群聚集在一起，在处于安全和不受威胁的前提下，互相交流，打破固有的观念和偏见，从而促进少数族群与英国主流社会相互之间的信任，而不是表面的友好互动，并在共同价值观的基础上共享国家身份。或许，可以认为这种形式的融合政策是对多元文化主义政策的完善和发展。但是这种融合与先前的同化又有何不同呢？在此，我们需要分清这种融合与先前的同化之间的区别，这种融合是一个双向过程，而先前的同化需要少数族群改变他们自己的某些特征来适应主流群体，但是融合需要一个相互调整的过程，而达到一个共识，即国家认同的共识。换句话说，就是在国家认同的价值观的前提下，这种移民融合政策如何在平等对待人民的需要、以不同的方式解决人民的需要和维持共同价值观和社会凝聚力的必要性之间取得平衡。

虽说将造成平行社会的局面归咎于多元文化主义政策是欠妥的，但是多元文化主义政策确实对此现象起到了积极的作用，并且英国国内也的确存在这一事实，伦敦的诺丁山区就是平行社会存在的事实依据，它历来是移民族群的聚集点，虽处在伦敦，却有着浓厚的异国风情。那么，如何避免不同群体在同一社会中过着分离或是平行的生活呢。促进族群凝聚力对于英国公民的国家认同是至关重要的，在英国北部城镇骚乱后，一份由泰德·凯特（Ted Cantle）主持的"社区凝聚力评论"的报告声称：（英国）现在迫切需要加强社区的凝聚力（Mason，2010）。在笔者看来，这种凝聚力是建立在对各种文化的更多了解、接触和尊重的基础上的，也正是这些不同的文化促使英国成为一个大放异彩的国家。社区凝聚力是由不同的文化群体之间更多的联系所促成的，这种联系加深了各族群之间的理解，预防了因不理解对"异类"所造成的恐惧，从而增加了族群间的信任，也许还会产生"意料之外"的相互尊重。

2007 年出版的一份"融合与凝聚委员会"（the Commission on Integration and Cohesion）报告确定了从四个领域来加强联系，"关注互动有助于构建集成和凝聚力"，也就是学校，工作场所，体育、文化和休闲，共享公共空间和住宅区（Mason，2010）。不同群体的成员在一个或一个以上的活动领域进行有意义的接触，像共同生活在一起的社区，或是在同一所学校接受教育，或是在同一个工作场所，或是成为同一个民间协会的成员，来促进社区凝聚力，对于少数族群用来增进不同群体之间的理解和促进相互尊重是尤为重要的。

此外，英国政府还致力于解决少数群体在生活中所面临的问题。首先，英国政府通过公民教育、宗教文化教育和女童教育等政策来增加国家认同。将公民教育从强调多元文化转向了共同价值观的教育。在宗教文化教育上，力求与英国的社会的稳定和发展方向一致，但又保持少数族群的宗教信仰，促进学校与邻近地区文化的相互理解和尊重，缓和宗教冲突。在女童教育上，旨在保护女性的合法权益，改变女童，特别是少数族群女童的受教育程度。其次，是提升少数族群的英语水平，例如"2004 年 7 月起，英国公民身份的申请人必须具备英语知识；2007 年 4 月，所有在英国谋求永久居留权的人都进行了强制性的英语语言测试"（Mason，2010）等措施，至少在促进少数族群就业时首先解决了语言交流的障碍。再次，宗教是一些族群文化中不可缺少的一部分，英国政府通过教育改革和立法等措施来预防有宗教信仰与没有宗教信仰、宗教信仰差异的族群的冲突。最后，改善就业条件，提高少数族群的就业率。建立社交网络，拓宽就业途径，改善少数族群的生活水平，使其在工作中获得自信心，从而增加对国家的归属感。除了以上所列举的几个方面，英国政府还在其他领域也采取了众多的具体措施，落在实处，比如医疗、住房等。

结　语

多元文化主义政策在英国的发展历程，说明了一个国家特别是一个多民族国家，在治理不同族群或民族时，必须要在国家认同的价值观的前提下，尊重和保护各族群的文化特征和风俗习惯，实行多元文化主义，聚集各民族的凝聚力，维护国家的安全、稳定和发展。

对于英国族群国家认同困境的情况，分析其原因，需要从全方位多方面去考虑，既不能全盘归因于国家政策，比如同化政策或多元文化主义政策，也不能归根于少数族群自身方面，如英国在过去几年政治和媒体部门对穆斯林的偏见。同时，也不可忽略英国本土民族的合法权益，比如安德烈亚斯·乔治亚迪斯（Andreas Georgiadis）和艾伦·曼宁（Alan Manning）说的："（1）虽然英国多元文化项目可能是让少数民族更广泛地感受到社会一部分的正确方式，但它对白人的关注很少或是根本没有。（2）在白人群体中存在一个问题，他们认为自己被忽视和歧视。（3）多元文化主义的最大危险也许不是它在少数民族中不能产生归属感，而是它很少关注如何在白人群体中维持对该项政策的支持。"（Georgiadis and Manning, 2009）因此，对少数族群或种族需要撇弃偏见，而英国本土族群亦是不可忽视的一部分。

多元文化主义在英国实施的方式已经被证明是存在问题的，它导致了族群间的隔离和不团结的意外结果，而且英国的多元文化主义已经转变为差异的加剧，因此造成各种文化身份和种族群体之间的紧张关系。在没有统一原则的情况下，不同的种族、文化或宗教身份产生了比英国民族认同更加强烈的依恋，从而加强了英国的族群分裂。（Asari et al., 2008）英国公民国家认同的缺乏一部分是因为多元文化主义政策的不足及其操作不当所引发的后果，在全球化发展和英国公投脱欧的大环境下，英国的移民融合政策在国内外仍面临着巨大的挑战，还需在治理不同族群时做出更多的努力，但也要肯定英国在治理不同族群、促进族群间的融合方面所取得的巨大成功。本文主要是论述了在多元文化主义发展下，英国少数族群缺乏国家认同是由族群的文化多样性而造成的，但是除了族群的多样化，其实还有权力下放、欧洲一体化、全球化以及其他的一些影响因素。

参考文献

鲍永玲：《难民危机和欧洲多元文化主义的黄昏》，《世界民族》2018 年第 3 期。

冀开运、母仕洪：《伊朗多民族统一国家认同的建构及启示》，《阿拉伯世界研究》2019 年第 4 期。

李立：《英法穆斯林移民政治参与的政治机会结构分析》，《阿拉伯世界研究》2018 年第 2 期。

潘兴明：《英国国家身份认同：理论、实践与历史考察》，《英国研究》2009 年第 0 期。

王联：《世界民族主义论》，北京大学出版社，2002。

王璐、王向旭：《从多元文化主义到国家认同和共同价值观——英国少数民族教育政策的转向》，《比较教育研究》2014 年第 9 期。

韦平：《多元文化主义在英国的成与"败"》，《世界民族》2016 年第 3 期。

徐晓红：《英国移民多元文化主义政策述论》，《哈尔滨工业大学学报》（社会科学版）2018 年第 4 期。

张锡模：《圣战与文明：伊斯兰与西方的永恒冲突》，三联书店，2014。

Ali, Sundas

2015. *British Muslims in Numbers*, *A Demographic*, *Socio – economic and Health Profile of Muslims in Britain Drawing on the* 2011 *Census*, The Muslim Council of British.

Asari , Eva – Maria Daphne Halikiopoulou and Steven Mock

2008. "British National Identity and the Dilemmas of Multiculturalism," *Nationalism and Ethnic Politics* 14 （1）：1 – 28.

Cilingir, Sevgi

2010. "Identity and Integration among Turkish Sunni Muslims in Britain," *Insight Turkey* 12 （1）：103 – 122.

Flynn , Ronny and Gary Craig

2012. "Policy, Politics and Practice：A Historical Review and its Relevance to Current Debates," in Gary Craig, Karl Atkin and Sangeeta Chattoo, eds. , *Understanding "Race" and Ethnicity*: *Theory*, *History*, *Policy*, *Practice*, Bristol: Policy, pp. 83 – 87.

Georgiadis, Andreas and Alan Manning

2009, *One Nation Under a Groove? Identity and Multiculturalism in Britain*, Published by Centre for Economic Performance, London School of Economics and Political Science, CEP Discussion Paper No. 944.

Jenkins, Roy

1966. "Equal opportunity accompanied by cultural diversity in an atmosphere of mutual tolerance," speech by Roy Jenkins to the National Committee for Commonwealth Immigrants, p. 267.

Mason, Andrew

2010. *Integration, Cohesion and National Identity: Theoretical Reflections on Recent British Policy*, Cambridge University Press.

Rushdie, Salman

1989. *The Satanic Verses*, . New York: USA. Inc.

Thomas, Paul and Pete Sanderson

2011. "Unwilling Citizens? Muslim Young People and National Identity," *Sociology* 45 (6): 1028 – 1044.

书评与综述

以个体自由为轴心评
《现代世界中的公共宗教》

秦 川 *

摘要：本文是关于何塞·卡萨诺瓦的名著《现代世界中的公共宗教》的书评。通过以书中并未明确表述的"个体自由"这一重要线索为轴心，本文重述其世俗化理论和公共宗教类型学，从而试图提供一种看待该书的新视角。在重新概述主要理论和类型学的基础上，本文就卡萨诺瓦著作的方法论、理论适用性等问题进行了一些评论。

关键词：卡萨诺瓦　公共宗教　世俗化　个体自由

在《现代世界中的公共宗教》中，何塞·卡萨诺瓦（José Casanova）分析性地将世俗化理论概念化为三个论题——分化、宗教衰落和宗教私人化，并指出只有分化能够作为世俗化理论可捍卫的核心，而宗教衰落、宗教私人化只是分化这一子命题下对宗教将会产生的结果的预期。因此，卡萨诺瓦既驳斥了主张"世俗化是一个神话"的对世俗化理论不加批判的全盘否定，又将 20 世纪 80 年代以来宗教在世界范围依然存在和发展并继续承担公共角色的现实纳入了世俗化理论可解释的范畴，从而使世俗化理论"既可以回应对它的批评，又可以回应现实自身展示的问题"（Casanova，1994：19)，为澄清"世俗化"与"去世俗化"之争提供了可能性和方案，具有启发性。

在卡萨诺瓦对分化与宗教衰落、宗教私人化之间关系的阐释以及对公

---

* 秦川，北京大学哲学系（宗教学系）硕士研究生。

共宗教类型学的经验性和规范性描述中，我们能够发现另一种现代结构趋势——个体自由，这是本书中与分化并存、并且更为重要而底层的预设。很多时候，恰恰是它而非分化概念，在本书的理论建构乃至相对应的经验现实中，发挥着重要作用。本文旨在以个体自由为轴心，梳理和重述《现代世界中的宗教》中的世俗化理论和公共宗教类型学，并尝试在此基础上做出一些评论。

一 世俗化三论题与个体自由

1. 分化与个体自由

在《现代世界中的公共宗教》中，个体自由不是明确界定的概念，很多时候作为未言明的底层预设出现，间或作为现代结构趋势明确点出时，除了"个体自由"，还会使用"现代普遍权利""现代普遍原则"等概称，我们只能从其与"分化"的并举以及作者的自注中明确其指涉。远非系统的相关阐述出现在第二章和第八章中。第二章指出，在良心自由的意义上，宗教自由是"第一个自由"，是现代自由的前提，并且因关联于"私权"而充当了现代自由主义的基础（Casanova，1994：40）；第八章提及宗教通过失去强制性制度特征，成为自愿的宗教团体从而建立"宗教自由"的过程，并指出这一过程"具有与托克维尔归于民主化，或者人们可能会补充，马克思归于无产阶级化和韦伯归于科层制的同样'天命（providential）'力量"（Casanova，1994：213），已经成为现代自由主义核心原则。

那么，我们对该书中明确和隐含使用的个体自由的系统重述应该从哪里开始呢？实际上，其源头恰恰隐含在该书中明确指出的另一现代结构趋势——分化中。

卡萨诺瓦在梳理"世俗化"这一概念的历史时，将"世界"分析性地划分为彼岸世界、此世之内的神圣世界和世俗世界三个世界。他指出，"世俗化作为一个概念，指的是这种'此世'内的二元体系和在此世与彼岸世界之间的圣事中介结构逐渐崩溃的实际历史过程，直到整个中世纪分类系统消失，（它们才）被新的空间结构化系统所取代。"（Casanova，1994：15）。神圣调节结构——教会的消失，使此世成了一个整体，世俗领域首次能够从宗教外部视角下未分化的状态中走出，分化地看待自身，而宗教则需要在这一世俗世界中寻找新的位置；分化的进一步发展，是由国家、市场这两条主轴结构整体的多轴空间建立的，而宗教只能作为受到国家、市场引力影响的众多特化的分化领域之一（Casanova，1994：20 - 21）。可见，卡萨诺瓦将"世俗化"所指涉的实际历史过程看作"分化"的历史。从这一视角出发，他认为，由涂尔干和韦伯建立的对世俗化的体系化表达实则以分化为核心，在他们各自的理论中，世俗化命题作为分化的前提和最终结果，充当了分化的次命题（Casanova，1994：18、238）。回看涂尔干和韦伯的宗教社会学，世俗化的确是他们共有的对未来的一般预期，但与分化之间的联系并不明确；相反，分化带来的首要结果和二人理论的旨归，都指向现代个体的产生及由此产生的个体自由。

涂尔干在《自杀论》中指出，新教社会的高自杀率与推动这种宗教的自由思考有关，但是"这不是由于自由探讨的内在诱惑力……这种需要本身只可能有一个原因，就是动摇传统的信仰"（涂尔干，2001：152）。也就是说，新教改革——卡萨诺瓦归于分化过程的载体之一——使原本填满人们思想的权威出现了空缺，使人们产生了自由思考的必要，并且这种被动的思考寻求科学作为工具。而这种来自个人的自由思考，发展到其极端形式，便是只意识到自身，把自身当作固有和唯一的思考对象，"一个人一旦自爱到这种程度，他就只能进一步脱离不属于他的一切，并且进一步把他的孤独视为神圣不可侵犯"（涂尔干，2001：301）。在涂尔干看来，内心生活必须从外部汲取养料，自身的空虚和由此产生的悲哀会使人有放弃存在的想法。"个人之所以孤独，是因为把他和其他人联系在一起的纽带被放松和切断了。"（涂尔干，2001：304）因此，涂尔干苦口婆心地呼吁，请人们不要将这种自杀归罪于科学，因为"社会本能一旦衰退，智慧就是我们剩下的唯一指导，我们应该借助智慧来恢复某种意识。……科学并没有人们归咎于它的那种有腐蚀作用的影响，而是使我们能够与产生科学本身的解体作斗争的唯一武器"（涂尔干，2001：166）。利用"解体"——分化——过程的产物，也即科学，促进社会整合，使人类从分化带来的现代个体及其自由必将带来的危险的"自我崇拜"中解脱出来，是涂尔干归于自己的任务。

如果说涂尔干主要阐述了新教改革这一分化过程的载体带来的现代个体及其自由，并且将解决其可能带来的问题作为自己学说的目的，那么韦伯对现代个体及其自由的关切则来自更广泛意义的分化，也就是说，诸制度和文化领域的自主性的建立。在《以学术为业》中，韦伯指出，"世界的各种价值领域互相处在无可解消的冲突之中……这种情形，和古代尚未祛除其神祇与邪魔之迷魅的世界中的情形并无二致，唯其意义已不同……在我们的仪式里，迷魅已祛散，属于神话，但就精神意义而言完全真实的象征力量，已遭剥落"（韦伯，2010：182－183）。在这种现代分化带来的价值多神论的视角下，韦伯意义上的"价值"，尤其在未经"理性化"之前，是价值的秉持者"非个人的或超个人的、因而也就是敌视生活的'价值机制'"（韦伯，1999：102）。它以一种"不属于这个世界"的信念伦理，指导着生活在世界之中的秉持该种价值的人的行为，这是现代诸分化领域的高度自主性和绝对主义声称在个人身上的体现。然而在"诸神"的战场中，作为概念图示的"价值"，即使"自给自足"，也并不能避免在现实中价值间真实的冲突。因此，在韦伯看来，学者，或者说现代人必然获得的一种理性的清明是明了自己所秉持的价值的以下内容并且勇敢地调整或放弃自己的价值：（1）不可避免的手段；（2）不可避免的附带后果；（3）由此制约的在其实践结果中众多可能的评价相互之间的竞争（韦伯，1999：102），而这一价值选择的过程完全诉诸个人的良知。这也是韦伯在不同场合多次强调大学课堂上的价值阙如原则的原因——没有人能够替他人做出价值选择，这是每位现代人的命运。而就像个人根据自己已然"给定"的价值考虑其手段、后果、制约条件一样，经验科学唯一能做的就是在给定目的的情况下对手段及其可能的后果以及制约条件进行探讨（韦伯，1999：93）。正是韦伯对现代分化、价值多神论下的个体及其价值自由的强调，使他如此强调社会学研究中价值与事实的分离，因为只有在悬置价值的情况下，秉持着不同价值的人才可能就事实进行有意义的研究和沟通，并形成对价值的理解和对价值在历史中的作用的有效阐释。也就是说，现代分化带来的现代个体之间的价值理解，是韦伯以行为者为中心的理解社会学的旨归。

从弗洛姆的《逃避自由》中，我们可以更清晰地看到现代个体及其自由在广义的分化历史中的产生。弗洛姆区分了两种自由：消极的自由，"摆脱束缚，获得自由"和积极的自由，"自由地发展"。虽然弗洛姆的关切其实在后一种自由，但他的前一种自由所指涉的正是前文中涂尔干所着力描述的那种"被迫"的自由思考，个人被分化历史的浪潮剥离了习惯处于其中的传统与共同体的原生性殊别主义关系，而不得不成为"独立自主"的、个体精神不再融于集体之中的"个人"，而他对这前一种自由的历史分析，将有助于我们理解现代个体及其自由的产生和发展。

中世纪时，人们与始发纽带相连，只能通过自己的社会角色认识自己，"个体"尚不存在。而中世纪晚期，随着一体化和集中化的逐渐减弱，资本、个人经济动机及竞争日趋重要，意大利的文艺复兴使少数贵族割断了保护其安全而又限制他的始发纽带，成为第一个"个体"。随着中世纪相对固定的城市经济组织、由小商人经营的经济及传统的经济活动伦理观被新兴的早期资本主义打破，更多的个体失去了行会等组织中的固定位置和安逸确定的经济生活，在陷入孤立的同时也获得了可以自谋出路的解放。而宗教改革则是对中世纪社会制度的崩溃和资本主义的开端的心理需求的回应，移除了上帝的权威，以良心代替之。"新教开始从精神上解放人，资本主义则从心智、社会和政治上继续这个任务"（弗洛姆，2015：71）。资本主义市场带来的经济自由、以现代民主国家的建立为顶点的政治自由进一步使现代个体在陷入孤立的同时获得了自我力量的增长（弗洛姆，2015）。

可以看到，当谈到现代个体的产生及其自由时，"分化"实际所指的过程比卡萨诺瓦在书中所指的分化过程更具广义，可能要将其历史提前到中世纪晚期的文艺复兴，但该书所指涉的分化——世俗领域从宗教领域的分化、诸制度和文化领域的分化——对现代个体的产生及其自由同样意义重大。卡萨诺瓦归于分化载体的新教改革、现代国家、资本主义市场和启蒙运动，也都可以不受质疑地归入个体自由的原因或结果。

如弗洛姆所说，"随着中世纪秩序的破坏，随着个人在其中的毋庸置疑的位置不复存在……自笛卡尔以来，现代哲学的一个重大问题就是个人的身份（identity）问题"（弗洛姆，2015：170），自现代个体产生以来，思想家开始了对个体及其自由的思考和阐发。作为启蒙运动的遗产，霍布斯"自然状态"的思想实验及作为逻辑结果的契约国家、洛克对良心自由和个人财产的强调以及卢梭更为激进的表达，卡萨诺瓦所说的关联于"私权"、充当了现代自由主义的基础（Casanova，1994：40）的现代自由，成为现代西方国家——或许有人会主张，现代世界——的基本宪法原则。而我们将看到，该书对公共宗教的阐发很大程度上就是试图在对个体自由本身充分认可、绝对尊重的前提下，与这一制度化了的个体自由原则进行小心的对话。

2. 宗教衰落与个体自由

宗教衰落这一论题虽被卡萨诺瓦否定，但并不以"神话性描述"的批驳被全盘抛弃。它的问题来自无法解释全球范围内宗教依然存在、发展的经验事实，但并不意味着没有符合其描述的经验事实的存在。卡萨诺瓦通过对以世俗化程度为因变量的自变量的探寻，试图阐发一种"条件性的宗教衰落"，以此反对"神圣的回归"等周期性理论（Casanova，1994：224）。关于这种"条件"，在最后一章中有非常简明的表述："宗教越拒斥现代分化过程，也就是说，第一种意义的世俗化，它们就越倾向于长期经历宗教衰落，也就是说，第二种意义的世俗化"（Casanova，1994：214），而从卡萨诺瓦随之试验性地给出的经验命题中，我们看到，"拒斥分化过程"实际指向的是"接受自愿主义的现代宗派原则"，也即现代个体自主选择宗教信仰的自由。

在第一章中，在以教会—国家关系为自变量的阐发中，卡萨诺瓦提出，"王位对国家主义的拥抱和专制主义之下的祭坛可能比起任何其他东西，更为决定了欧洲教会宗教的衰落"（Casanova，1994：29）。也就是说，国教教会很大程度上解释了教会宗教的衰落。而这与个体自由的关系是什么呢？托克维尔在《论美国的民主》中，从反面阐释国教教会与宗教衰落的关系，也就是在阐释政教分离对美国宗教强大影响的重要作用时，似乎首先否定了个体自由与宗教衰落之间的关系："18 世纪的哲学家们，曾用一种非常简单的方法解释过宗教信仰的逐渐衰退。他们说，随着自由意识和知识的提高，人们的宗教热情必然逐渐消失。遗憾的是，这个理论完全不符合现实。"（托克维尔，1989：342）然而，他随后的阐释"在法国，我看到宗教精神与自由精神几乎总是背道而驰的；而在美国，我却发现两者是紧密配合，共同统治着同一国家的"（托克维尔，1989：342），使我们知道，他前文所否定的是当时的欧洲人所认为的个体自由与宗教衰落之间的一般关系，而从今天"多元现代化"的视角来看，这里实则存在两种自由，也即"从信仰中解放的自由"（freedom from belief）的地道法国式观念和它漂越大西洋时蜕变为的"信仰自由"（freedom to believe）（伯格等，2015：6）——而无论是哪种自由，都是现代个体产生后在特定情境下对自身自由的特定理解。我们可以更精确地说，国教的在场或缺席之所以会影响宗教衰落，其原因就在于与国教对个体自由（主要是信仰自由）的强制相对抗的自由版本。

在以启蒙运动为自变量的阐发中，启蒙运动对宗教的批判被概念化为三个维度——"与形而上学的和超自然的宗教世界观相对的认知维度，与教会机构相对的实践—政治维度以及与上帝的观念自身相对的主观表现—审美—道德的维度"（Casanova，1994：30），在卡萨诺瓦看来，这三个维度的批判很大程度上成为"自我实现的预言"（Casanova，1994：30）。其中，实践—政治维度的批判与上文关于国教的在场或缺席与宗教衰落关系的分析如出一辙，与个体自由息息相关；从对法国、英国和德国教会对自然科学的不同接受方式及其受到的不同冲击的分析可以看出，卡萨诺瓦对认知维度批判的看法与实践—政治维度同构——这两个维度的批判之所以成为"自我实现的预言"，都是因为个体在不同宗教环境下，其自由有无受到压制和受到压制的方面不同，反抗宗教的动力和方向也就不同，只有在自由受到宗教压制大的情境下，个体才会反抗宗教，从而将其受压制方面的对宗教的相关批判转为现实。而启蒙运动对宗教批判的第三个维度，主观表现—审美—道德的维度，从黑格尔左派、费尔巴哈，到马克思、弗洛伊德、尼采的"宗教问题的人类学转向"，其批判更加纯粹而尖锐地关乎个体自由本身。

3. 宗教私人化与个体自由

宗教私人化论题是《现代世界中的公共宗教》一书意欲澄清的重要论题，因为只有澄清了这一论题，才可能开启对现代世界中的公共宗教的讨论。在该书的引言中，卡萨诺瓦提出他希望考察"从现代规范性视角来看"可行又可欲的公共宗教，并且"我所说的'可行'指的是那些并非本质上与分化的现代结构不可兼容的公共宗教的形式"（Casanova，1994：7）。可是在下文和该书第二部分的阐述中，我们会发现，私人化论题固然须与分化结构对话，但它与之对话的主要对象，依然是个体自由。在该书最后一章中，卡萨诺瓦本人也将私人化论题，或公共宗教须与之对话的对象进一步明确为分化结构和个体自由两者（Casanova，1994：215）。

在卡萨诺瓦看来，宗教私人化并不是一个现代结构趋势，而是一个备受青睐的历史选择，代表了现代性的某种特定形式。这种特定形式在宗教内部是"由普遍的虔敬派趋势、由宗教个人化过程和现代宗教自身的性质引发的"，在外部则"由倾向于将宗教约束在一个分化的、受限的、边缘化的并且在很大程度上'无形的'宗教领域中的分化结构趋势决定"（Casanova，1994：215）。前者实际上指向卡萨诺瓦在第二章提到的新教树立的"其他世界宗教曾经，或者仍然不得不以它们自己的方式作出回应的有力的历史先例"（Casanova，1994：50 – 51），也即"个体史无前例的对世界的委身、外在世界的个体向内在世界的个体的新转变、现代个人的兴起"（Casanova，1994：50），这也是在分析启蒙运动对宗教批判的第三个维度时，卡萨诺瓦对路德《基督徒的自由》的概述——"将自由分配给'内在'的人，分配给人的'内在'领域，而'外在'的人不可救药地臣服于世俗力量的系统"（Casanova，1994：34）。从这些表述中，我们看到了现代个体的产生和新教意义下他的两种自由——内在的自由和外在的自由（实际上是外在的不自由）。从后文的阐发中，我们也可以看到，卡萨诺瓦所反对的规范性形式正是指向这种外在的不自由。他主张宗教也可以正当地以反事实批判的方式参与到外在世界的运作中，但这里正当的依据则恰恰指向现代个体的自由，确切地说，是主张不侵犯个体自由。而卡萨诺瓦还指出，这种规范性形式的外部驱力来自分化的结构趋势，但从本章末尾和整个第二章可以看出，他实际是从"关联于宗教的自由主义的私人—公共区分"（Casanova，1994：39）开始讨论公共宗教的，并且这种讨论贯穿该书始终。诚然，诸如《无形的宗教》的著作的确是从分化带来的宗教规范"日益变得以一种排他的方式附属于'兼职'的宗教角色……这就对个人构成了一个潜在问题"（卢克曼，2003：79）。这种推论在卡萨诺瓦看来日益从一种经验描述变成了一种需要打破的规范，但这并不意味着是分化，或者说完全是分化从外部命定了宗教的私人化，至少从卡萨诺瓦书中的阐发方式来看，这种命定更多的来自对个体自由的特定理解。

卡萨诺瓦指出，"一个不够灵活去解释一些世俗世界观可能是反启蒙运动的以及宗教在这些个案下的拒斥可能是合法的理论，在启蒙运动的方面，不够复杂去解决至今未完成的现代性和至今未完成的世俗化的历史'偶然性'"，似乎宗教进入公共领域的"目的"是对启蒙运动未完成的事业的延续，"因为宗教通常充当并且继续充当反对'启蒙的辩证法'的堡垒，充当反对世俗领域和它们对内在功能自主性的绝对主义宣称的人类权利和人文主义价值的保护者"（Casanova，1994：38）。无论从这里的"人类权利"表述还是后文的进一步阐发，我们将看到，对卡萨诺瓦来说，不仅对个体自由的理解是澄清宗教私人化论题的重要方面，个体自由本身也是宗教能够合法地进入公共领域的依据。

二　公共宗教类型学与个体自由

在第二章中，卡萨诺瓦引入杰夫·温特劳布（Jeff Weintraub）概念化的四种公共/私人区分的模型，指出宗教越出私人领域，进入公共领域的行为与四种模型一样，是出于不同理论（和意识形态）委身，对于现代性特定形式的反事实批判。而在卡萨诺瓦看来，宗教究竟如何正当地进入公共领域，又要批判现代性的什么方面呢？这要从他将四种模型运用到宗教领域的具体阐述来看。

在与戈夫曼式模型对应的"个体神秘主义对宗派主义"一节中，卡萨诺瓦指出，特洛尔奇和韦伯没有预料到"个体神秘主义"的组织形式，也即宗派，因为宗派的产生并不植根于基督宗教的制度和文化，而是宗教对现代性的适应（Casanova，1994：250 - 251）。如彼得·伯格（Peter Berger）所概括的，宗派"具有教会的许多特点，但实际上（如果不是法理上的话）也承认其他竞争组织的存在权利，但自身的存在则通过成员的自愿拥护而维系"（伯格，2015：19 - 20）。因此，宗派意味着个体必须经过自主选择进入宗教，哪怕某种宗教传统的保守型版本中的个体也是如此。除了自主选择这一特点外，卡萨诺瓦通过重述罗伯特·乌斯诺（Robert Wuthnow）的历史梳理，总结出"一旦宗派变成了个体宗教经验的特定工具，特定宗派的外在组织形式以及教义内容就变得更第二性了"（Casanova，1994：54）的宗派主义逻辑，指出"任何时候，只要现代结构分化和宗教个体主义被引进，同样的宗派主义逻辑都可以被发现在运转"（Casanova，1994：54）。通过证明在宗派这一新的公共形式下，个体自由不会受到侵犯，卡萨诺瓦为对宗教进入公共领域的阐述做好了准备。

在与自由经济模型对应的"国教宗教对非国教宗教"一节中，卡萨诺瓦指出，"由于自由概念倾向于合并、混淆国家、公共和政治，宗教的非国教被理解和规定为私人化和去政治化的同时性过程"（Casanova，1994：56）。他主张，非国教并不一定推出私人化，并且宗教的去私人化一定要以接受现代分化结构和个体自由原则为前提。而在卡萨诺瓦举出的正当的宗教去私人化形式的三个例子中（Casanova，1994：57 - 58），可以看到，第一个例子有助于推动基于个体自由阐发的理论的制度化政权的建成，后两个例子对特定现代性形式的反对目的都指向对现代个体的存在和自由的保护。从这节中我们还可以看出，国教的废除、政教分离原则已经被卡萨诺瓦作为底层预设或某种规范性制度接受下来，问题仅仅在于分离原则并不指向私人化。

在与共和美德模型对应的"公共公民宗教对私人共同体"一节中，卡萨诺瓦通过将阿尔弗雷德·斯特潘（Alfred Stepan）对政体的三分法概念化——国家、政治社会、市民社会——引入公共领域，指出"'公民宗教'的原则应该从国家或社会共同体的层面到市民社会的层面进行重述"（Casanova，1994：61）。继上节为以国家为主体的国教找到了"归宿"之后，在这一节中，卡萨诺瓦主张，至少在西欧，以政治社会为主体的宗教已经在历史上消失了（Casanova，1994：61）。在他看来，这源于宗教与现代性之间的和解，"置于世俗救赎的理性主义事业之上的对启蒙的辩证法的批判性承认和后现代的自我限制导致了对宗教的有效性声称的再次发掘"（Casanova，1994：62），启蒙运动的原则在现代和后现代性中或多或少的失效使宗教重新变得"有效"，而从上节正当的宗教私人化形式的举例中，我们知道，这一原则主要——如果不是全部的话——指向个体自由。

在与女性主义模型相对应的"'家庭'对'工作'"一节中，卡萨诺瓦指出，前现代倾向于强制宗教的公共表达，而现代则倾向于驱逐任何宗教的公共展示。从这一表述中，我们能依稀看到前文所述的两种自由"从信仰中解放的自由"（freedom from belief）和"信仰自由"（freedom to believe）分别被压制。卡萨诺瓦通过引入塞拉·本哈比（Seyla Benhabib）对哈贝马斯协商伦理学的修正，试图使市民社会这一被哈贝马斯认定为现代性对民主的最大贡献（Seljak，1997：306）的领域内的个体自由进一步彰显。本哈比指出，"基于对话限制的公共对话的模型不是中立的，因为它预设了一种道德和政治的认识论，这反过来正当化了这样一种公共和私人之间隐含的区分，导致了某些被排除在外的团体的关切的失语"（Casanova，1994：65）。而正如哈贝马斯自己定义的，现代公共领域"是指原则上向所有公民和所有议题开放的协商或无偏的空间"（Casanova，1994：219）。卡萨诺瓦试图通过本哈比的修正，使哈贝马斯的协商伦理学更符合其自身对现代公共领域的定义，以此保障社会中所有个体的自由。

有了上面四节的阐发，卡萨诺瓦的公共宗教的类型学已经呼之欲出了——那就是分别以国家、政治社会和市民社会为主体的公共宗教。

三 一些评论

1. 以个体自由为中心的"进化论"

卡萨诺瓦将宗教的私人化或去私人化都处理为一种"历史选择",从而使其对世俗化理论的修正能够同时向私人化和去私人化的宗教现象及其未来的可能性开放,避免了用另一种一般神话性历史描述取代旧的一般神话性历史描述。相比而言,在公共宗教类型学方面,他的结论却下得有些武断,毋宁形成了一种以个体自由为中心的关于公共宗教类型的观念推演,甚至"进化论"。

首先是出于分化的结构趋势和(如我们前文所述,可能更为重要的)个体自由原则,将以国家为主体的公共宗教斥为"不合时宜",乃至完全"非现代"(Casanova,1994:219);从以政治社会为主体的公共宗教向以市民社会为主体的公共宗教的转型,即使以"西方基督教国家及其殖民地"为限,连卡萨诺瓦自己也能发现无法被包括进来的例证(Casanova,1994:253),并且我们也不能接受"西方基督教国家及其殖民地"的限定,因为从该书的引言开始,我们就能看到,卡萨诺瓦要处理的是全球性的宗教公共化现象,在阐述据说有助于研究现代世界中公共宗教的类型学时,也未提及这种类型学仅限于某些地区。从该书的阐述方式来看,从以国家为主体到以政治社会为主体的变迁,对卡萨诺瓦来说,似乎已经由于符合分化和个体自由趋势而无须再述,成为某种固有原则和遥远的历史;而从以政治社会为主体到以市民社会为主体的变迁,更像是以个体自由为中心的观念推演而非历史阐释,也成为某种结构趋势一般的规范性要求。这种"进化论"的视角在以下这种表述中表露无遗:"西班牙天主教教会最终接受了从国家中的分离以及多元市民社会的现实。问题是在这样的条件下教会是否仍能找到任何作为一个公共宗教的角色。波兰天主教教会在为波兰市民社会的出现提供合法性中扮演了重要角色。问题是教会是否愿意彻底放弃它作为国教教会的残缺版的历史身份,成为从国家中分离出来的非国教教会"(Casanova,1994:74)。

大卫·马丁(David Martin)敏锐地指出,把某些宗教现象视为与现代性不兼容,主张宗教对现代性的拒斥已经成为过去的暂时现象,而在目前的新时期中,那些吸收了现代性和启蒙批判的宗教,可以在市民社会中提出关于道德的主体间性和对人类的全面理解的反向批判，卡萨诺瓦的这种逻辑论证归属于社会研究、新学院研究的一贯传统（Martin，1996：190）。这里，不必提出韦伯式严格的价值中立原则，而只需提出一种涂尔干式的方法论质疑：在《社会学方法的准则》中，涂尔干指出，社会学作为一门科学，应当从哲学中分离出来，也就是说，不应满足于就人们为认识事物而自然形成的观念进行推演，而应满足于以少量社会事实作为例证，从对作为事实的社会本身的观察开始。这是因为"观念里包含了不仅使我们能够理解现实存在的事物，而且能够使我们规定应该存在什么和它们的存在手段所需要的一切。因为认为符合事实本性的东西是正确的，违反事物本性的东西是错误的，使力求正确而避免错误的手段同出于事物的这一本性……我们的思考不是设法去理解既有和现有的事实，而是企图去直接完成那些更加符合人们所追求的目标的新事实"（涂尔干，1995：36 - 37）。尽管卡萨诺瓦一再强调，书中的"个案研究不以它们可以最好地证实任何理论或者例证任何类型学的方式被建构"（Casanova，1994：218），但危险可能已经蕴含在他写作的方法论之中。而的确有学者批评，卡萨诺瓦的观念推演与其所"依据"的经验事实不符，讽刺但并不令人惊奇的是，这种批评往往指向卡萨诺瓦在该书中最为倚重的天主教，比如约瑟夫·A. 瓦拉卡利（Joseph A. Varacalli）和里斯·H. 威廉姆斯（Rhys H. Williams）就指出，天主教与现代性和解并提出关于经济和社会公义的政策建议的面向，并非天主教内部的唯一面向。也就是说，卡萨诺瓦面临选择性地阐述作为研究原始数据的社会事实的批评（Varacalli，1995：407 - 408）。尽管卡萨诺瓦在书中提到了天主教内部的其他面向，但对于它们在宗教的去私人化及公共宗教类型学中的位置的阐述并不令人满意，其理论重心毋宁还是放在"与现代性和解"的那一种面向——而正如前面两位学者指出的，这很可能是不符合全部事实的。

有学者将卡萨诺瓦自己的类型学难以解释其描述的西班牙、波兰的历史的原因归于其对"私人"（privite）的"覆盖性"（over - riding）的定义，如亚当·B. 塞利格曼（Adam B. Seligman）就指出，卡萨诺瓦混淆了"私人化"和"边缘化"，"他似乎不承认宗教可能同时是政治的、非边缘化的和私人的"（Seligman，1994：489）。然而，问题可能并不仅仅出在"私人"这一概念本身。埃菲·霍卡斯（Effie Fokas）颇具洞见地指出，"卡萨诺瓦这本书的写作目的，实际上不但要发现宗教在现代世界中所扮演的公共角色，而且试图为这类公共角色的合法性辩护"（伯格，2015：48）。那么，我们可以补充，卡萨诺瓦的合法性辩护是以个体自由为中心展开，并因其辩护的目的而有不能反映和解释全部事实的风险。

2. 可商榷的自由保护方案

在卡萨诺瓦的公共宗教类型学阐述中，我们可以梳理出这样一条脉络：宗教可以作为民主化过程的担纲者帮助启蒙运动完成其现代化使命，建立以个体自由为核心的关联于现代私权的民主政权；而在这之后，宗教依然有其用武之处，这是因为在已建立的民主政权中，启蒙运动依然有其"未完成的事业"，个体自由依然没有得到充分保护和发扬，更确切地说，在启蒙运动指导下建立的现代性因为某种"启蒙的辩证法"，似乎在走向启蒙的反面，越发不能保护和发扬个体自由。

这种走向反面的过程可以对应于韦伯在《新教伦理与资本主义精神》中的描述："依巴克斯特的见解，对于外在事物的顾虑，应该只是像件披在圣徒肩上的'随时可以卸下的薄斗篷'。然而，命运却使得这斗篷变成了钢铁般的了牢笼。禁欲已着手改造世界，并在这世界踏实地发挥作用，结果是，这世间的物资财货，如今已史无前例地赢得了君临人类之巨大且终究无以从其中逃脱的力量。"（韦伯，2007：187）区别在于，韦伯的描述专注于禁欲精神与资本主义经济的吊诡关系，而卡萨诺瓦所指的是整个启蒙运动与现代制度性分化社会的关系。在这种社会下，如卢克曼所说，"个人的'社会'存在变成由一系列对高度缺乏个性特征的专门化社会角色的扮演所组成。在这类扮演中，个人变得与有个性的、个人经历的意义脉络不再相关……并未（或未能成功地）将制度性扮演的意义整合进主观意义系统这一点，并不妨碍经济和政治制度有效地发挥功能"（卢克曼，2003：91）。而进一步地，分化制度对个体的这种漠不关心，经由该书关注的堕胎、核政策、资本主义市场的"非人"前提等议题，在卡萨诺瓦看来，还可能会危害到个体的生存及自由。由此，卡萨诺瓦主张，以基督宗教为代表的宗教可以成为"未完成的现代性"的担纲者，保护被现代性忽视乃至伤害的个体自由。

然而，卡萨诺瓦的这种设想是否真正可行呢？在该书的末尾，卡萨诺瓦写道："如果彼得·布朗（Peter Brown）在指出如下命题时是正确的——尽管早期基督教可能在道德议题上几乎没有做出革新，但它通过将哲学家的上层文化大众化和将'异教徒和犹太道德家已经开始宣讲的东西'付诸实践，扮演了重要的历史角色，那么人们可以提出部分被本书呈现的个案研究支持的以下推测：今天，宗教组织和宗教运动一如既往地继续扮演着相似的历史角色。"（Casanova，1994：232）也就是说，宗教不必在"未完成的现代性"的过程中创造什么新事物，而只需作为载体推动其进程，无论是在民主化进程中，还是在参与公共事务的探讨就既有的规范性界限进行充分辩论的过程中。这种单纯的"载体"角色在卡萨诺瓦提及后一种过程时的表述"人们不需要接受这些宗教批判的规范性前提就能承认它们可能有助于揭露现代发展特定而偶然的历史特征并且质疑现代现实的规范性"（Casanova，1994：43）也可以看出。不难发现，在这里，卡萨诺瓦像自己批评的其他社会学理论和自由政治分析对"现代宗教的去私人化"的概念化一样，也有"内在性地忽视这一现象的宗教特征"（Casanova，1994：215－216）之嫌，以大卫·马丁的极端表达，似乎意味着"宗教的缺点同样可以成为优点"（Martin，1996：189）。无怪乎有学者会对卡萨诺瓦的主张提出这样的批评："实际上，这样一种本质上世俗性的事业，几乎最好地保证了历史性的犹太—基督教遗产的第二性、疲软角色"（Varacalli，1995：408）。尝试将这样一种似乎有违价值中立的批评转译为更一般的方法论批判，我们可以质疑，自身拥有其自主性的宗教能否接受这一观念推演而来的"任务"。

3. 理论的适用性问题

该书的理论对非西方国家适用性的匮乏是诸多学者对其的批判（Seligman，1994：488－489）。如本部分第一节所揭示的，即使在卡萨诺瓦书中实际囊括的事实范围，也即西方基督教国家及其殖民地内部，其理论也有不能解释之处。然而，卡萨诺瓦的目的在于提供作为全球现象的公共宗教的类型学及其解释，可以想见，这种不适用性在非西方国家中表现得更加明显。

尽管引言中出现的作为全球现象的公共宗教形式在非西方国家的体现在该书中并未得到阐述，但我们仍可以从只言片语的提及中窥见该书的公共宗教类型学与非西方国家的不兼容。比如，在提及波兰天主教在民主化进程中与世俗政党的联盟时，卡萨诺瓦在注中主张其与伊朗的伊斯兰革命同构，但是伊朗革命建成的典型的动员性国家宗教又因为没有建成现代的公共领域而被排除在正当的现代公共宗教形式之外。我们也很难发现，在伊朗革命中在何种意义上有波兰案例中可以用于解释的西方语境下与现代个体及其自由有关的动力学。

尽管承认自己西方—中心式的个案选择和引导观察的规范性视角，卡萨诺瓦在运用自己阐发的作为全球现象的公共宗教的类型学时却并未有犹疑。在谈及全球化对公共宗教的意义时，他提到，"不足为奇，领土国家主权的危机和全球市民社会的扩张为像天主教教会这样总是感到在领土主权国家的现代体系的现实下很难恢复自身作为天主教—普遍教会的身份的跨民族宗教政权提供了特殊的机会"（Seligman，1994：227）。在他看来，这是涂尔干所认为的"已经在濒死边缘的古老的神和古老的宗教通过变为涂尔干自己宣称过的人类神圣化过程的载体而复兴了"（Seligman，1994：227）。出于对个体自由的关切，以个体自由为线索的考察和研究，最终能够以个体自由为轴心适用于世界，在这句对涂尔干的重述中显而易见。在承认该书西方—中心的阐述之后，卡萨诺瓦不无动情地指出，尽管如此，其他文化并非"他者"，因为"任何人都可以皈依任何信仰。毕竟，人类归于所有普遍性救赎宗教的是那持久的启示：任何人，无论性别、种族、阶层、宗族、种姓、部落和民族等等，都可以通过'再生'成为一个新的'自我'"——在卡萨诺瓦看来，基于对西方基督宗教语境下的"个体自由"的具体形式，即信仰自由的坚信，西方—中心阐述依然有其意义。

回到弗洛姆，我们会对此提出这样的疑问：其他文化下的个体是否已经从始发纽带中脱离出来？他们的经济、政治景况如何，是否使他们脱离了传统的生产方式，进一步成为现代意义上的个体？毕竟，"表达我们思想的权利，只有在我们能够有自己的思想时才有意义"（弗洛姆，2015：160）。如果考虑到弗洛姆也是在西方语境下阐述个体的产生及其自由，我们又可以问，其他文化中的个体何以也会成为同样的"个体"，希求同样的"自由"？至少，如韦伯所说，"中国人的'灵魂'从未受过先知革命的洗礼，也没有属于个人的'祈祷'"（韦伯，2004：208）。中国文化从未被"共同体崇拜"的普遍主义主导，也从未形成一种罗马意义上的与政治共同体同延的宗教共同体，那么，仅从宗教文化角度分析，中国没有理由形成与西方意义上的个体完全相同的个体。再推一步，个体自由，更确切地说，受基督宗教的历史影响的西方意义下的个体自由，是否在所有文化中都是如此核心的命题？

在全球化（或者说，西方化）的今天，无可争议地作为西方文化的"他者"，在以一种更实际的态度看待这一问题时，笔者想，我们至少应该做到大卫·赛尔杰克（David Seljak）在书评中表现出的那种开放态度：

> 人们可能主张，面对外族支配和文化分裂时对团结的需求比宗教自由的权利更加重要。其他人则主张，非欧洲国家中正在发展的是"另一种现代性"，一种个体权利和自由、共同体利益和团结需求的议题以与西方社会不同的方式被处理的现代社会。对于另外一些人来说，所有这些讨论都是危险的幻觉。他们主张，如果社会希望获得大批量生产和现代性的好处，那么宗教和政治、经济和社会权力的分离就是一种必然。否则，这样的社会必然深受新的现代宗教运动之害，它们将接管专制主义国家并将其转型为神权—集权政权。……对我来说，这一讨论似乎仍然是一个开放的问题，并且为宗教社会学家和政治理论家提供了一条令人激动的考察路向（Seljak，1997：308）。

我们很清楚，中国的宗教文化历史及其与个体自由的可能关系，这完全是另外一个故事了。这至少启示我们，在谈论西式个体自由和任何舶来概念之前，我们需要更加审慎的态度。

参考文献

〔美〕伯格、〔英〕戴维、〔英〕霍卡斯：《宗教美国，世俗欧洲？》，曹义昆译，商务印书馆，2015。

〔美〕弗洛姆：《逃避自由》，刘林海译，上海译文出版社，2015。

〔德〕卢克曼：《无形的宗教》，覃方明译，人民大学出版社，2003。

〔法〕卢梭：《社会契约论》，李平沤译，商务印书馆，2011。

〔法〕涂尔干：《社会学方法的准则》，狄玉明译，商务印书馆，1995。

〔法〕涂尔干：《自杀论》，冯韵文译，商务印书馆，2001。

〔法〕托克维尔：《论美国的民主》，董果良译，商务印书馆，1989。

〔德〕韦伯：《社会科学方法论》，李秋零、田薇译，中国人民大学出版社，1999。

〔德〕韦伯：《新教伦理与资本主义精神》，康乐、简惠美译，广西师范大学出版社，2007。

〔德〕韦伯：《学术与政治》，钱永祥等译，广西师范大学出版社，2010。

〔德〕韦伯：《中国的宗教　宗教与世界》，康乐、简惠美译，广西师范大学出版社，2004。

Casanova, José

1994. *Public Religions in the Modern World*, Chicago：The University of Chicago Press.

Martin, David

1996. "Book Review," *The British Journal of Sociology* 47 （1）：189 – 190.

Seligman, Adam B.

1994. "Book Review," *Sociology of Religion* 55 （4）：488 – 489.

Seljak, David

1997. "Book Review," *Method & Theory in the Study of Religion* 9 （3）：305 – 308.

Stuhlsatz, Daniel

1995. "Book Review," *Journal for the Scientific Study of Religion* 34 （3）：394 – 396.

Varacalli, Joseph A.

1995. "Book Review," *The Catholic Historical Review* 81 （3）：407 – 408.

Warner, R. Stephen

1996. "Book Review," *American Journal of Sociology* 101 （6）：1778 – 1779.

Williams, Rhys H.

1995. "Book Review," *Contemporary Sociology* 24 （2）：173 – 174.

宗教的当代境遇与演变

——评《信仰但不从属：英国的宗教》

孙美子[*]

    1994 年，英国学者格瑞斯·戴维（Grace Davie）出版了《1945 年后的英国宗教：信仰但不从属》（*Religion in Britain since 1945：Believing without Belonging*），以英国民众越来越少归属于某个教会或者定时参加宗教礼拜实例切入，提出"信仰但不从属"的概念，用以解释欧洲社会信仰与从属关系之间的割裂状态。该书一经问世即引起巨大反响，成为宗教社会学最核心的议题之一。为了进一步阐释英国自 1994 年以来的宗教演变，作者受出版社之邀于 2015 年对原书进行了再版。时隔 20 年，以英国为代表的欧洲社会已发生了诸多新情况，为了反映宗教在现代英国社会中出现的实质演变，以及不可阻挡的世俗化趋势，作者统合了大量研究调查数据，利用人口调查数据、最近研究成果、媒体报道，对英国社会中的信仰变化进行了追踪。第二版并不是初版的简单修订，而是在前一版的基础上做了大量省思和补充的工作，第二版定名为《英国的宗教：恒久之谜》（*Religion in Britain：A Persistent Paradox*）。

    现代化就必然意味着世俗化吗？"宗教美国，世俗欧洲"这一看似被普遍接受的共识性结论，真的无懈可击吗？为什么宗教在衰落，但宗教引起的讨论却愈演愈烈？我们应该如何理解 20 世纪以来欧洲宗教的现实复杂性，用世俗性、祛魅、去宗教化这些语词阐述其实质是合理的吗？在第二版中，"信仰但不从属"仍是该书的主线，在此基础上作者提出了"代理式宗教"这一概念，陈述了区域发展、性观念转变、女性角色、阶级流

* 孙美子，政治大学宗教研究所研究生，社会科学文献出版社编辑。

动、移民融入、代际变迁等议题对宗教观念的影响，并以灵性信仰为切入路径研究了宗教市场的繁茂，进而对欧洲和美国宗教发展的不同模式进行了比较。

中译本翻译自《英国的宗教：恒久之谜》，从书名的择定即能看出译者对该书核心的精到把握，译者将第一版的主副书名对调，定名为《信仰但不从属：英国的宗教》①，削弱对英国宗教的注目，而将"信仰但不从属"这一可应用于讨论诸多议题的核心概念提炼了出来。

一　信仰但不从属

"信仰但不从属"（Believing without Belonging）这一概念首先是作为一个问题被提出的，用以探讨 1945 年之后，宗教在英国公共领域中的角色和地位。宗教之于英国社会存在有别于欧洲其他地区的特殊性：一方面，基督教（教义）和基督教教会（组织）在精神层面塑造着英国的文化面貌；另一方面，从物理空间而言，兼具世俗和宗教意义的地域区划——教区，在绝大多数英国人的生命阶段发挥着重要作用。换言之，我们应该如何看待并理解宗教在英国社会的演变，尤其是在一个处于"世俗化"进程中的自由民主社会中，信仰和信仰群体在其间所饰演的角色。

和许多欧洲其他国家的人们一样，大部分英国人虽然仍旧秉持着对一般上帝（ordinary God）的信仰，却不再参加宗教组织，哪怕是最不正式的从属都没有。何以至此呢？实际上，这个国家的大多数人，不论哪个教派的人，都不是去他们教派的敬拜场所，而是在别处表达自己的宗教情感。

信仰和实践两个指标何以衡量信仰的虔诚度，通过大量的调研数据，作者印证了英国民众宗教生活在硬性指标上的巨幅下降，人们鲜从"信条的角度信仰宗教"，人们在一般意义上声称自己信仰上帝，却越来越少参加组织化的礼拜活动。

"信仰但不从属"这一观念，在学理层面给出了审视"宗教"社会角色的路径，区分了信仰（宗教虔诚性）和委身（宗教行动/活动），解释了

---

① 〔英〕格瑞斯·戴维：《信仰但不从属：英国的宗教》，隋嘉滨、冯燕译，社会科学文献出版社，2020。

宗教在现代英国社会中出现的实质性变化——信仰与从属之间的割裂，以及世俗化、多元化面向的发展。

二　代理式宗教

自 1994 年该书第一版付梓以来，"信仰但不从属"因其凝练的解释力便立即吸引了学界的注意，很快发展为宗教社会学的一个核心议题。尔后，作者持续从内部审视英国的情况，将其放置在欧洲的维度中进行了深入观察；并从外部对英国和美国的情况进行了比较，作者认为基于组织和哲学两个维度的原因，英国的宗教发展有别于欧洲其他地区，并和美国的宗教演化和境遇呈现异曲同工之妙。

在第二版中，作者沿着"信仰但不从属"这条主线，进一步提出了第二个解释概念——代理式宗教（vicarious religion）。代理式宗教意味着少数人代表相当多的人进行宗教活动，这种人和人之间的"代理—委托"关系，取代了人和宗教组织（教会）之间的"从属—委身"关系，这一观点更恰切地抓住了传统统治性教会之于当下的特征。这种"代理"至少包含如下四个层面。

其一，神职人员"代表"他人举行仪式。

神职人员需在特定场合为民众履行宗教仪式，如果拒绝履行宗教服务职责，即会引起民众不满。

其二，神职人员"代表"民众信奉。

神职人员代理众生信奉，为整个社会"持有信仰"。

其三，神职人员"代表"民众秉持行为标准并践行道德准则。

代理人除了要代理宗教行为（祈祷、礼拜等），还需承担普通人在日常不再/无法持续坚持的道德准则。延续这一准则，戴维讨论了人们对于代理人在道德伦理义务上的要求，往往带着某种超现实色彩：一方面需要恪守社会传统；另一方面又要在社会进程中起到引领和表率作用，一旦代理人行为失当，即会招致谴责。代理人处在进程的两端，而居于中间的则是普通人的日常。

其四，教会为现代社会中悬而未决的事情提供讨论/释放的空间。

如在重大社会议题上孰是孰非的讨论，以及在重大突发事件（意外）或灾难发生时，宗教组织提供场所并且在心理层面帮助人们。

作者将宗教组织分为两类，一类为强调灵性的福音教会（坚定的委身、稳定的团契关系、保守的教义），另一类为"大教堂式"教会（华美的建筑、高品质音乐、传统的礼拜仪式），而"体验性的"元素成为人们选择宗教组织的重要指标。代理式宗教对应的组织就是那种传统的、旧式"大教堂式"教会，代表大多数民众而为之的敬拜出现在这种具有地标性意义的恢宏建筑里。民众不希望以个体的身份介入教会，但希望教会因民众的需求而存在。就年轻人而言，他们已经没有了早年间对宗教的普遍敌意，之所以形成这种"代理式宗教"的形态，是因为宗教对他们的生活无关紧要。他们无法从传统宗教中汲取激励和安慰，而"灵性追求"正让位于"宗教生活"，成为年轻人用以表达情感的方式。

三 从义务到消费的转变

戴维观察到1945年之后的英国社会中出现了一种文化取向，即由义务或责任的文化向消费或选择的文化渐变。[①] 人们对宗教组织及其活动的参与的自由度在逐步提高，由一种被强迫社会的"义务"转向一种无意识的集体继承，继而走向个人的自主"选择"，甚至是消费。[②] 在英国，伴随历史性传统先天而来的残余身份（作者表达为自然传承）仍影响着民众的日常生活，如婚丧节庆，作者将其描述为一种"文化遗产"。[③] 但就宗教认同而言，先天的默认立场已渐渐被打破，人们可以依照自己的喜好、意愿、境遇选择宗教组织。

灵性市场在多大的程度上具备市场的特点呢？随着新移民的到来，与英国本土社会迥异的宗教诉求逐渐勃兴，各种定义含混的灵性（spiritual）形式为民众提供了拣选材料，甚至在公共话语中，灵性信仰与宗教信仰的

---

① 〔英〕格瑞斯·戴维（Grace Davie）：《信仰但不从属：英国的宗教》，隋嘉滨、冯燕译，社会科学文献出版社，2020，第5页。

② 这种消费意识在美国社会中更为突出，人们习惯于使用宗教喜好（religious preference）一词来代替宗教信仰。

③ 作者剖析了基督教在塑造英国文化方面的重要地位，从时间（节假日）和空间（城市行政规划）两方面阐释了基督教传统在决定人们最基本的生存状态方面具有不可磨灭的影响。详见《信仰但不从属：英国的宗教》，第2页。

边界越发模糊，它们经常混同出现。作者认为灵性只反映了精神价值，而不涉及物质价值，灵性强调一种精神属性，在某些具体场景下的"灵性"明显没有宗教立场。① 在英国，"灵性"大多出自传统宗教中的既有面向；在美国，"灵性信仰"则完全被独立了出来，它表达了一种观念：我的信仰无法跟任何既有教会或宗教传统混为一谈。

四　从属抑或认同

戴维在书中将信仰描述为三个维度，一是生而具有的（natal），是在出生或洗礼时给定的；二是族群的（ethnic），是宣称的，有时是国民性的象征；三是渴望的（aspirational），是理想化的，伴随着社会地位和体面。戴维提到了宗教皈附感（religious affiliation）与"英国性"之间的微妙联结，这是一种关乎地方和民族属性的历史意识。"信仰但不从属"和"代理式宗教"都可以帮助我们在一个日渐世俗和多元的社会中定位传统宗教之于当代生活的角色。作者巧妙地使用这两个概念论述了英国社会越来越多元和世俗②的情景，将很个体化的行动表征凝结为一种独特文化遗产。作者提出的两个解释概念，可以帮助我们思考如下问题。

首先，宗教演变在欧洲展示的情景，可否作为现代性与世俗性链接的一个范式。戴维对宗教组织在欧洲与美国的发展路径进行区别，认为欧洲与美国社会的区别源自对启蒙的理解：

> 在欧洲，更准确地说在法国，启蒙包括一种针对宗教的态度，简单概括就是"从信仰中解放的自由"（free from religion），就是要有力地摆脱源自天主教会的蒙昧无知。当启蒙思想传播到大西洋的另一边的时候，"从信仰中解放的自由"演变成了一种非常不同的思想观念："信仰的自由"（freedom to believe）。③

① 如社会关怀中的灵性关照，详见《信仰但不从属：英国的宗教》，第 171 页。
② 作者详细阐述了世俗的、世俗化、世俗性、世俗主义的区别。详见《信仰但不从属：英国的宗教》，第 171 页。
③ 〔英〕格瑞斯·戴维：《信仰但不从属：英国的宗教》，隋嘉滨、冯燕译，社会科学文献出版社，2020，第 20 页。

表1　欧洲与美国宗教组织属性与形态的区别

	欧洲	美国
根底	从信仰中解放的自由 （free from religion）	信仰的自由 （freedom to believe）
组成	自由结成教派的教众	历史悠久的教会仍占主导地位
现代社会结构性趋势	世俗领域从宗教的制度和规范当中分化和解放出来，依然是现代社会的一个结构性趋势	

其次，宗教地景在城市规划、城市文化中的内嵌，反映了宗教之于地方社会网络的重要性。仔细观察一个城镇或城市的天际线，便可了解宗教在当地社会中的地理方位信息，进而捕捉城镇、社区的形成、发展，以及持续变化的深层逻辑。教堂之于社区的空间位置就可清晰表达欧洲教会地域性嵌入（the territorial embedding）的特点，基于英国历史与基督教的独特勾连，这一特点在英国尤为明显：围绕教区构建的社会网络在英国地方社会举足轻重。

就欧洲社会而言，世俗性和以基督精神立基是构建国家的两个部分，两者的特性交织在一起，叠合起来构成一个相对完整的混合体制，卡萨诺瓦（José Casanova）将这种局面叙述为想象的教会共同体与现象的国家共同体在范畴上的重叠。[①]

反观华人社会，李向平先生有专书就中国人的信仰认同模式予以论述，提出中国人呈现一种整体性的认同特点，在信仰与权力之间不断形塑：信仰经由权力而塑造，并镶嵌于权力之中，因而缺乏社会化的信仰方式及一种公共的"认同"路径。李向平对当代中国"信仰但不认同"诸多社会现象及精神理路的剖析，可被视作与戴维"信仰但不从属"理论的对话（李向平，2010）。

相较戴维提出的建立在契约精神上的"代理"关系，华人社会中的现象似乎更偏向于一种单向度的，甚至是一厢情愿的、私人化伦理性的观照，呈现一种"代替"的意愿，而非一种公共意识。我们如何理解宗教在华人社会的发展演变？以个人身份认同为基础的信仰认同是否正在取代以

---

① José Casanova, "Religion, European Secular Identities, and European Integration," in T. Byrnes and P. Katzenstein eds., *Religion in an Expending Europe*, Cambridge：Cambridge University Press, pp. 65 – 92.

团体组织为依托的宗教认同？一方面，年青一代对宗教活动及宗教组织的"冷感"，能否说明宗教组织在社会中的整体衰弱；另一方面，"城市天际线"所捕捉到的以教区为核心构建的社会网络，在华人地方社会是否也有迹可循，如庙宇方位在地缘组织（村落及其在祭祀圈中所扮演的角色）。有别于"宗教市场理论"，"信仰但不从属"和"代理式宗教"这两个解释概念或可成为我们进一步剖析宗教之于华人社会变迁的另一个重要视角。

参考文献

〔英〕格瑞斯·戴维：《信仰但不从属：英国的宗教》，隋嘉滨、冯燕译，社会科学文献出版社，2020。

〔英〕J. C. D. 克拉克：《1660—1832 年的英国社会》，姜德福译，商务印书馆，2014。

李向平：《信仰但不认同：当代中国信仰的社会学诠释》，社会科学文献出版社，2010。

李丰楙、朱荣贵主编《仪式、庙会与社区》，"中研院"文哲所，2007。

林美荣：《祭祀圈与地方社会》，博扬文化，2008。

Berger, Peter Grace Davie, Effie Fokas

2008. *Religious America, Secular Europe? A Themeand Variations*, Ashgate Publishing.

Davie Garce

2009. Europe：The Exceptional Case, Parameters of Faith in the Modern World Darton, Longman and Todd King.

2018~2019 年宗教社会学学科综述

李华伟[*]

一 宗教社会学理论研究

孙尚扬、王其勇在《世界宗教研究》2018 年第 4 期上发表《进化论与日本宗教：理解贝拉公民宗教概念的新视角》一文。该文通过对相关研究文献的考察指出，在过往对贝拉的公民宗教概念的理解中，由于过度重视卢梭与涂尔干的思想对他的影响，轻忽了一个与他的学术兴趣和研究专长关系更为直接的思想环节，即贝拉早期对于宗教进化的理论思考以及他对于日本宗教的经验研究。孙尚扬与王其勇指出，贝拉的公民宗教之旨趣在于揭示，随着宗教的演化所导致的宗教与政治的分化，每个社会都会发展出用以解决二者之间关系问题与共同的宗教这一问题的制度化范式。贝拉首先在其早期对于德川宗教的研究中发现，日本社会用以解决这个问题的是一种古代类型的公民宗教。与日本的模式相对，美国存在的是一种现代类型的公民宗教。但是，这两种公民宗教都与传统宗教密切相关。贝拉的公民宗教思想是跨文化比较研究的直接产物，他不大可能接受卢梭那种具有极权倾向的公民宗教（孙尚扬、王其勇，2018）。

卢云峰等人对杨庆堃的 diffused religion 和 institutional religion 两个学术概念进行溯本正源。在《巴别塔之殇：略论"混合宗教"与"独立宗教"》一文[①]中，卢云峰指出，学界对杨庆堃所著的《中国社会中的宗教》

---

* 李华伟，中国社会科学院世界宗教研究所副研究员。

① 卢云峰：《巴别塔之殇：略论"混合宗教"与"独立宗教"》，载《宗教与社会秩序——宗教社会学论坛（2018）》，江西萍乡，2018 年 5 月。

中的核心概念 diffused religion 和 institutional religion 存在着诸多的误解。卢云峰梳理了这两个概念的缘起、内涵及其影响：受瓦哈宗教类型学的影响，杨庆堃在其早期研究中先采用了 diffused religion 和 specialized religion 这组概念，之后他将 "specialized religion" 替换为 "institutional religion"。在《中国社会：从不变到巨变》一书中，杨庆堃把 "diffused religion" 译为 "混合宗教"，把 "institutional religion" 译为 "独立宗教"。然而学界一直忽略杨氏自己的翻译，尤其是将 institutional religion 集体性地误译为 "制度性宗教"，以致于有人认为 institutional religion 是有组织的和制度性的，而 diffused religion 是无组织的和非制度性的。事实上，在杨氏的论述中，混合宗教与独立宗教之间不是 "制度性" 和 "非制度性" 的差异，也不是 "有组织" 和 "无组织" 的差异，而是 "混合" 与 "独立" 的差异。确切地说，是 "混合于其他制度之中" 还是 "独立于其他制度之外" 的区别；是其成员的宗教身份 "混合于世俗身份之中" 还是 "独立于世俗身份之外" 的区别（卢云峰，2018）。

对宗教社会学家杨庆堃的研究也进入高峰期，说明学界在反思学科理论和学科范式上往前推进了一大步。相关的论文有：卢云峰的《论 "混合宗教" 与 "独立宗教" ——兼论〈中国社会中的宗教〉之经典性》（卢云峰，2019），卢云峰、吴越的《略论瓦哈对杨庆堃之宗教社会学研究的影响》（卢云峰、吴越，2018），范丽珠、陈纳的《从杨庆堃宗教社会学的功能主义视角看儒学的宗教特质》（范丽珠、陈纳，2018），李华伟的《论杨庆堃对 "民间信仰" 与 "弥散型宗教" 的研究：贡献、问题与超越》（李华伟，2015），李华伟的《杨庆堃宗教社会学思想与梁启超 "中国无宗教论"》（李华伟，2017）等。

二 宗教与中国社会变迁研究："江南模式" "华北模式" 及民间儒教的复兴

有论者对民间信仰的研究做出了如下判断：在对中国地方宗教或民间宗教/民间信仰的研究中，"华南模式" 的理论框架、问题意识、研究方法和已取得的成就已为大家所承认，而民间宗教研究的 "华北模式" 正在逐步获得大家的认可，"江南模式" 正在起步（李华伟，2018）。

复旦大学李天纲教授的专著《金泽：江南民间祭祀探源》一书的出

版，为宗教研究的"江南模式"树立了典范。《金泽：江南民间祭祀探源》一书主要关注和研究江南地区以祠祀为特征的"民间宗教"的历史、发展和演化，经过细致的历时性考察，作者从中提炼出江南地区祭祀及民间信仰的共性，由此提出"从儒教祠祀系统演变出来的民间宗教，才是中国现代宗教的信仰之源"（李天纲，2017）。该书探究了江南地区官方儒学经典、祭典和民间地方祭祀系统之间的密切关联。书中还着重考察了中国民间祭祀和信仰系统的当代转型和改造进程，并探讨了这种转型和改造与现代化、现代性的关系等问题。在对李天纲教授的访谈中，李天纲教授指出，他的著作《金泽：江南民间祭祀探源》并不是一本人类学专著，而是一本宗教学著作，意在结合文献和田野调查说明中国"民间宗教"体系是如何建立起来的（黄晓峰、丁雄飞，2018；李天纲，2018）。

与这一研究有关，复旦大学的郁喆隽以上海金泽香汛和三林圣堂出巡为例论及江南庙会的现代化转型。在《江南庙会的现代化转型：以上海金泽香汛和三林圣堂出巡为例》一文中，郁喆隽指出，江南庙会除了受到政策管制之外，还面对诸多现代化的挑战。通过对上海金泽香汛和三林圣堂出巡的比较，郁喆隽发现，金泽香汛虽然还保持着较大的规模，但存在香客老龄化、低学历等现状，地方政府成了"秩序维护者"；而在三林圣堂庙会的案例中，地方政府成了主导者和实际组织者。出巡仪式的主体不再是信徒，而是"代理仪式专家"，出巡仪式出现了"意义空心化"。近年来江南地区的庙会出现了明显的"国家赞助人"制度。急剧的城市化、仪式的表演化和景观化，以及其他一些未曾预料之现代化后果，例如乡镇的人口空心化和老龄化，都对庙会构成了极大挑战。郁喆隽还对政府与庙会的关系做出了反思。他认为，政府有关部门在面对庙会时，有必要跳出"管制—被管制"这种二元映射关系的思维框架，关注更为广阔的社会背景和文化环境（郁喆隽，2018）。

与以往两篇关于"江南模式"的文章相反，李华伟则明确提出与"江南模式"有异，同时又与"华南模式"相对的民间信仰研究的"华北模式"。在《论民间信仰研究的"华北模式"——民俗学的"华北学派"在民间信仰研究上的成就、优势及前景》一文中，李华伟指出，"民俗学的'华北学派'"所创造的"华北模式"与历史人类学家主导的"华南模式"是相对的。通过仔细的分析，作者发现，两种模式的对立，不仅在于二者所研究地域的文化存在极大的差别，还在于二者的理论旨趣、依托学科存在较大的差异。"华北模式"独特的发展历程、别具一格的研究方法和问题意识，决定了其在民间信仰研究上的局限、成就、优势及前景（李华伟，2018）。

此外，关于当代民间儒教，学界也做出了研究，并以英文论文的形式发布在海外刊物上。复旦大学陈纳、范丽珠教授的英文论文 Confucianism as an "Organized Religion"—An Ethnographic Study of the Confucian Congregation 采用民族志的方法将当代民间儒教作为一种有组织的新兴宗教进行研究（Na Chen and Lizhu Fan，2018）。该文受到西方学界的重视，并获得第 17 届托马斯·罗宾斯新兴宗教运动研究杰出奖"年度优秀论文"（Annual Thomas Robbins Award）一等奖。

三 城镇化过程中的民间信仰与民间信仰的非遗化研究

社会学界主流的《社会学研究》杂志发表了梁永佳《庙宇重建与共同体道德》一文，也说明社会学界对民间信仰的关注。文章分析了云南大理地区一个"空心村改造"项目中文昌宫的重建过程，分析"空心村改造"项目中两种空间的塑造过程，透视两者的道德含义，并以此探讨中国基层社会宗教复兴的机制。文章发现，基层干部和民众对"空心村"改造中的诉求是有差异的：执行改造项目的基层干部试图通过创造一个"公共空间"，把"文明"带给村民。但村民们利用空心村改造的机会提出重建文昌宫的建议。通过分析，文章指出，文昌宫的重建表达了基层民众对共同体的认识：人际往来的道德含义与神灵有关，庙宇规范了人神之间、信众之间、家户之间、村落之间、村落与政府之间的互惠关系。这一发现让作者意识到，"礼物模式"对于理解中国农村宗教复兴的启发意义：重建庙宇就是重建道德生活，重建社会团结（梁永佳，2018）。

李向平、杨杨的《从空间定位到空间错位——城镇化过程中民间信仰的转型》一文分析了城镇化转型中民间信仰的转变。作者认为，随着民众从乡土向城镇的转移以及流动社会结构的形成，基于中国民间社会的人地关系、人神关系的民间信仰方式必然发生转型，呈现民间信仰的"空间错位"现象。作者认为，民间信仰从空间定位到空间错位的转型，构成了民间信仰方式在城镇化过程中的核心转型过程，最终形成一种超人际、超空间、社团化的信仰方式（李向平、杨杨，2019）。

李峰则关注城镇化进程中民间信仰的社会特质问题。依照"通过社会来分析民间信仰，通过民间信仰来透视社会"的分析思路，李峰分析了民间信仰在快速城镇化中的处境以及可能的发展趋势。文章认为，我国传统的社会结构使得民间信仰具有整体性的特征。而随着总体性社会的形成以及多重原子化格局的出现，城镇化背景下的民间信仰表现一定的趋势："传统社区认同型的民间信仰呈衰落之势；某些地域认同型的民间信仰在外力的推动下作为一种消费符号表现出形式上的兴盛；体现原子式生存和消费社会之特质的即时灵验型民间信仰获得广阔的社会空间"（李峰，2018）。

李翠玲则通过一个珠三角村落，探讨了民间信仰公共性的现代转化问题。作者指出，个案研究显示，在民间信仰从地方社会结构中"脱嵌"，失去强制力之后，民间信仰进入个人选择的领域，但在对社区共同体的渴望、传统价值观对社群的重视等因素影响下，民间信仰传统的公共性逐渐向现代型公益慈善转型。在这一过程中，"与现代性相适应的新型道德价值观也得以成长发育，促使民间信仰成为推动乡村社会现代化转型的文化资源"。作者指出，民间信仰的这种公共性存在局限于村落范围、不容忽视的功利性等问题，其代表性也值得讨论（李翠玲，2019）。李华伟的《正祀与民间信仰的"非遗"化：对民间信仰两种文化整合战略的比较》一文比较了传统中国和当下对民间信仰的两种整合战略。该文指出，在历史上的正祀体系和相应制度，实现了大传统对小传统的吸纳，实现了文化的正统化和大传统的地方化。当下的各级非物质文化遗产为民间信仰提供了新的合法化途径，然而民间信仰的"非遗"化强调的是民间信仰的地方性和特异性。因此，民间信仰的"非遗"化战略在整合文化的同时，还存在潜在的解构功能。这种对中国文化和社会的解构功能值得我们警惕（李华伟，2019）。

四 政教关系与宗教治理研究

在 2019 年的宗教社会学研究中出现了一个重要的现象，不同学科的学者都介入对政教关系与宗教治理问题的研究，这些文章既有对国外政教关系和宗教治理的讨论，也有对中国宗教治理模式的反思和探索。孙砚菲

《零和扩张思维与前现代帝国的宗教政策》一文，以政教关系作为分析框架分析了前现代帝国的宗教政策之依据。该文的核心论点是："前现代帝国所尊奉的国教越具有零和性和扩张性，教权对政权的牵制越大……决定前现代帝国宗教宽容程度的最重要因素不是国家能力，而是帝国所尊奉的国教的性质以及在此基础上形成的政教关系。"该文视野宏阔、历史跨度大，涉及 23 个前现代帝国，展示了作者建构理论的雄心。该文有以下两个贡献：一是按照对国教以外的宗教的"宽容度"对 23 个前现代帝国的宗教政策进行了区分，并将它们划分为 6 个梯队；二是对帝国宽容度的不同提出社会学的理论解释。该文提出的"宽容度"之 6 个梯队具有一定的类型学意义，理论解释具有工具性价值（孙砚菲，2019）。通过对美国这一传统上被认为政教分离起源地的考察，董江阳对政教分离概念与原则的萌芽、兴起、分化与回落进行溯源式梳理。董江阳《美国施行的是政教分离模式吗?》一文指出，美国政教关系模式其实是在体制组织层面上的分离和在社会文化政治层面上的结合（董江阳，2019）。刘国鹏发表《当代欧洲政教关系状况及述评》一文，从宪法和相关宗教立法的角度，将欧洲的政教关系分为三类：政教严格分离的国家、保留国教的国家、政教合作关系的国家——通过比较三类具有代表性的国家：法国和爱尔兰，德国和意大利，英国和希腊政教的关系，刘国鹏指出，"在当代欧洲发达国家当中，奉行政教严格分离关系的往往是少数，更多的时候，国家寻求并保留与宗教的合作，它们处理政教关系的原则和手段是基于法制而非行政"（刘国鹏，2018）。政治学者肖滨、丁羽探讨了三种宗教治理的模式：自由竞争模式、整合嵌入模式、互动平衡模式。肖滨、丁羽认为，自由竞争模式强调不同宗教在宗教市场竞争中的"自治"；整合嵌入模式强调政府将宗教组织吸纳至体制内加以有效治理；互动平衡模式则将宗教间关系视为一种宗教生态，政府仅在必要时刻出手维护宗教生态的"平衡"。作者指出，不同治理模式运行背后所隐含的条件性约束及治理盲点限制了各种模式可以被推广和复制的空间。作者强调，对中国宗教治理模式的探索需要将其纳入国家治理体系与治理能力现代化当中（肖滨、丁羽，2019）。宗教学者金泽研究员则专门探讨了宗教治理在推进我国治理体系现代化中的地位和作用。金泽研究员指出："宗教治理建设的成败关系到整个社会治理建设的成败，而整个社会的治理建设又极大地形塑着宗教治理的建设。"他进而探讨了宗教治理与社会治理之间的共相与殊相关系，以及宗教与教派、整体与地方治理之间的共相与殊相关系。他强调指出，"宗教治理与社会治理是一个共相，不同的宗教、不同的宗派、不同的地方、不同的族群，又有不同的特性，考虑共性的同时不忘特性，就为探索和创新留出空间，也为地方性治理经验或教派治理模式开辟了道路"（金泽，2019）。

五 量化研究与基督徒人数之争

在量化研究方面，宗教社会学量化研究在近几年迅速崛起，既是宗教社会学界转型的结果，很大程度上又与宗教社会学与其他学科的交叉互动密切相关（如阮荣平等人发表的系列论文体现了主流经济学界刊物对运用经济学理论和模型研究宗教问题的接纳）。刘力、阮荣平的《信仰与捐赠：宗教让人更慷慨了吗？》（刘力、阮荣平，2018）一文从慈善捐赠的角度分析宗教信仰对个体经济行为的影响。基于 CGSS 2012 全国微观调查数据，文章发现相对于无宗教信仰者，有宗教信仰者进行货币性捐赠的概率以及额度更大，这种慷慨不仅表现在宗教捐赠上，还表现在世俗捐赠上。此外，相对于低救赎性宗教信仰，高救赎性宗教信仰对捐赠行为的促进作用更为明显。文章得出结论说，宗教信仰在个体捐赠决策中扮演着重要角色。

卢云峰等人的《中国到底有多少基督徒？》一文，用中国家庭追踪调查三轮数据（2012 年、2014 年、2016 年），对中国基督徒的规模进行了探讨。该文区分了"公开的基督徒"和"隐藏的基督徒"、"名义的基督徒"和"虔诚的基督徒"两对概念。通过对中国家庭追踪调查三轮数据的分析，该文估计我国大约有 2829 万名"公开的基督徒"和近 1167万名"隐藏的基督徒"。作者得出结论说，2016 年我国基督徒大约有3997 万人（卢云峰、吴越、张云泥，2019）。该文还区分了"名义的基督徒"和"虔诚的基督徒"，前者是指三次调查中只要有任意一次愿意承认自己基督徒身份或信基督教的上帝的人，这部分的规模约有 3969 万人；后者是指相关宗教实践频率为一个月两三次及以上的基督徒，这部分大约有 2115 万人。

针对中国基督徒人数这一问题，李向平、布乃斌有着不同的看法。李向平、布乃斌《"私人信仰方式"与"漏斗效应"——当代中国基督徒人数的增长逻辑》一文不纠缠于基督徒的人数，而着眼于结构。论文发现，在中国基督徒人数增加的现象之中，始终存在着一种规律性特征，这就是近几十年来基督徒人数尽管有所增加，基督教结构并未发生重大变迁；教会制度也并没有明显的变化；更重要的规律性现象则是，中国基督徒人数的增长逻辑主要是基于私人化的基督教信仰方式。李向平教授等认为，对基督徒人数问题的讨论说明，"宗教社会学的研究重点是在于解释某种社会结构而不只是去描述宗教现象，重点是在对问题的解释，而不仅仅是去发现或描述问题"。

六 学科建设

1. 学科辑刊

宗教社会学界的平台——《宗教社会学》第五辑顺利出版。该辑以宗教社会学理论及其批判为中心论题，对包括宗教市场论、公共宗教论等在内的理论热点进行溯源式研究，既将之放回西方源头正本清源，又结合中国及全球宗教图景对之进行批判性反思。本辑围绕宗教组织进行专题研究，几乎涵括了国内宗教的类型和组织模式，多层面、多维度的研究涉及宗教组织及宗教权威的形成、维系、影响及其机制，是国内对相关问题最为集中的研究尝试。秉承创刊宗旨，本辑重视理论指导下的有思想的学术研究，对域外宗教的研究、对中国宗教图景的社会学分析、对学科前沿的引介与综述等，皆言简意赅，启人深思。本辑既是本领域内年度优秀成果展示的平台，又是学科积累的点滴见证。

2. 国家社科基金重大项目立项

李向平教授申请的课题获得国家社会科学基金重大项目立项，课题名称为"中国特色宗教社会学话语体系及其本土知识结构研究"，这是宗教社会学获得学界认可的标志性事件之一。

3. 三大学科会议顺利召开

第六届宗教社会学论坛——"宗教与社会秩序"于2018年5月6～7日在江西萍乡召开。本届论坛由中国社会科学院世界宗教研究所、中国宗教学会主办，由中国社会科学院世界宗教研究所杨岐宗教学研究基地承办。本次论坛共分为9个专场，分别为：理论探索新视角；杨庆堃宗教社会学理论的由来与影响；经典理论与现实关怀；宗教治理；佛教与社会秩序；宗教、民族与社会秩序；宗教与社会变迁；变与不变：宗教的未来；边缘与中心：宗教与社会秩序。与会专家学者结合自己的学术背景和研究领域，阐述了自己的学术观点，分享了新颖独到的见解，展现了最新的研究成果，为大家做了一场又一场精彩的学术报告。来自中国社会科学院世界宗教研究所以及北京大学、中国人民大学、复旦大学、中山大学等数十所知名高校、研究机构和宗教院校的近 50 名专家学者参与本次论坛，萍乡市统战部门、宗教管理部门的数十位干部到场听会。

本届论坛的主题是"宗教与社会秩序"。将宗教放回到社会之中进行研究，是马克思主义的立场和方法论要求。与会学者聚集在一起讨论"宗教与社会秩序"，必然能够推进对相关问题的探索，能够为构建宗教学的中国话语权奠定扎实的基础。本届论坛既关注经典理论，又立足中国宗教与社会实际；既有国际视野，又有本土关怀；既探讨西方理论之源，又研究其对中国宗教的解释力及其适用性、局限性，力求在理论溯源和中国宗教现实的基础上融会贯通，积极推进学科发展，实现学术研究与社会发展的共进。

2018 年 7 月 16～18 日，中国社会学年会宗教社会学分论坛举行会议。会议主题为"中国特色宗教社会学话语体系的建设"。此次论坛包含"理论探讨""民间信仰""制度性宗教""信仰关系及社会治理"四个主题与单元。论坛的第一单元以"理论探讨"为主题，组织了关于宗教信仰研究的理论探索。在本单元的发言中，华东师范大学教授李向平就宗教社会学如何看待传统文化复兴进行发言，提出理解中华文化传统的现代性问题，需要把握中华文化的深层结构与中华文化中有关"神化"与"圣化"的双重建构；北京大学社会学系教授卢云峰、博士生吴越以"宗教生态论：回归与超越"为题分享了宗教生态论的发展脉络及发展前景。①

2018 年 8 月 3～4 日，第十五届宗教社会科学年会暨纪念改革开放四十周年宗教研究论坛在中国人民大学召开。本届年会由中国人民大学国际佛学研究中心、佛教与宗教学理论研究所、哲学院、宗教高等研究院和中国调查与数据中心联合主办。本届年会的主题为"作为社会事实的

---

① 宗教社会学的中国研究，http：//www.360doc.com/content/18/0718/22/15549792_771512 210. shtml。

宗教"，共设置 12 个分论坛。第 1 场分论坛是主题演讲，来自圣母大学的
Christian Smith 教授分享了他对宗教社会科学的最新反思，题目是 Rethin-
king Some Basic Assumptions in the Social Scientific Study of Religion。第 2 场
分论坛的主题是"全球灵性研究"。第 3 场分论坛的主题是"民间宗教/少
数民族宗教研究"。第 4 场分论坛的主题是"宗教调查研究"。第 5 场分论
坛的主题是"宗教与中国文化"。第 6 场分论坛的主题是"宗教理论研
究"。第 7 场分论坛的主题是"改革开放以来的中国基督教"。第 8 场分论
坛的主题是"当代中国佛教的发展"。第 9 场分论坛的主题是"政教关系
研究"。第 10 场分论坛的主题是"古代中国宗教研究"，主持人为山西大
学安希孟教授。第 11 场分论坛的主题是"中国宗教政策研究"。第 12 场
分论坛为闭幕式，主题为"宗教研究机构与宗教社会科学的未来"。闭幕
式采用对谈方式展开，由南开大学方敏教授主持。美国圣母大学 Christian
Smith 教授，科学研究宗教协会的理事、德州大学圣安东尼奥分校的 Tricia
Bruce 教授，郑州大学韩恒教授，安徽工业大学张志鹏教授和中国人民大
学钟智锋博士分享了各自对改革开放 40 年来海内外宗教社会学学科发展的
观察与反思。自 2004 年起，中国宗教社会科学年会已举办 15 届。来自国
际宗教社会学会、科学研究宗教协会、美国宗教社会学会等国际学术团体
的 11 名主席受邀来华交流、讲学。该会议已成为中外学者交流宗教研究经
验、发布最新研究成果的重要平台。中国宗教社会科学年会及其研讨班的
举办，对宗教社会科学学科发展、人才培养、海内外学者交流合作、宗教
研究成果普及以及宗教政策的完善起到了积极的推动作用。①

参考文献

董江阳：《美国施行的是政教分离模式吗?》，《世界宗教研究》2019 年第 4 期。

范丽珠、陈纳：《从杨庆堃宗教社会学的功能主义视角看儒学的宗教特质》，《复
旦学报》（社会科学版）2018 年第 5 期。

黄晓峰、丁雄飞：《中国"民间宗教"体系是如何建立起来的?》，《澎湃新闻·上
海书评》，http：//www. 7624. net/iyule/5094837/20180510A0NLGG00. html，2018。

金泽：《如何理解宗教治理在我国治理体系现代化建设中的地位与作用》，《世界

---

① 纪念改革开放四十周年宗教研究论坛暨第 15 届宗教社会科学年会在中国人民大学隆重举
行，http：//isbrt. ruc. edu. cn/index. php? type = newsview&id = 2934。

宗教研究》2019 年第 4 期。

李翠玲：《从结构制约到志愿参与：民间信仰公共性的现代转化》，《民俗研究》
2019 年第 2 期。

李峰：《从整体性到原子式与消费符号：城镇化进程中民间信仰的社会特质》，
《东南学术》2018 年第 2 期。

李华伟：《论杨庆堃对"民间信仰"与"弥散型宗教"的研究：贡献、问题与超
越》，载陈进国主编《宗教人类学》第 5 辑，社会科学文献出版社，2015。

李华伟：《杨庆堃宗教社会学思想与梁启超"中国无宗教论"》，《学术界》2017
年第 11 期。

李华伟：《论民间信仰研究的"华北模式"——民俗学的"华北学派"在民间信
仰研究上的成就、优势及前景》，《湖北民族学院学报》2018 年第 1 期。

李华伟：《正祀与民间信仰的"非遗"化：对民间信仰两种文化整合战略的比
较》，《中央民族大学学报》2019 年第 2 期。

李天纲：《金泽：江南民间祭祀探源》，三联书店，2017。

李天纲：《李天纲谈中国民间宗教》，https：//baijiahao. baidu. com/s？id = 15996
77633986966896&wfr = spider&for = pc，2018。

李向平、杨杨：《从空间定位到空间错位——城镇化过程中民间信仰的转型》，
《东南学术》2019 年第 3 期。

梁永佳：《庙宇重建与共同体道德》，《社会学研究》2018 年第 3 期。

刘国鹏，《当代欧洲政教关系状况及述评》，《中央社会主义学院学报》2018 年第
6 期。

刘力、阮荣平：《信仰与捐赠：宗教让人更慷慨了吗？》，《南方经济》2018 年第
1 期。

卢云峰：《论"混合宗教"与"独立宗教"——兼论〈中国社会中的宗教〉之经
典性》，《社会学研究》2019 年第 2 期。

卢云峰、吴越：《略论瓦哈对杨庆堃之宗教社会学研究的影响》，《北京大学学报》
2018 年第 6 期。

卢云峰、吴越、张云泥：《中国到底有多少基督徒?》，《开放时代》2019 年第
1 期。

孙尚扬、王其勇：《进化论与日本宗教：理解贝拉公民宗教概念的新视角》，《世
界宗教研究》2018 年第 4 期。

孙砚菲：《零和扩张思维与前现代帝国的宗教政策》，《社会学研究》2019 年第
2 期。

肖滨、丁羽：《国家治理宗教的三种模式及其反思》，《世界宗教研究》2019 年
第 1 期。

郁喆隽：《江南庙会的现代化转型：以上海金泽香汛和三林圣堂出巡为例》，《文化遗产》2018 年第 6 期。

Na Chen，and Lizhu Fan

"Confucianism as an ' Organized Religion' —An Ethnographic Study of the Confucian Congregation，" *Nova Religio：The Journal of Alternative and Emergent Religions* 21 （1）：5 – 30.

图书在版编目（CIP）数据

宗教社会学. 第七辑 / 李华伟主编 . -- 北京：社
会科学文献出版社，2023.4
ISBN 978 - 7 - 5228 - 1641 - 8

Ⅰ.①宗… Ⅱ.①李… Ⅲ.①宗教社会学 - 文集
Ⅳ.①B920 - 53

中国国家版本馆 CIP 数据核字（2023）第 059142 号

宗教社会学（第七辑）

主　　编 / 李华伟

出 版 人 / 王利民
组稿编辑 / 宋月华
责任编辑 / 杨　雪　袁卫华
责任印制 / 王京美

出　　版 / 社会科学文献出版社·人文分社（010）59367215
　　　　　　地址：北京市北三环中路甲 29 号院华龙大厦　邮编：100029
　　　　　　网址：www. ssap. com. cn
发　　行 / 社会科学文献出版社（010）59367028
印　　装 / 三河市龙林印务有限公司

规　　格 / 开　本：787mm × 1092mm　1/16
　　　　　　印　张：17.75　字　数：287 千字
版　　次 / 2023 年 4 月第 1 版　2023 年 4 月第 1 次印刷
书　　号 / ISBN 978 - 7 - 5228 - 1641 - 8
定　　价 / 148.00 元

读者服务电话：4008918866